高等职业教育新形态精品教材

U0711431

大学美育实践教程

主　编　江　勇　唐劲松

参　编　李　娟　郝　隽

　　　　汪　爽　冯　梅

北京理工大学出版社
BEIJING INSTITUTE OF TECHNOLOGY PRESS

内 容 提 要

本书旨在培养学生正确的审美观，强调美育与德育、智育等的融合，注重学段衔接和目标整合，促进全面发展。在内容设计上，本书围绕美育核心，构建审美知识体系。引导学生认识、发现、感受、创造美，滋养心灵，塑造人格。

全书包括美育的本质、审美活动、自然美、社会美和艺术美五个项目，理论联系实际。通过生动的案例和活动，提高文化修养和审美素养。

本书可作为高职院校和应用型本科院校美育教学用书，也可作为大学生课外读物。

图书在版编目（CIP）数据

大学美育实践教程 / 江勇，唐劲松主编 . -- 北京：
北京理工大学出版社，2025.1.
ISBN 978-7-5763-5104-0

Ⅰ. G40-014

中国国家版本馆 CIP 数据核字第 2025BK5791 号

责任编辑：李　薇　　　　　文案编辑：李　薇
责任校对：周瑞红　　　　　责任印制：王美丽

出版发行 / 北京理工大学出版社有限责任公司

社　　　址 / 北京市丰台区四合庄路 6 号

邮　　　编 / 100070

电　　　话 / (010) 68914026（教材售后服务热线）
　　　　　　（010) 63726648（课件资源服务热线）

网　　　址 / http://www.bitpress.com.cn

版 印 次 / 2025 年 1 月第 1 版第 1 次印刷

印　　　刷 / 河北鑫彩博图印刷有限公司

开　　　本 / 787 mm × 1092 mm　1/16

印　　　张 / 14

字　　　数 / 293 千字

定　　　价 / 39.80 元

Preface　前言

　　美育，作为我国教育方针的重要组成部分，承载着立德树人、培根铸魂的崇高使命。从 2013 年党的十八届三中全会提出的"改进美育教学，提高学生审美和人文素养"，到 2015 年国务院办公厅印发的《关于全面加强和改进学校美育工作的意见》，再到 2020 年，中共中央办公厅、国务院办公厅印发的《关于全面加强和改进新时代学校美育工作的意见》（以下简称《意见》），这一系列部署，充分表明党中央对学校美育教育工作的重视。然而，在实践层面，美育仍面临诸多挑战。尽管政策导向明确，但在当前的教育环境和社会形态中，部分教育工作者对美育的理解存在偏差，要么将艺术与美育混为一谈，要么将其视为遥不可及的高深理论，从而忽视了美育的广泛内涵与深刻意义。美育不应被曲解为高深莫测的学问，而应成为贴近学生生活、易于接受的教育内容。

　　因此，如何在实际教学课程设计中，使美育理论更加接地气、更好地被学生掌握和接受，成为教育工作者亟待解决的问题。美育与德育、智育、体育、劳育相辅相成，共同构成了大学教育体系的重要支柱。在大学阶段，随着大学生自我意识的成熟、情感世界的丰富、认知能力的拓展，他们对审美的需求愈发强烈。高校开展美育教育，对于规范学生行为、塑造健全人格、促进全面发展具有不可替代的作用。《意见》的出台，为新时代学校美育教育的发展指明了方向。在此背景下，我们精心编写了本书，旨在贯彻落实《习近平新时代中国特色社会主义思想进课程教材指南》文件要求和党的二十大精神，以《意见》为指导思想培养学生建立正确的审美观，提升其审美素养和人文素养。在课程内容设计上，本书紧密围绕《意见》提出学校美育课程建设构想，通过项目式内容布局，结构严谨、图文并茂地呈现了美育的多个方面。每个项目均穿插了丰富的案例及经典作品，涵盖多个艺术领域，旨在帮助学生建立良好的审美认知体系，深入理解和领悟美育课程的内涵与精髓。

本书由江勇、唐劲松担任主编，李娟、郝隽、汪爽、冯梅共同参与编写，由于时间仓促，不足之处在所难免。我们诚挚地邀请读者提出宝贵的意见，以便不断改进和完善。

本书适合作为高等学校相关课程的教材，也适合社会读者参考阅读。

编　者

Contents 目 录

项目一 | 美育的本质

极目自然风光，天地之浩瀚，山水之妩媚，令人心旷神怡；体验生活百味，饮食之丰富，服饰之绚丽，令人目不暇接；欣赏艺术创作，书法之飘逸，绘画之传神，令人回味无穷；纵览科技领域，科学发现之神奇，技术工艺之精巧，令人叹为观止……美无处不在，但需要人们用心感受。正如法国艺术家罗丹所言："所谓大师，就是这样的人：他们用自己的眼睛去看别人见过的东西，在别人司空见惯的东西上能够发现出美来。"

蛙鸣蝉咏、风吹雨落时，自然旋律在奏响；寒来暑往、草木荣枯中，宇宙生命在轮回；油盐酱醋、琴棋书画里，欢喜诗意在萌发；拼搏创造、勇毅奋进中，社会脉搏在跳动。通过对美的本质和特征、表现形式和存在形态及发展历史的学习，人们能够区分美与丑，了解美的不同形式，赏析我国丰富的自然和文化遗产，感受大美中华，树立文化自信。

就"用"字的狭义说，美是最没有用处的。科学家的目的虽然只在于辨别真伪，但是他所得的结果可效用于人类社会。美的事物如诗文、图画、雕刻、音乐等都是寒不可以为衣、饥不可以为食的。从实用的观点看，许多艺术家都是太不切实用的人物。人性本来是多方的，需要也是多方的。真、善、美三者具备才可以算是完全的人。人性中本有饮食欲，渴而无所饮，饥而无所食，固然是一种缺乏；人性中本有求知欲而没有科学的活动，本有美的嗜好而没有美感的活动，也未尝不是一种缺乏。真和美的需要也是人生中的一种饥渴——精神上的饥渴。疾病衰老的身体才没有口腹的饥渴。同理，你遇到一个没有精神上饥渴的人或民族，你可以断定他的心灵已到了疾病衰老的状态。

人之所以异于其他动物的就是于饮食男女之外还有更高尚的企求，美就是其中之一。是壶就可以贮茶，何必又求它形式、花样、颜色都要好看呢？吃饱了饭就可以睡觉，何必又呕心血去作诗、画画、奏乐呢？"生命"是与"活动"同义的，活动越自由，生命也就越有意义。人实用的活动全是有所为而为，是受环境需要限制的；人的美感的活动全是无所为而为，是环境不需要他活动而他自己愿意去活动的。在有所为而为的活动中，人是环境需要的奴隶；在无所为而为的活动中，人是自己心灵的主宰。

——朱光潜《谈美》（节选）

学习目标 《

知识目标

1.熟悉美的概念、本质和特征。

2. 了解美育的内涵和作用。

能力目标

1. 能够掌握美的表现和分类。

2. 学会用审美的眼光观察生活。

素养目标

1. 理解中华美育传统，学会优雅生活。

2. 构建美的情怀，弘扬中华民族传统文化。

任务一　认识美

　　在日常生活中，人人都在讨论美，处处都蕴含着美。美是人类永恒的追求和不变的话题，它不仅是人们口头上的热议，更是每个人内心深处对美好事物的向往和追求。美有多种形式的体现，有心灵之美、品德之美、行为之美、劳动之美、语言之美、自然之美、艺术之美、科技之美等。当人们试图去深入理解和捕捉那千变万化、难以言喻的"美"时，不禁要问出那个古老而永恒的问题：美，究竟是什么呢？

　　要回答这个看似简单，实际复杂的问题，就要先了解和掌握美育的相关知识，才能形成自己的答案。

知识脉络 《

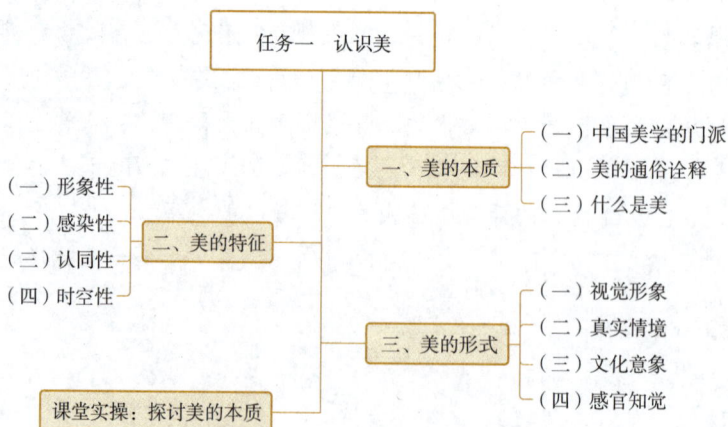

一、美的本质

（一）　中国美学的门派

　　在中国悠久的历史长河中，古代审美文化孕育了丰富多彩的美的观念。诸如，庄子[①]之美的精髓被视作"滋味"之享受；王昌龄强调美的核心在于"意境"的营造；刘禹锡则追求超越物象之外的"象外"之美；司空图[②]倡导的是"味外之旨"或"韵外之致"的深远意境；梁启超（图1-1）强调"趣味"在美学中的独特地位；王士祯[③]崇尚艺术中的"神韵"之美。这些美学思想共同指向了中国文化及美学中对于内容之"味"的高度重视，而非单纯的形式之美，展现了中华民族美学独有的深刻内涵与特色。

图1-1　梁启超

　　步入当代，中国美学经历了三次显著的思潮涌动，伴随着激烈的学术辩论；第一次热潮出现在20世纪50至60年代，主要是主客观的讨论；第二次是对美的本质的探讨，深刻地影响了社会；第三次是20世纪90年代对美学实践的探索，美学不仅成为学术界的热点，更激发了全民学习美学的热潮。

　　其中，朱光潜[④]（图1-2）通过苏轼《琴诗》的哲理，巧妙地阐述了美是主观与客观和谐统一的产物，提出了"美是情趣的意象化"这一独到见解。李泽厚则认为美是人类社会实践活动的直接成果，这一观点深刻揭示了美与社会实践之间的内在联系。

　　在当代，美可以理解为美与美感，但又不能混为一谈。美感是以人为前提的，美是产生美感的素材，美有主观与客观之分，美感则不同。

　　例如，以字源分析，追溯全球文字的最初形态，不难发现它们大多源自图画的演变，进而转化为具有象征意义的象

图1-2　朱光潜

　　[①] 庄子（前369—前286），名周，战国中期思想家、哲学家、文学家，道家学派代表人物。

　　[②] 司空图（837—908），晚唐诗人、诗论家，代表作《二十四诗品》，强调诗歌"韵外之致"。

　　[③] 王士祯（1634—1711），清初诗人、文学家，号渔洋山人，代表作《池北偶谈》，为文坛领袖。

　　[④] 朱光潜（1897—1986），著名美学家、文艺理论家、教育家、翻译家。

形文字。在这一历程中，汉字以其独特的象形体系闻名遐迩，成为最为著名的代表之一。中国现存最古老的汉字形式，可追溯至商朝时期的甲骨文。其中，"美"字在甲骨文及随后的金文时代，均被归类为会意字，其构形展现出两种主要形态：一种是以羊头或羊角与"人"字形的结合；另一种是羊头或羊角与形似"大"字的人形相结合。基于这样的字源探究，关于"美"字的含义，形成了两种广泛流传的观点：一是"羊人为美"，侧重于神秘与仪式的视角，认为它或许描绘了古人佩戴羊头面具以娱神或进行图腾崇拜的场景，或反映了古人以羊头作为装饰的审美情趣；二是"羊大为美"，这一观点则更侧重于实用价值的考量，指出肥大的羊不仅肉质鲜美，且能养活更多人，从而赋予了"美"以"善"或"好"的深层含义。这里的"羊大"是客观的，如果没有人的加入，羊大就是羊大，而人因为羊大产生的愉悦感精神享受却是主观的，因此，美只是产生美感的前提和素材，而衡量一个事物是否具备美感，则取决于人的审美判断。

（二）　美的通俗诠释

自古以来，人类便深深植根于一种崇尚美的文化传统之中。正所谓："爱美之心，人皆有之。"这句话表达了人们对美好事物的普遍追求和珍视。历史上，先贤们同样如此，他们以审美的眼光欣赏世界，将美融入生活的方方面面。例如，当孔子[①]（图1-3）听到了他心仪的音乐时，那种深深地陶醉和专注使他达到了"闻韶音三月不知肉味"[②]的境地。这种仿佛与外界隔绝、完全沉浸在美的享受中的情境，正是美所带来的无比欢愉和满足。

事实上，长期以来，探讨"美是什么"之所以困难，在于其超越个别对象的审美判断，需探求美的普遍深层本质或独特之处。在柏拉图的《大希庇阿斯篇》中，苏格拉底与希庇阿斯就此话题展开对话。希庇阿斯以为美即美丽姑娘，但

图1-3　孔子雕像

---

① 孔子（前551—前479），春秋思想家、教育家，儒家学派创始人。
② 出自《论语·述而》。这句话是孔子对韶乐的赞美，表达了他对音乐的极高评价。孔子在齐国听到韶乐后，深受感动，以至于在接下来的三个月里，他沉浸在对音乐的欣赏之中，对食物的味道都失去了感觉。

在苏格拉底引导下，他意识到美不仅限于特定对象，如匀称的母马、精美的陶罐。最终，希庇阿斯无法给出美的普遍定义，展现了"美是什么"的复杂性，并体现了苏格拉底引导人们深入思考的哲学方法。

长久以来，对美的精确界定一直是一项挑战。托尔斯泰认为，美的客观定义不存在，歌德则认为探讨美的概念是一种自我强加的痛苦。黑格尔指出，美初看似简单，但随着时间的推移和研究的深入，人们认识到美是多元化且复杂的。

如心灵之美，是源自人们内心的善良、宽容和真诚，让人们在面对困难和挑战时，能够保持坚定的信念和乐观的态度。在校园里，看到地上有垃圾，有的同学会默默捡起扔进垃圾桶，这份对环境的关爱和责任感，就是心灵之美的体现。这些小小的善举，不仅温暖了彼此的心灵、净化了校园环境，也营造了和谐美好的校园氛围（图1-4）。

图1-4 优美的校园环境

现在，学者们经过多年的探讨和发展，对美的理解已经扩展到多个维度，并基本达成共识，即需要从不同角度对美进行深入探究。因为美并非一成不变、难以捉摸的抽象概念，而是充满变化、触手可及的实在体验。

简单来说，美就是一种能够触动人心，激发人们积极情感，并促使精神面貌向善向美转变的事物特质。美不是一个物理的实体，也不是一个抽象的理念，而是一个完整的、充满意蕴和情趣的感性世界。

（三） 什么是美

1. 美是社会现象，与人的意识紧密相连

在美学探讨的广阔领域里，一个历久弥新的议题便是美的本质归属：是社会的产物，还是自然的馈赠？国内外不乏学者主张美独立于人与社会之外，纯粹源自自然界的客观存在。然而，追溯至人类历史的黎明之前，虽自然早已存在，但美的概念与评判标准还未形成。美的根源并非深植于自然的固有属性，而是人类社会实践与意识活动的结晶，是"人

化自然"的产物，承载着人的印记与需求。

（1）追溯至人类尚未踏足地球舞台之时，自然界中并无美丑之分，因而缺乏评判的主体——人及其社会体系。动物界所谓的"美"，不过是生物本能驱动下的行为表现，缺乏自我意识与审美能力，无法触及美的本质。

（2）在人类社会诞生之前，万物遵循自然法则运行，美丑概念尚未萌芽。直至人类的出现，伴随着社会结构的逐渐形成，对美与丑的辨识能力才逐渐觉醒，并发展出一套评判体系。

（3）审美实践演变，清晰展示了审美对象如何受社会生产力发展影响，逐步从实用向审美转变。以劳动工具为例，从原始粗糙的石器到后来的精致打磨，这一过程不仅体现了技术进步，更蕴含了从实用到审美的过渡。从狩猎时代对动物元素的崇拜，到农耕文明中对自然景物的诗意化解读，每次转变都是社会实践与审美意识共同作用的结果。特别是那些原本与生存直接关联不大的自然景象，如山水风光，之所以能够成为艺术创作的主题，正是人类社会实践不断拓展与审美能力提升的体现。

（4）值得注意的是，即便某些自然现象之美看似游离于人类物质生活之外，但当人类以自由主体的身份出现，其感官体验与精神追求便能与自然界的某些属性产生共鸣，如形状、色彩、声音及结构之美，从而引发人类对自然之美的亲近与愉悦感受。这一过程，再次印证了美作为社会现象，与人类意识不可分割的内在联系。

2. 美是人类自由创造的结果

既然美是社会现象、人类独有的体验，那么美的本质便深深植根于人与人类本质的内在联系之中。要洞悉美的真谛，首要任务是深刻理解人的本质。人之所以为人，在于其具备一系列独特的属性，这些属性构成了人的本质，而其中最为核心的有两大特性。

（1）自由自觉性。人类拥有意识，能够开展自由且自觉的活动，这是人与动物之间最显著的界限。所谓"自由"，是指人类在处理与自然的关系时，能够认知并掌握自然规律，进而依据这些规律进行有效的活动，而非像动物那样盲目地顺从于自然。人类通过实践活动，逐渐摆脱蒙昧，掌握客观世界的法则，实现对自然的支配，这一过程正是人类自由精神的体现。马克思曾言："人则懂得按照人和物种的尺度来进行生产，并且随时随地都能用内在固有的尺度来衡量对象，所以，人也按照美的规律来塑造物体。"

"自觉"是指人类的活动不仅受自然规律的引导，更受自身需求的驱动，具有明确的目的性和计划性。与动物的本能行为不同，人类的活动是深思熟虑、富有创造性的。在行动之前，人类会设定目标、规划路径；在行动之后，则会反思总结，不断优化。这种自觉性使人类的活动充满了智慧和创造力。

（2）社会历史性。人类的自由自觉性并非孤立存在，而是深深扎根于社会历史的长河之中。这一特性是在漫长的历史进程中，通过群体的社会实践活动逐渐形成的。人类在改造自然的同时，也在不断地改造自身，发展出强大的体力和智力。更重要的是，人类通过社会文化的传承，不断丰富和完善自己的自由自觉特性。因此，人的本质是社会性与历史性的统一，离开了社会和历史，人的自由自觉性便无从谈起。

人的社会历史性决定了人的自由自觉活动必须在现实的社会历史关系中进行。作为现实存在的个体，人类通过实践活动将自己的本质力量物化于对象之中，创造出丰富多彩的物质文化和精神文化，展现出人类独有的创造力和审美追求。这一过程正是人类自由创造美的生动体现。

3. 美是人类力量的对象化呈现

马克思深刻指出："劳动创造了美。"这句话揭示了美的源泉在于人类的自由创造与社会实践的交融。在实践过程中，人与自然、人与社会之间发生了深刻的双向互动：人将自己的意志作用于自然，使其变为"人化的自然"；同时，自然的影响也深刻地塑造着人，使人成为"对象化"的存在。这种主体与客体之间的相互渗透与改造，不仅改变了自然的面貌，也促进了人的自我实现。

同样地，社会与个人之间也存在类似的转化过程。个人的愿望在社会规范的引导下得以实现，而社会的变迁也反映着个体的努力与贡献。这种个体社会化与社会个体化的进程，构建了一个相互依存、不可分割的社会生态。无论是自然的改造还是社会的变革，都是对人类自由创造本质的肯定与颂扬。

当人们面对那些凝聚了人类本质力量的实践对象或产品时，能够从中直接感受到人类自身的智慧与创造力，这种体验带来了由衷的喜悦。这种在对象中显现自身本质力量的过程，正是美的创造与生产的体现。人们通过实践活动，不仅改变了外部世界，也在这个过程中直观地认识了自己，体验到了美的享受。

美感正是人在自己所创造的对象中，观照到自身本质力量时所产生的一种愉悦感受。因此，美在本质上就是人类自由自觉创造的产物，是人的本质力量在对象世界中的特殊展现。通过社会实践这一桥梁，美的本质在创造性的对象世界中得以生动呈现，它是对人类本质力量的肯定与赞美。

从根本上说，美的本质与人的本质是紧密相连、高度一致的。人的本质构成了美的本质的基础，而美的本质则是人的本质在对象世界中的具体展现。当人的智慧、才能和创造力通过社会实践凝聚于某一事物之上时，该事物便获得了美的属性。这种"对象化"的过程，就是将人的意志、品格和力量通过事物来体现，使人在欣赏这些事物时能够直观地看到自己的影子，感受到自己的智慧与品格的印记。

正如马克思所引用的黑格尔的例子，以及车尔尼雪夫斯基对艺术作品的看法所揭示的那样，任何能够彰显人类伟大理想、智慧和创造力的事物，都具备了美的品质。我国的长城之美，不仅在于其壮观的外观，更在于它所承载的古代劳动人民的智慧与创造力，以及它所代表的中华民族悠久的历史文化传统。

无论是社会美还是艺术美，都离不开人的参与和影响。劳动美、生活美是人类按照美好意愿创造的成果；即使是未经人工雕琢的自然景观，也因为与人的情感、理想紧密相连而具有了审美价值。

二、美的特征

美是一种深邃而独特的存在，它超越了言语的界限，通过无形的力量触动人心。它的存在必然伴随着一系列独特的表现形式和鲜明的特征。总体而言，美具有形象性、感染性、认同性和时空性四个显著特征。

（一） 形象性

美的形象性又称为美的具象性，是美的核心特征之一。美的事物或现象通过声、光、色、线、形、质等物理因素构成的多样形式，展现其独特的魅力，进而被人们所感知和体验。这种具象性使美有了具体可感的形态，让人们能够直接感知和体验美的存在。

美的形象性深植于形式与内容的完美融合之中。一方面，美的形象性体现在形式的精准与和谐上，如对称、均衡、比例与和谐等规律性的展现，赋予美以视觉和感官上的愉悦；另一方面，美的形象性也在于其内容所承载的社会价值，它是对社会实践的积极肯定，将美的形式与其背后的深层意义紧密相连，共同塑造出丰富而多维的审美体验。

例如，位于北京市大兴区与河北省廊坊市广阳区交界处的北京大兴国际机场（图1-5），以其独特的建筑外观和形象，展现了美的形象性。

航站楼的外观取意"凤凰"，象征着吉祥和繁荣。整个航站楼的顶部是一个面积达18万平方米的全天窗结构，使机场内部充满了自然光线，营造出宽敞明亮的空间感。此外，中心部分的8根C形柱宛如盛开的花朵，不仅具有结构支撑的功能，也增添了建筑的美感。北京大兴国际机场不仅是一座现代化的交通枢纽，更是一座充满艺术气息和人文关怀的建筑作品，成为一个集美观、实用和环保于一体的杰出建筑范例。

人工智能时代的一块小小的电路板（图1-6）也蕴含着科技之美。电路板的美是一种多维度的，它包含了工艺、设计、功能、简约和创新等多个方面。当人们深入了解电路板并欣赏其独特的美感时，会发现它不仅是一种技术产品，更是一种充满魅力和韵味的艺术品。而在这其中，也展现了美的形象性。

图1-5　北京大兴国际机场

图1-6　电路板

（二）　感染性

美的感染性是其影响人心的力量。美的事物往往能够唤起人们内心深处的情感共鸣，使人在欣赏美的过程中感受到愉悦、舒适和满足。美的感染性源自美的形式和内容的统一，离开形式美，事物就失去了打动人、感染人的途径；而离开内容美，事物便又没有打动人、感染人的突破点。通常，美的感染性表现为主体情感和事物的相互关联，主要有移情、共鸣、升华等几种展现形式。春天盛开的鲜花（图1-7）以其丰富的色彩、独特的形状和优雅的姿态吸引着人们的目光；一场气势磅礴的音乐会（图1-8）则能凭借音乐的旋律传达出情绪、故事甚至意境，最终使人们产生共鸣；而一幅深邃的艺术画作，通过其精细的笔触、丰富的色彩层次及寓意深远的构图，不仅能够触动观赏者的心灵，还能引领人们的思绪超越物质世界，达到精神层面的启迪与升华，让人在美的熏陶中获得对生命、宇宙更深层次的理解和感悟。

图1-7　透过树木的阳光照耀在花田上

图1-8　音乐会现场

美的感悟是对这种感染性深入内心的回应与升华。它超越了简单的感官享受，进入了一个更为广阔而深邃的精神领域。在美的感悟中，人们不仅是被美所触动，更是主动地去理解、去品味、去创造与美相关的意义与价值。美的感悟往往伴随着个人经验的融合与重构。在欣赏美的过程中，每个人都会不自觉地将自己的生活经历、情感记忆、价值观念等融入其中，从而形成独特的审美体验。这种体验既是对美的深刻认识，也是对自我内心世界的一次探索和发现。

总之，美的感染性是美的力量的重要体现，美的感悟则是这种力量在人心中的深化与升华。它让人们在欣赏美的同时，也收获了心灵的滋养、精神的成长和创造力的激发。

☀ 美育小贴士

1978年，享誉世界的指挥家小泽征尔来到中国中央音乐学院，恰逢一场《二泉映月》的二胡独奏正在上演。演奏进行到中途，小泽征尔突然沉浸其中，情绪难以自抑，他泪流满面，甚至不由自主地跪倒在座位前，深情地感叹："这样的音乐，值得我跪着聆听。"

　　他的这一"跪倒"的庄重之举，与"流泪"的细腻情感流露，形成了鲜明的对比，却共同深刻地诠释了美的感染力的主题。这一刻，他展现的不仅是对音乐的深刻理解，更是对艺术的一种虔诚与敬畏。

（三）　认同性

　　美的认同性是其在文化和社会中的价值体现。美的事物往往具有普遍性和共性，能够跨越地域、文化和时代的界限，被人们所共同认可和接受。这种认同性不仅体现了美的普遍价值，也促进了不同文化和社会之间的交流与融合。尽管每个人对美的体验与感受各具特色，但人类对于美好事物的认同却跨越了文化的隔阂与时代的鸿沟。从远古时期岩壁上留下的壁画，到古代彩陶上的精美纹样，这些承载着历史与文化的印记，即使历经岁月洗礼，依然能触动现代人的审美神经，唤醒内心深处对美的共鸣。

　　高耸入云的山峰、波涛汹涌的大海、一望无际的草原、郁郁葱葱的森林，以及宛如一条巨龙蜿蜒盘踞的长城（图1-9），这些壮丽的景色，不分国界与肤色，都能唤起人们内心深处的赞叹与敬畏。而在社会礼仪中，谦逊与礼让的举止，同样是世界各地人民共同崇尚的基本美德，而粗鲁无礼的行为则普遍为人们所不齿。

　　美的认同性还体现在同一社会背景下的文化认同。在同一文化熏陶下，人们往往拥有相似的审美观念与标准，这使他们对同一审美对象产生相似的感受与评价。以中国为例，深厚的自然情怀使中国人在园林艺术（图1-10）上追求自然与人工的和谐统一，将建筑与自然景观融为一体，这种独特的审美趣味，正是中华文化千年传承的生动体现。

图1-9　河北金山岭长城

图1-10　夏季苏州园林的美丽景观

（四）　时空性

　　美的时空性是其存在的必要条件，时间和空间与美的表现和感知也紧密关联。美的事物不仅存在于特定的时间和空间之中，更能够跨越时空的界限，被人们所传承和延续。这种时空性不仅体现了美的历史性和传承性，也赋予了美以永恒的魅力和生命力。

同时，美也具有相对性，只能出现在特定的时空中，超出了相应范围，美可能就转而为丑。例如，舞台演出的歌声是悦耳动听的，但在夜深人静、人们正在熟睡的时候，任何高分贝的歌声都将演变成噪声。

三、美的形式

美的形式是指显现人的本质力量、能唤起人美感的事物感性形式，与"美的内容"相对。美的形式可分为内在形式和外在形式。内在形式是指创作者所想表现的真、善的内容；外在形式与内容不直接相联系，是指内在形式的感性外观形态，如材质、线条、色彩、气味、形状等。人们可以用肉眼观看到美的对象，通常在外形上具有一定的特征，如均衡、对称、比例、节奏、韵律、变化、一致等。

美的形式是内容的具体外化表现方式，其类型和结构符合人类的审美认知规律，因而能够被普遍接受和喜爱。它包括造型轮廓的和谐优美、色彩与周围环境的自然搭配，以及是否满足人机工程学、符合绿色设计、符合大众在多方面的需求等多方面。

综上所述，美的形式不仅涉及事物的内部结构和外部表现形态，还包含了人们对这些形态的审美感受和接受度。它是内容和形式的统一体，通过具体的感性形态直接诉诸人的感官，引发美感体验。

（一）视觉形象

视觉形象是事物存在的一种基本形态，也是美的主要表现形式。无论是自然美、生活美，还是艺术美、技术美，大多表现为视觉形象。例如，艺术美中的绘画美、雕塑美和建筑美都是以视觉形象表现出来的。

例如，徐悲鸿的作品《奔马图》（图1-11），在欣赏该作品时，人们首先被奔马的气势和动态美吸引，画中的马雄骏、矫健、强壮有力、生机勃勃，马的躯体远小近大，既符合透视，又给人一种欲放先收、由远及近的感受，表现出奔腾的气势。从奔马高昂的脖子延伸到右前腿形成一条垂直线，使其在奔腾中显得十分稳健。而飞动的马尾、马鬃用笔粗犷有力，焦墨与湿墨并用，既表现出了奔马的特点，又很

图1-11　奔马图

好地表达了画家激越的情感。人们从奔马的跃动中不仅感受到了顽强的生命活力，也充分体会到了生命的运动美。

图1-12所示为广受赞誉的东汉陶俑作品《说唱俑》。它形象地刻画了说唱者手舞足蹈、充满感情的神态和极富戏剧性的神情，堪称写实主义的杰作。

图1-12 说唱俑

（二） 真实情境

真实情境是自然美和社会美的一种主要表现形式。自然美的真实情境常常表现为迷人的景色、清新的境界、高远的空间等，一般都能使人的心境豁然、身心轻松；社会美的真实情境很多表现为欢乐的场面、热烈的气氛等，能够使人感受到生活的快乐，激励和鼓舞人的精神。

敦煌市鸣沙山·月牙泉风景名胜区（图1-13）地处敦煌城南五千米处，千百年来以山泉共处，沙水共生的沙漠奇观著称于世，被誉为塞外风光之一绝。月牙泉地处鸣沙山的环抱之中，因形状酷似一弯新月而得名。汉代时称为沙井，唐代时称药泉，清代始称月牙泉。其水质甘洌，清澄如镜，宛如沙海中一颗晶莹闪光的翡翠镶嵌在沙山群峰之中，波微沙荡，水色悠悠。历来水火不相容，沙漠清泉难共存。月牙泉的奇特之处就在于虽地处大漠戈壁，四周被沙山环绕，流沙与泉水之间仅隔数十米，但千百年来虽有烈风劲吹，沙尘飞扬，泉水从来没有被流沙掩埋，也始终没有被蒸发干涸，令人匪夷所思。其中的奥秘就在于月牙泉四周都是高耸的沙山，从而形成了环形山洼，当风进入泉区后会形成上升旋风，把泉四周大量流沙带上山顶，或抛向山峰的另一侧。因此，是特殊的地理环境造就了月牙泉"绵历千古，沙不填之"的神奇。

图1-13 鸣沙山·月牙泉风景名胜区

安塞腰鼓是流行于陕北民间的鼓与舞艺术，被列入首批国家非物质文化遗产保护名录。安塞腰鼓表演者（图1-14）在裸露的黄土地上冲闯腾越，尘土飞扬，振奋人心。

图1-14 安塞腰鼓表演

（三） 文化意象

文化意象大多凝聚着各个民族的智慧和历史文化，其中相当一部分文化意象还与各个民族的传说有关。在各个民族漫长的历史岁月中，它们不断出现在人们的寓言、文艺作品中，慢慢地形成一种文化符号，具有了相对固定的、独特的文化含义，有的还带有丰富的、意义深远的联想。人们只要一提到它们，彼此间立刻心领神会，很容易达到思想的沟通。意象是中国文化特有的范畴，很早就出现于中国古典哲学、美学与文论中。意象的创造是有关的感受与知觉的经验（象）在头脑中的重现、重组、概括和提升，最终达到艺术的境界（意）。意象的"意"概指审美主体的意识、心志、情义、旨趣等心理内涵，表现于艺术作品，则指其思想含义、精神内容、精神境界。而"象"源于具体物象，又超越单纯的物象，它是从大象形象概括而来，不仅成为形象与想象的共名，更体现了中国具象思维文化的深厚内涵。例如，敦煌壁画是中华文化中的瑰宝，其中就蕴含着丰富的文化意象。艺术家们以卓越的绘画技巧和独特的艺术视角，将古代的历史事件、人物和精神风貌艺术地再现。壁画中的飞天形象便是其中一个典型的文化意象。

飞天，意为飞舞的天人，是敦煌壁画中艺术成就极高、最受人们喜爱的形象。敦煌壁画中的飞天在造型上融入了西域飞天的形象特征，形成了中西合璧的飞天风格。她们身姿轻盈，飘带飞扬，仿佛在空中自由翱翔，给人以强烈的视觉冲击和审美享受。

飞天形象不仅具有极高的艺术价值，还蕴含着丰富的文化内涵。她们代表着古代人们对美好生活的向往和追求，也体现了中华文化的包容性和创新性。通过欣赏和研究敦煌壁画中的飞天形象，人们可以更加深入地了解中华文化的博大精深和独特魅力。

因此，文化意象作为人类思想美与精神美的集中展现，依托自然万物，赋予其深刻的思想内涵与精神价值，从而成为连接人心与自然、过去与未来的桥梁。

（四） 感官知觉

感官知觉是人们通过品尝、触摸、聆听等亲身体验获得的，它是香甜之美、舒适之美、快意之美的主要表现形式。下面以欣赏《二泉映月》来说明。

在聆听《二泉映月》这首经典的二胡曲目时，人们的感官知觉被充分调动起来，尤其是听觉上的享受尤为突出。那悠扬而略带哀婉的旋律，通过二胡的独特音色，仿佛将人们带入了一个静谧而深远的夜晚，月光如水，清泉潺潺。这不仅是声音的传播，更是情感的交流，是对美的深刻感悟。

在欣赏过程中，人们仿佛能够"品尝"到音乐中的甘甜与苦涩，这种味道并非来自味蕾的直接刺激，而是源于音乐所传达的情感共鸣。人们"触摸"到了音符之间的跳跃与连贯，它们如同细腻的纹理，在心灵的画布上勾勒出一幅幅动人的画面。而"聆听"，则是最直接也最深刻的体验，每个音节都像是夜空中闪烁的星辰，引领着人们走进一个充满诗意的世界。

《二泉映月》的美不仅在于其旋律的悠扬与和谐，更在于它所蕴含的情感深度和文化底蕴。通过这首曲子，人们能够感受到创作者对生命、对自然的敬畏与热爱，以及对命运的无奈与抗争。这种美超越了单纯的感官享受，触及了人类共有的情感与价值观，是一种更高层次的精神追求。

课堂实操　探讨美的本质

课堂实操课活动设计：《探索美的本质——创意摄影与心灵对话》

活动目标

（1）引导学生深入理解"美的本质"这一抽象概念，通过具体实践感受美的多样性和主观性。

（2）培养学生的观察力、想象力和创造力，学会从日常生活中发现美、创造美。

（3）促进学生之间的交流与分享，激发对美学问题的思考和讨论。

活动准备

（1）材料准备：数码相机或智能手机（每位学生）、笔记本、笔、投影仪及音响设备（用于展示和分享）。

（2）环境布置：将教室布置得轻松舒适，可以适当摆放一些艺术品或自然元素，为学生提供创作灵感。

（3）预习任务：提前让学生思考"你认为什么是美？"并准备几个简短的个人案例或故事。

活动流程

1.引入话题（10分钟）

（1）教师开场：简述"美的本质"是一个复杂而多元的话题，它因人而异，因时而异，因文化而异。今天，我们将通过创意摄影的方式，一起去探索和体验美的本质。

（2）分享与讨论：邀请几位学生分享自己的预习思考，鼓励大家从多个角度探讨美的定义。

2.创意摄影实践（30分钟）

任务说明：学生分成小组，每组分配一个主题（如"自然之美""人文之美""抽象之美"等），要求在教室内或校园内寻找并拍摄能够体现该主题之美的照片。

创作指导：

（1）强调观察的重要性，鼓励学生放慢脚步，用心感受周围的世界。

（2）提醒学生注意构图、光线、色彩等摄影元素，但更重要的是捕捉那些触动心灵的瞬间。

（3）鼓励创意表达，不必拘泥于传统美学标准，勇敢尝试新的视角和表达方式。

（4）实践拍摄：学生分组进行拍摄，教师巡回指导，提供必要的帮助和建议。

3.心灵对话与作品展示（40分钟）

（1）作品整理：学生回到教室，整理自己拍摄的照片，并选择一张或几张最能代表自己理解"美的本质"的作品。

（2）心灵对话：每位学生围绕自己的作品进行简短的心灵对话，分享拍摄时的感受、思考，以及作品背后的故事。

（3）作品展示与讨论：利用投影仪展示学生的作品，全体师生共同欣赏并进行讨论。鼓励学生从美的角度评价作品，同时，也可以提出自己的疑问或见解。

（4）教师总结：在展示结束后，教师进行总结发言，强调美的主观性和多样性，鼓励学生继续在生活中寻找美和创造美。

4.课后作业（5分钟）

（1）个人反思：要求学生撰写一篇短文，以《我眼中的美》为题，结合今天的活动体验，深入反思自己对美的理解和认识。

（2）创意延续：鼓励学生利用课余时间继续探索和实践，尝试用其他艺术形式（如绘画、写作、音乐等）来表达自己对美的感受。

注意事项

（1）在整个活动过程中，教师应保持开放和包容的态度，鼓励学生自由表达和创新。

（2）注意控制时间，确保每个环节都能顺利进行，同时留出足够的时间让学生进行深入的思考和交流。

（3）强调团队合作的重要性，鼓励学生在小组内相互帮助、共同进步。

任务二　认识美育

一般来说，美育就是审美教育或者美感教育，也可以称为心灵教育、情操教育等，具体是指用美来温润心灵、陶冶情操、提高修养甚至激发创新能力的一种教育方法。根据《中国大百科全书》[①]的阐述，美育的内涵有两个维度：狭义上，美育是通过艺术手段，如绘画、音乐、舞蹈等，对人们进行心灵的熏陶与教育；广义上，美育则涵盖了自然界的美景、社会生活的百态、物质产品与精神产品的各种美好形式，通过这些美的元素潜移默化地影响人们，进而美化人们的心灵世界、行为举止、言谈体态，并提升人们的道德情操与智慧水平。

《辞海》对"美育"的解释：美育也称"审美教育""美感教育"，是关于审美与创造美的教育。通过对艺术美、自然美、社会美的审美活动和理性的美学教育，使人树立正确的审美观念，培养健康的审美趣味，提高对于美的欣赏力与创造力。美育包含学校美育、家庭美育、社会美育等，既与德育、智育、体育相互联系、相互渗透，又有独特的内容、方法和效能。它是教育事业的一个有机组成部分，是美学的目的之一。艺术鉴赏、教育是美育的重要途径。美育对于改造人性，改造社会，促进人的全面发展，建设社会主义精神文明具有特殊的意义。

知识脉络 《

```
                            任务二　认识美育

                                          ┌── (一) 美育的历史
                            一、美育的内涵 ─┤
                                          └── (二) 美育的特点
(一) 提高审美素养 ┐
(二) 促进各项能力的提升 ├─ 二、美育的作用
(三) 沉淀人文精神 ┘                                    ┌── (一) 哲学基础
                                                   ├── (二) 教育目标
                            三、东西方美育思想对比 ─┤
                                                   ├── (三) 方法手段
                                                   └── (四) 价值导向
    课堂实操：探讨中外美育思想的区别

                            【中华美育】

        【审美鉴赏】

                            实践活动：美化校园环境
```

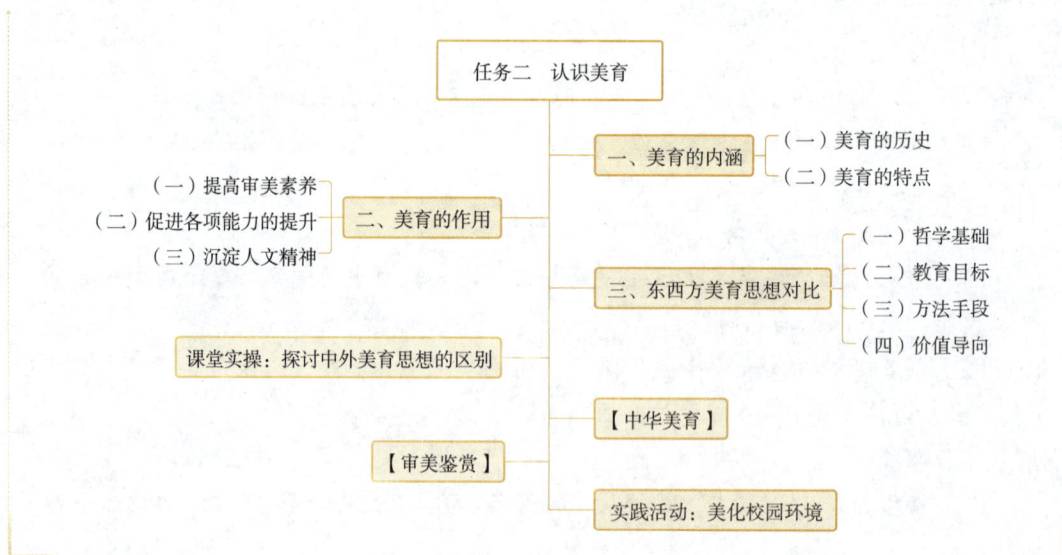

①《中国大百科全书》是我国首部大型综合性百科全书，自 1978 年起，历经十余年，最终于 1993 年完成了第一版的编纂工作，全书共 74 卷，涵盖了哲学、社科、文艺等 66 个学科领域，总字数超过 1.25 亿。

一、美育的内涵

美育旨在促进学生的全面发展，提升道德品质、智力水平及身心健康，同时，激发学生的创造力和艺术表现力。通过美育，人们能够更好地理解和欣赏生活中的美好，进而以更加积极的态度面对生活，追求丰富多彩的人生体验。

（一）　美育的历史

在中国，美育的实践和意识古已有之。早在西周奴隶社会，周公便制定了"礼乐制度"，其中"乐"便包含了诗、歌、舞等艺术形式，是进行教育的重要方式。到了春秋末期，孔子创立了古代教育体系，其中"乐"作为六艺之一，实际上就是专门的美育课。孔子通过音乐、诗歌、舞蹈等艺术领域发挥他的美育思想，奠定了中国古代美育的思想基础，并在两千多年前就已经形成了中国的美育传统。

在西方，美育的思想同样源远流长。古希腊的哲人苏格拉底、柏拉图、亚里士多德等人都强调了美育的重要性。柏拉图尤其重视音乐教育，认为音乐能够滋养和浸润心灵，使性格变得高尚、优美，亚里士多德则更全面地总结了艺术审美教育的功能，包括教育、净化和精神享受等方面。

"美育"这一概念的明确提出，是在 18 世纪 50 年代鲍姆嘉通建立"美学"学科体系之后，由德国美学家席勒[①]（图 1-15）在他的《美育书简》中首次提出的。

图 1-15　席勒

席勒认为，人天生具备三种冲动：一是感性冲动，源于肉体存在与感性需求，满足生存的基本条件；二是理性冲动，源于精神追求与道德理想，渴望秩序与法则；三是游戏冲动，是最为重要的，它超越了感性与理性的束缚，是人在自由状态下追求精神满足与全面发展的体现。美育正是通过激发这种游戏冲动，引导人们进入一种完满的人性状态，成为"全面的人"。

历史上，美育的理解与实践经历了多次演变，形成了以下四种主要观点。

（1）完人教育：认为美育旨在培养具有自由精神与完美

---

①　席勒（1759—1805），德国诗人、哲学家，德国启蒙文学代表人物。

人格的人，强调美育对于个体全面发展的重要性。

（2）艺术教育：将美育等同于绘画、音乐、舞蹈、文学等艺术领域的教育，通过具体艺术形式的学习与欣赏，提升审美素养。

（3）美的知识教育：这种观点虽有其价值，但容易陷入知识灌输的误区，忽视了美育的情感体验与实践性。真正的美育应包含但不限于此，它更强调审美感受力与创造力的培养。

（4）情感教育：认为美育的核心是情感教育，通过美学理论的应用，陶冶性情，培养高尚的情感品质。蔡元培（图1-16）先生更是提出了"以美育代宗教"的著名观点，强调了美育对精神世界塑造的独特价值。

在当今社会，随着物质生活的日益丰富，人们对于精神层面的追求也日益增长，仍不乏审美误区与价值观扭曲的现象。这更加凸显了美育的重要性与紧迫性。通过美育的普及与深化，可以帮助人们树立正确的审美观与价值观，引导他们以更加健康、积极、向上的态度面对生活。

同时，美育也是培养创新型人才的重要途径。在创新驱动发展的时代背景下，具备良好审美素养与创新能力的人才将成为社会进步的重要推动力。

图1-16　蔡元培

（二）　美育的特点

1. 情感性

蔡元培先生指出，美育是将美学理论应用于教育实践中，旨在培养和熏陶人的情感。他从心理学视角提出，美育与情感息息相关，并将其视为情感教育的一种形式。通过感性的途径，美育引导人们在感受美、鉴赏美的过程中引发情感共鸣，以此达到提升道德修养、丰富内心世界、塑造高尚情操、提高人生境界的目的。审美体验必须借助情感这一媒介，缺乏情感的参与，审美便失去意义，美育也将失去其存在的价值。情感性是美育的核心特征。

审美活动受到审美主体情感的驱动，不同的人在面对同一审美对象时，可能会产生截然不同的情感反应和审美体验。例如，同样是观赏花朵，白居易感受到的是"山寺桃花始盛开"的欢愉，李清照则体会到"花自飘零水自流"的哀愁。美育虽不同于智育，不能直接提供系统的科学知识，但它拥有激发情感的独特功能，这对于提升人的认知能力、想象能力和创造能力至关重要。观赏莫高窟（图 1-17）时，有的人可能仅看到石雕，有的人会联想到石刻艺术的历史，有的人则能从中感受到文物修复者的匠心与坚持。因此，适当的情感引导是美育发挥其教育效果的关键。

图 1-17　历史悠久的莫高窟

2. 形象性

形象性与智育的抽象性形成对比。美育不依赖于抽象的理论或道德训诫，而是通过具体、生动、鲜明的形象进行教育。它引导人们逐步深入地感知、欣赏和追求美的形象，从而帮助人们从感性地体验到理性的认识，从外在的表象到内在的本质，去发现美、理解美、享受美。美育通过形象的感染力，使人们领悟美的深层次含义，进而提升审美能力、培养审美趣味和理想。

美的表现需要借助一定的形式，如形态、色彩、声音等，无论是自然美、艺术美、生活美，还是科技美，都离不开这些外在的表现。缺乏具体而特定的形象，美将无所依托，美育也将无法实施。

美是直观的感知，是对眼前形象的直接把握。自然景观（高山流水、古松翠柏）、艺术作品（齐白石的虾趣图、达·芬奇的《蒙娜丽莎》），以及建筑艺术（殿堂、庙宇、园林和古居），均通过多姿多彩的审美形象激发主体的审美情感，产生审美愉悦。

3. 实践性

实践性是美育不可或缺的特质，美是在实践中创造的，人的审美感同样是在实践中获得的。缺乏实践，美和美感都无从谈起。美的存在和美感的获得是美育开展的基础。审美活动具有显著的实践性特征，当审美主体被美的事物吸引，主动运用感官进行感知、赏析和体验时，或全身心投入艺术创作时，即构成完整的审美实践。

审美实践可分为静观欣赏实践和创造体验实践（图 1-18）。静观欣赏实践指的是对自然美、社会美、艺术美的观赏和反思活动。在这一过程中，审美主体通过直观的欣赏，激发联想、想象等情感反应，沉浸在美的享受中，接受美的熏陶和影响。创造体验实践则是指审美主体在创造美的过程中获得情感体验和精神满足的活动。

图 1-18　制作陶艺制品

通过审美实践，审美主体可以培养和提高审美感知力、敏锐度，增强鉴赏能力，提升审美品格，体验生活的趣味，感受生命的脉动，探索人生的意义和价值。

4. 渐进性

审美体验贯穿人的一生，情感的培养和人格的完善不是一朝一夕的事情，美育的效果也不是即刻显现的，而是一个漫长且逐步深入的过程。美育的作用如同春雨般细腻无声，它通过生动而直观的形象触动人的情感，在轻松、愉快、自由的环境中悄然进行，引导审美主体从低级的审美感知上升到高级的审美享受，使情感和心灵不断得到熏陶和提升，最终实现全面和谐的成长。

审美教育需要按部就班、逐渐培育，感性的愉悦仅仅是最基础的层次，精神层面的愉悦共鸣则更为高级，从感知到共鸣再至升华的境界则是更高的追求。在每次的审美体验中，审美主体都会获得不同层次的审美感受，这样的体验逐渐加强了自我认知和自我觉醒的能力。

> 📖 **美育小讨论**
>
> 随着 VR、AR 等技术的发展，虚拟艺术体验是否能真正替代实地美术馆、音乐会的感受？如何在数字世界中培养健康的审美观念？

二、美育的作用

美育的主要目标是培养学生的美学精神和审美素养。尽管爱美之心人皆有之，但人并不会自然而然地获得审美精神，而是要经过美育的修炼才能获得。美育的作用通常可以概括为以下三个方面。

（一）提高审美素养

从人的审美活动来看，审美素养通常涵盖了以下四种能力，即感知力、领悟力、想象力和表现力。任何审美活动的起点都是对审美对象的感知，无论是通过视觉感知造型艺术，还是通过听觉感知音乐作品，或是对文学作品的语言感知，甚至是对戏剧电影的多感官感知。敏锐的感知力是审美的前提条件，贯穿于整个审美活动之中。这种感知力还伴随着直觉感悟，即在感性体验中直接领悟真、善、美的本质。

在感知和领悟的基础上，会自然形成想象力，它基于过往的感官经验形成新的观念和形象，是审美素养中最具创造性的部分。与感知力、领悟力不同的是，想象力更多地体现了主体的能动性。一个拥有丰富审美素养的人，其想象力能够创造出更多的可能性，进而产生更高的创意。

审美的表现力是一种由内而外的能力。一个具备审美素养的学生，不仅会被审美对象所打动，还能够通过各种媒介表达出自己的审美体验，如言语、绘画（图1-19）、表演（图1-20）等，从而与他人分享自己的审美感悟。

图1-19　米勒《拾穗者》

图1-20　话剧《雷雨》

美育对审美素养的提升主要依靠以下四个方面。

（1）丰富审美资源：美育教育通过提供多样化的审美资源，如经典艺术作品、自然风光、民俗文化等，让学生有机会接触并深入了解不同领域的审美对象。这些资源不仅拓宽了学生的视野，还为他们提供了丰富的感官体验，从而增强了感知力和领悟力。

（2）引导审美体验：美育教师通过精心设计的教学活动，引导学生主动参与到审美体验中，鼓励学生用心观察、聆听、感受，并引导他们从多个角度思考和分析审美对象，培养其敏锐的感知力和深刻的领悟力。同时，教师还会适时地给予指导和反馈，帮助学生不断提升自己的审美水平。

（3）激发创造潜能：美育教育注重培养学生的想象力和创造力。通过创意绘画、音乐创作、戏剧表演等实践活动，学生可以将自己的审美感悟转化为具体的作品，从而锻炼自己的表现力和创造力。在这个过程中，学生不仅能够发挥自己的想象力，还能学会如何将自己的想法转化为现实，进一步提升自己的审美素养。

（4）培养审美态度：美育教育致力于培养学生的积极审美态度。通过欣赏和理解优秀艺术作品，感受其中的美感和价值，学生可以逐渐形成对美的热爱和追求。这种积极的审美态度将伴随学生一生，使他们能够在日常生活中发现并创造更多的美。

（二）　促进各项能力的提升

美育能够为审美助力，具体体现在以下三个方面。

（1）美育能帮助学生提高专注力。美育以其独特的魅力，通过引导学生参与丰富多样的审美活动，如深入欣赏艺术作品（图1-21）、体验自然美景（图1-22）等，让学生在这些活动中找到心灵的栖息地。这些审美活动可以培养学生在纷繁复杂的信息海洋中筛选与聚焦于真正有价值内容的能力，这种凝聚的注意力不仅能够促进学生独立思考能力的提升，更为他们的深度学习打下了坚实的基础，使他们能够更加从容地应对日益复杂多变的社会环境和挑战。

图1-21　《历代帝王图》局部

图1-22　自然美景

（2）美育在改善工作态度与价值认知方面发挥着重要的作用。在当下竞争激烈的社会环境中，美育能够激发人们基于兴趣、爱好和信仰的行为动机，唤起人们对美的追求和热爱。通过引导学生欣赏和创造美，帮助他们认识到价值理性的重要性，从而在追求个人目标的同时，保持内心的平衡与和谐。这种赋能作用不仅有助于学生在学业上取得成功，更有助于他们成为具有高尚品质和深刻思想的人。

（3）美育的目标不仅是培养审美技能，还能培养审美情怀。这其中，从价值理性到审美定力，再到温润心灵，美育致力于塑造具有完善人格的社会主义建设者。人生境界反映了一个人的生活意义和价值，审美的人生境界则是"诗意的人生""创造的人生"和"爱的人生"的完美统一。在中国迈向社会主义现代化强国的进程中，推广美育、提高全社会公民的审美精神非常重要。

（三）　沉淀人文精神

美育致力于培养人文精神，根植于人文学科的深厚土壤之中。大学教育致力于立德树人，美育则是这一过程中不可或缺的一环。立德并非一蹴而就，它需要潜移默化的影响与熏陶。美育以其真、善、美统一的特点，具备了向善的伦理潜能。正如庄子所言："得至美而游乎至乐，谓之至人。"美育的目标是通过感性的陶养，使人更加人性化，更加富有同情心，更加敬畏生命，更加尊重他人。这种人文教养的核心，正是美育的根本追求和实践指向。

马克思在批判资本主义异化劳动时，提出了人的解放和复归的概念。他强调，人应该作为"普遍的因而也是自由的存在物来对待"。这种真正的人本主义，是美育所追求的崇高目标。美育不仅关注个体的精神成长，更致力于培养具有历史感和现代性的人文教养。通过美育，学生得以汲取人类文化的精髓，形成既有深厚传统底蕴又具有时代精神的价值观。

在科技高度发达的今天，人文教养也包含了对自然的敬畏和尊重。无数伟大的艺术作品都赞美了自然的伟大与生机，而关注自然美也成为美育不可或缺的一部分。美育通过培养人们对自然的敬畏与欣赏，促进生态文明的建设，为人类创造更加美好的生活环境。

☀ 美育小贴士

朱光潜、蔡元培、席勒的美学思想

朱光潜早期深受康德与克罗齐的影响，倡导主体创造的能动自由及自我表现。后期，他转向马克思主义，强调美是客观与主观的统一，并关注主体间性，认为美不仅在于个体感受，更在于社会历史语境中的共鸣与理解。

蔡元培力倡"思想自由，兼容并包"，其美育思想源于康德哲学，强调美育对健全人格的重要性。他主张通过美育来改造社会，促进人的全面发展，并构建学校、家庭、社会教育相结合的美育体系。

席勒提出了以审美教育来弥合感性与理性分裂的思想，认为美是客观的属性，且能够调节人的心灵世界，使之达到和谐。他的美学思想充满了人本主义色彩，关注人的现实自由与心灵解放。

三、东西方美育思想对比

东西方美育思想是各自文化体系中不可或缺的一部分，展现了截然不同的美育理念和美学追求。以下将从哲学基础、教育目标、方法手段、价值导向四个方面，对东西方美育思想进行对比。

（一）　哲学基础

中国美育思想根植于深厚的传统文化土壤之中，主要受到儒家、道家、佛家思想的熏陶。儒家思想强调"礼乐教化"，认为美育是人格修养、社会和谐的重要手段；道家则追求自然之美，强调"道法自然"，认为美育应顺应人的自然本性；佛家则通过禅修等方式，引导人们体悟生命真谛，达到心灵的净化和超脱。这些思想共同构成了中国美育思想的哲学基础，强调美育与人的内在修养、精神世界的紧密联系。

西方美育思想深受古希腊哲学、基督教思想及近现代哲学如康德、席勒等人的影响。古希腊哲学强调理性与感性的和谐统一，认为美育是完善人性、培养全面发展人才的重要途径。基督教思想则赋予了美育以神圣的意义，将其视为通往精神世界的桥梁。近现代哲学如康德的"审美无利害"观点，进一步奠定了西方美育思想的理论基础，强调审美活动的独立性和纯粹性。

（二）　教育目标

中国美育思想更加注重人的内在修养和道德品质的提升，认为美育不仅是艺术教育的过程，更是人格塑造、心灵净化的过程。通过美育，人们可以陶冶情操、涵养德性、提升境界，最终达到"天人合一"的理想境界。这种教育目标体现了中国美育思想对于人的全面发展的深刻理解和追求。

西方美育思想旨在通过艺术教育等手段，培养学生的审美能力、创造力和批判性思维，使其成为具有独立思考能力、情感丰富、全面发展的个体。同时，西方美育也注重培养学生的社会责任感和公民意识，强调通过美育促进社会的和谐与进步。

（三）　方法手段

中国美育思想在方法手段上则强调"寓教于乐"和"潜移默化"。它注重通过日常生活中的点滴细节和具体实践来培养学生的审美能力与道德品质。例如，通过诗词歌赋的吟诵、书法绘画的练习、园林建筑的观赏等方式，让学生在潜移默化中接受美的熏陶和感染。同时，中国美育也注重传统文化的传承和弘扬，通过讲述历史故事、传承民间艺术等方式，加深学生对中华文化的认同感和自豪感。

西方美育思想在方法手段上注重多样性和创新性。它充分利用各种艺术形式和媒介，如绘画、音乐、舞蹈、戏剧等，通过直观感受、情感体验和理性分析等方式，激发学生的审美兴趣和创造力。同时，西方美育也注重跨学科的教学和研究，将美育与其他学科（如文学、历史、科学等）相结合，拓宽学生的视野和知识面。

（四）　价值导向

中国美育思想呈现出独特的价值导向，其核心在于追求和谐统一的整体性。这一思想体系强调，美育不仅是个体人格完善的重要途径，更是推动社会和谐发展的重要力量。通过审美教育的熏陶，受教育者能够逐步培养社会关怀意识，形成强烈的社会责任感，进而自觉投身于社会公益实践。同时，中国美育也强调美育对于国家文化软实力的提升作用，认为通过美育可以传承和弘扬中华优秀传统文化，增强国家的文化自信心和影响力。

西方美育思想的价值导向主要体现在对个人价值的尊重和追求上，认为每个人都有独特的审美需求和创造力潜能，美育应该尊重这种差异性和多样性，鼓励学生发挥自己的特长。同时，西方美育也强调美育对于社会进步的推动作用，认为通过美育可以培养具有社会责任感和公民意识的个体，从而促进社会的和谐发展。

综合来看，东西方美育思想在哲学基础、教育目标、方法手段及价值导向上存在显著差异。中国美育根植于儒释道传统，追求内在修养与道德品质的提升，强调"天人合一"的和谐境界与心灵的净化。西方美育深受古希腊哲学与近现代哲学影响，强调理性与感性的和谐，注重个体审美能力与创造力的培养，以及社会责任感的塑造。

在教育目标上，中国美育旨在通过艺术教育培养人的全面发展，尤其是品德修养与审美情感的提升，追求个体与社会整体的和谐统一；而西方美育则更侧重于个体审美鉴赏力、批判性思维及创新能力的培养，鼓励个性表达与独立思考，以实现个人的潜能与价值。

在方法手段方面，中国美育侧重寓教于乐与潜移默化，通过诗词、书画、音乐等艺术形式，在欣赏与创作中熏陶情操，使美育融入日常生活；西方美育则注重多样性和跨学科融合，不仅涵盖艺术领域，还广泛涉及文学、哲学、科学等多个学科，通过项目式学习、讨论与创作实践等方法，激发学生的审美体验与创新能力。

在价值导向上，中国美育更强调社会和谐与文化传承的整体价值，认为美育是维系社会秩序、促进文化认同的重要途径；西方美育则侧重于个人价值的实现与社会进步的推动，认为美育能够激发个人潜能，促进社会创新与文化多样性，为社会的持续进步贡献力量。

课堂实操 **探讨中外美育思想的区别**

课堂活动设计：深入探索中外美育思想的异同与交融

活动目标

（1）增进学生对中外美育思想的理解与认识。

（2）培养学生批判性思维和跨文化交流能力。

（3）通过实践活动，促进学生将理论知识运用于实际分析。

活动准备

（1）分组材料：将班级分为若干小组，每组4～5人，确保小组内成员具有不同的背景和观点。

（2）资料包：包含东西方美育思想简介、经典案例、相关视频或阅读材料。

（3）讨论指南：设计一系列引导性问题，帮助学生深入探讨中外美育思想的差异。

（4）展示工具：白板、投影仪、便笺纸、彩笔等，用于小组展示和记录讨论要点。

活动流程

1. 引入阶段（10分钟）

（1）教师讲解：简要介绍美育的重要性及本次活动的目的和流程。

（2）观看视频/阅读材料：播放一段关于东西方美育思想差异的短片或分发相关阅读材料，激发学生的兴趣和思考。

2. 自主学习阶段（20分钟）

（1）分组阅读：各小组领取资料包，自主阅读并讨论东西方美育思想的主要特点、历史渊源、教育理念等。

（2）记录要点：使用便笺纸记录小组内讨论的关键点、疑问和感悟。

3. 深入讨论阶段（30分钟）

（1）引导性问题：教师提出一系列引导性问题，如"东西方美育思想在培养目标上有何不同？""各自采用了哪些独特的教学方法？"等，引导小组进行深入讨论。

（2）角色扮演：鼓励小组内成员进行角色扮演，模拟东西方美育课堂场景，体验不同教育理念和教学方法的差异。

（3）跨组交流：安排小组间进行短暂交流，分享各自的学习成果和见解，促进跨文化交流。

4. 成果展示与反馈阶段（20分钟）

（1）小组展示：每个小组选派代表，利用白板或投影仪展示小组讨论成果，包括东西方美育思想的差异、案例分析、个人感悟等。

（2）班级讨论：在小组展示后，开展班级范围内的讨论，邀请其他同学提问、点评或补充。

（3）教师总结：教师总结本次活动的亮点和收获，强调东西方美育思想的互补性，鼓励学生保持开放心态，积极学习借鉴不同文化背景下的美育思想。

5. 反思与作业阶段（5分钟）

（1）个人反思：要求学生撰写一篇短文，反思在本次活动中的收获与不足，以及未来在美育学习中的打算。

（2）作业布置：鼓励学生继续深入研究某一方面的东西方美育思想差异，准备在下一次课堂上进行分享。

注意事项

（1）确保活动过程中每位学生都能积极参与讨论和分享。

（2）鼓励学生提出自己的观点和疑问，营造开放、包容的课堂氛围。

（3）教师应适时引导讨论方向，确保活动围绕主题展开。

（4）强调团队合作的重要性，鼓励学生相互学习、共同进步。

素养案例设计："寻美之旅：从朱光潜《谈美》到李泽厚《美的历程》，共筑高品质生活"

案例背景

在新时代背景下，"高品质生活"不仅是国家发展的目标，也是每个个体追求的理想状态。习近平总书记关于"人民对美好生活的向往"的论述，指明了前进的方向。在《大学美育》课程中，通过引导学生阅读朱光潜的《谈美》和李泽厚的《美的历程》，不仅能够深化学生对美学理论的理解，还能激发他们对美好生活的向往与追求，实现美育与素养的有机融合。

案例目标

（1）理论认知：使学生理解美的本质、来源及特点，掌握美学的基本原理。

（2）情感共鸣：激发学生对美的热爱与追求，培养高尚的审美情趣和积极的人生态度。

（3）价值引领：引导学生将美学理论与现实生活相结合，理解并践行"高品质生活"的理念，为实现中华民族伟大复兴的中国梦贡献力量。

案例实施

1. 导入环节（5分钟）

教师引导：以"你心中的美好生活是怎样的？"为话题，引导学生分享个人见解，引出"美从哪里寻？"的核心问题，为后续阅读奠定情感基础。

2. 阅读分享（20分钟）

（1）分组阅读：将学生分为两组，分别精读《谈美》和《美的历程》的精选章节，每组推选代表准备分享心得。

（2）心得分享：两组代表分别就"美从哪里来""美是什么""美的特点"等主题进行分享，结合书中内容和个人理解，阐述对美的认识。

3. 思辨讨论（25分钟）

（1）主题讨论：围绕"美学理论与高品质生活的联系"展开讨论，引导学生思考如何将美学原理应用于提升个人生活品质、促进社会和谐等方面。

（2）案例分析：选取现实生活中的美学实践案例（如城市景观设计、文化创意产业等），分析其中蕴含的美学元素及其对提升生活品质的作用。

4. 素养融合（15分钟）

（1）理论升华：结合习近平总书记关于"人民对美好生活的向往"的论述，引导学生理解美学追求与实现高品质生活的内在联系，强调个人审美提升对于构建和谐社会、推动国家发展的重要意义。

（2）行动倡议：发起"寻美行动"倡议，鼓励学生从日常生活做起，用美的眼光观察世界，用美的行动影响他人，共同营造更加美好的生活环境。

5. 总结反思（5分钟）

（1）教师总结：回顾本次课程的主要内容和思想精髓，强调美育与素养相结合的重要性，鼓励学生持续探索美学领域，为创造更加美好的生活贡献力量。

（2）学生反思：引导学生撰写学习心得，反思自己在美学认识和生活态度上的变化，提出未来努力的方向。

案例效果评估

（1）通过课堂参与度、讨论深度及学生作业反馈评估学生对美学理论的理解程度与素养的提升情况。

（2）跟踪"寻美行动"的后续进展，观察学生在日常生活中的美学实践行为，评估其对社会生活的积极影响。

审美鉴赏

梁启超、王国维、蔡元培、朱光潜、宗白华、丰子恺等一众学者，构成了中国近代美学史上璀璨的星辰，他们不仅精通东西方学问，更在融会贯通的基础上，对中国美学思想进行了深刻的发展与革新。这些大师们在致力于美学学科的体系构建与理论深化的同时，也满怀激情地关注着时代的脉搏，以美学视角审视并回应人生的种种议题。

若你渴望深入了解这些美学巨匠的生平轨迹与思想精髓，不妨在闲暇时光里，翻开他们的经典著作或传记，如王国维先生的《人间词话》，此书以其深邃的诗词鉴赏与美学见解，引领读者领略中国古典文学之美；又如朱光潜先生的《谈美》，以平易近人的语言，探讨了美的本质与审美体验；再如宗白华先生的《美学的境界》，则以其独特的哲学视角，揭示了美学所追求的至高境界。

在阅读的过程中，不妨将那些触动你心灵的精彩段落，通过录制朗读视频的方式，转化为声音的记忆。这样，不仅能够加深自己对美学思想的理解与感悟，还能与同学共同分享这份来自美学殿堂的瑰宝，促进彼此之间的思想交流与碰撞。这样的活动，无疑将为你的学习生活增添一抹亮丽的色彩，也让美学的光芒照亮更多人的心灵。

美育与人生
蔡元培

人的一生，不外乎意志的活动，而意志是盲目的，其所恃以为较近之观照者，是知识；所以供远照、旁照之用者，是感情。

意志之表现为行为。行为之中，以一己的卫生而免死、趋利而避害者为最普通；此种行为，仅仅普通的知识，就可以指导了。进一步的，以众人的生及众人的利为目的，而一己的生与利即托于其中。此种行为，一方面由于知识上的计较，知道众人皆死而一己不能独生，众人皆害而一己不能独利；另一方面则受感情的推动，不忍独生以坐视众人的死，不忍专利以坐视众人的害。更进一步，于必要时，愿舍一己的生以救众人的死；愿舍一己的利以去众人的害，把人我的分别，一己生死利害的关系，统统忘掉了。这种伟大而高尚的行为，是完全发动于感情的。

人人都有感情，而并非都有伟大而高尚的行为，这由于感情推动力的薄弱。要转弱而为强，转薄而为厚，有待于陶养。陶养的工具为美的对象；陶养的作用叫作美育。

美的对象，何以能陶养感情？因为他有两种特性：一是普遍；二是超脱。

一瓢之水，一人饮了，他人就没得分润；容足之地，一人占了，他人就没得并立。这种物质上不相人的成例，是助长人我的区别、自私自利的计较的。转而观美的对象，就大不相同。凡味觉、嗅觉、肤觉之含有质的关系者，均不以美论；而美感的发动，乃以摄影及音波辗转传达之视觉与听觉为限。所以纯然有"天下为公"之概。名山大川，人人得而游览；夕阳明月，人人得而赏玩；公园的造像，美术馆的图画，人人得而畅观。齐宣王称"独乐乐不若与人乐乐；与少乐乐不若与众乐乐"；陶渊明称"奇文共欣赏"，这都是美的普遍性的证明。

植物的花，不过为果实的准备；而梅、杏、桃、李之属，诗人所咏叹的，以花为多。专供赏玩之花，且有因人择的作用，而不能结果的。动物的毛羽，所以御寒，人因有制裘、织呢的习惯；然白鹭之羽，孔雀之尾，乃专以供装饰。宫室可以避风雨就好了，何以要雕刻与彩画？器具可以应用就好了，何以要图案？语言可以达意就好了，何以要特制音调的诗歌？可以证明美的作用，是超越乎利用的范围的。

既有普遍性以打破人我的成见，又有超脱性以透出利害的关系；所以当着重要关头，有"富贵不能淫，贫贱不能移，威武不能屈"的气概；甚且有"杀身以成仁"而不"求生以害仁"的勇敢；这种是完全不由于知识的计较，而由于感情的陶养，就是不源于智育，而源于美育。

所以，吾人固不可不有一种普通职业，以应利用厚生的需要；而于工作的余暇，又不可不读文学，听音乐，参观美术馆，以谋知识与感情的调和，这样，才算是认识人生的价值了。

（选自聂振斌选编：《中国现代美学家文丛·蔡元培》，浙江大学出版社2009年版）

根据上文，请讨论如下问题。

1. 为什么说美育是一种情感陶养？

2. 美育情感陶养与意志行为有哪些不同？

3. 美育对人生有什么好处？

一杯一碗，流露出春日的"小清新"

名称：白釉蓝彩环柄杯、浅口碗

年代：唐

尺寸：杯口径7.1厘米、底径4.2厘米、高5.7厘米

　　　碗口径10.2厘米、底径5.5厘米、高3.9厘米

收藏单位：苏州博物馆

今天一起来看"小清新"的酒水器：白釉蓝彩环柄杯（图1-23）、白釉蓝彩碗（图1-24、图1-25）。

图1-23　唐　白釉蓝彩环柄杯　苏州博物馆藏

图1-24　唐　白釉蓝彩碗　故宫博物院藏

1. 春日"小清新"审美

看到这对"搭档"，你的第一反应是什么？

春天来了，蓝彩、蓝绿彩，容易让人联想到一句"春来江水绿如蓝"，白釉蓝彩环柄杯、浅口碗口沿局部对比这套酒水器或曾陪伴主人长眠地下，寄托着古人希望来生富足的美好愿望。这一杯一碗，除了颜色搭，口沿细节也是"同款"，杯口和碗口外展趋势明显，越到边上越卷，形成圆润的边沿，蕴含着向外延伸的力量，清润而不露锋芒。这组杯碗据推断为酒水器。试想，春天或许还偶感微凉，用这套春意浓的酒具呷一口酒，饮下的便不是酒，而是醉人的春风。

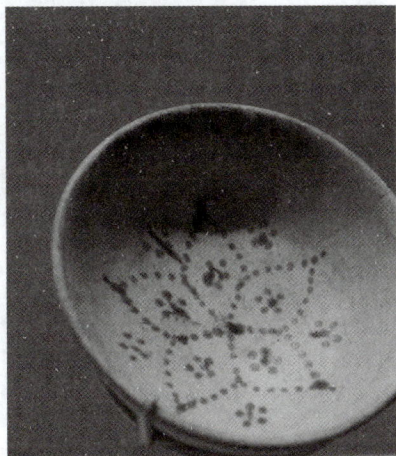

图1-25 唐 巩义窑白釉蓝彩碗 中国国家博物馆藏

2. 这个蓝彩是"唐青花"吗？

这套酒水器上的条状蓝彩自由流淌，如春水的美，有形化于无形，这种自然、随意的施彩装饰方式，形成的条状纹或洒彩斑点，是唐代白釉蓝彩器的特点装饰之一。

蓝彩的另一种特色花纹，在随意中又很有设计感，例如，连点成线形成较为抽象的花卉纹饰，或是连珠纹和条带状装饰等。

有研究认为，这种蓝彩装饰采用毛笔点图晕染是中国画的传统技法，与后来的青花瓷装饰一脉相承，高温烧制的过程中色彩晕染流淌，浓淡相宜，意蕴延展。

3. 这不是咖啡杯"穿越"了吗？

聚焦到这个杯子（图1-26），你的第一反应是不是：这是咖啡杯"穿越"了吧？

图1-26 白釉蓝彩环柄杯与小号（50～60 mL）咖啡杯的尺寸对比示意

当然不是，实际上这种带环柄把杯子的造型，据考证是脱胎于同时期的金银器环柄杯（或称"把杯"）（图1-27）。

图 1-27　四类环柄杯

①唐　金筐宝钿团花纹金杯（陕西历史博物馆藏）；②环柄银杯（中国国家博物馆藏）；
③白釉侈口环柄杯（图片来源：中国国家博物馆馆刊）；④白釉蓝彩环柄杯（苏州博物馆藏）

　　这类环柄杯有波斯及粟特地区风格，从这种造型的金银器的"进口"，到以此为原型进行陶瓷杯仿造，都是唐代中外文化交流的真实写照，让人不禁想到要是这款环柄杯能"复刻"一个，清晨用它饮一杯清茶或是喝一杯浓缩咖啡，可能都会让自己在这个春日更多一份活力吧！春水酿春酒，春人饮春茶，愿你经过冬藏，蓄满能量，厚积薄发。

　　　　　　　　　　（本文来源：学习强国，一杯一碗，流露出春日的"小清新"）

实践活动　　**美化校园环境**

美育实践活动设计
一周焕新颜：大学生校园美化实践周，共绘美育新篇章

活动目标

　　（1）增强美育认知：通过实践活动，学生能够深入理解美育的内涵、特点及其在校园环境中的体现。

　　（2）培养审美能力：引导学生发现并欣赏校园的自然美与人文美，激发其创造美的灵感。

　　（3）强化劳动观念：通过亲手参与校园环境的装饰与美化，学生能够体悟到劳动创造美的真谛。

（4）促进团队协作：在团队活动中增进同学之间的沟通与合作，共同为校园增添色彩。

活动时间

一周。

活动步骤

第一天：启动活动。

（1）上午：启动活动，介绍活动目的、流程、分组情况及安全注意事项。

（2）下午：邀请美育专家或教师进行专题讲座，讲解美育的基本理论、东西方美育思想对比，以及劳动与美的关系，为后续实践活动奠定理论基础。

第二天至第四天：校园美化方案设计。

（1）分组调研：各小组根据兴趣与专长，在校园内进行实地调研，观察并记录校园环境的现状、优点与待改进之处。

（2）方案设计：小组讨论并设计校园美化方案，包括但不限于墙面涂鸦、花坛布置、文化长廊设计、废旧物品再利用创意作品等。方案需体现美育理念，同时考虑实用性与可持续性。

（3）方案汇报：各组通过PPT或手绘展板形式，向全班展示并讲解设计方案，接受师生点评与建议。

第五天：物资准备与初步实施。

（1）物资采购：根据设计方案，各小组列出所需物资清单，经教师审核后统一采购或利用现有资源。

（2）初步实施：在确保安全的前提下，各小组开始在指定区域进行初步的美化工作，如绘制草图、搭建框架、摆放初步装饰等。

第六天：全面美化与细节完善。

（1）集中美化：全体师生共同参与，按照设计方案进行大规模的校园美化工作。鼓励学生发挥创意，用劳动的双手创造美。

（2）细节完善：注意美化过程中的细节处理，如色彩搭配、图案布局、文字内容等，确保整体效果和谐统一。

第七天：成果展示与总结反思。

（1）成果展示：组织全校师生参观校园美化成果，各小组进行现场讲解，分享创作过程中的心得与体会。

（2）总结反思：召开总结大会，表彰优秀团队与个人，分享活动中的亮点与不足，探讨如何将美育理念融入日常学习生活。

（3）后续规划：鼓励学生继续关注并参与校园环境的维护及美化工作，形成长效机制。

注意事项

（1）确保活动过程中的安全，做好防护措施。

（2）尊重校园原有风貌，避免过度装饰造成破坏。

（3）强调团队协作，鼓励每个学生都能积极参与。

（4）注重环保与可持续性，鼓励使用废旧物品进行创作。

项目一　美育的本质量化指标评价

任务编号	维度	评价指标	满分	具体内容	得分
任务一	理论知识掌握	美的本质理解	20	学生能否准确阐述美的本质，包括其哲学、心理学或社会学基础	
		美的特征识别	20	学生能否列举并解释美的多种特征，如多样性、主观性等	
		美的表现形式掌握	20	学生能否识别并描述美的不同表现形式，如艺术、自然、社会等	
	课堂实操	探讨美的本质的深度与广度	20	学生在课堂讨论中展现的对美的本质探讨的深度、广度及创新性	
	团队合作	小组讨论参与度	20	学生在小组讨论中的积极性、贡献度及协作能力	
任务二	理论知识掌握	美育内涵理解	20	学生能否准确阐述美育的基本概念、内涵及其重要性	
		美育作用认知	20	学生能否列举并解释美育对个人发展、社会进步等方面的作用	
	东西方对比	东西方美育思想差异理解	20	学生能否准确对比并阐述东西方美育思想的异同点	
	课堂实操	探讨中外美育思想区别的深度	20	学生在课堂讨论中展现的对中外美育思想差异探讨的深度和见解	
	实践活动	美化校园环境参与度与贡献	20	学生在实践活动中的参与度、创意及实际贡献，如装饰方案的设计与实施	

　　它们像一群活泼可爱的孩子在纸上玩笑嬉戏，像一朵朵美丽多姿的鲜花愉悦你的眼睛。这时我真不忍心将它们框在方格里，真想叫它们离开格子去舒展，去无拘无束地享受自己的快乐。

　　真的，它们不是僵硬的符号，而是有着独特性格的精灵，每个字都有不同的风韵。"日"这个字，使你感到热和力，而"月"却又闪着清丽的光辉。"轻"字给人飘忽的感觉，"重"字一望而沉坠。"笑"字令人欢快，"哭"字一看就像流泪。"霜"好像散发出一种寒气，"幽"字一出现，你似乎进入森林或宁静的院落。这些有影无形的图画，这些横竖勾勒的奇妙组合，它们在瞬间走进你的想象，然后又从想象里流出，在你的记忆中留下无穷的回味。这是一些多么可爱的小精灵啊！而在书法家的笔下，它们更能发生无穷无尽的变化，或挺拔如峰，或清亮如溪，或浩瀚如海，或凝滑如脂……它们自身就有一种智慧的力量，一个想象的天地，任你尽情地飞翔与驰骋。在人类古老的长河中，有哪一个民族能像中华民族这样拥有如此丰富的书法瑰宝呢？

　　这些美丽而富有魅力的汉字生来就给使用它的人带来诗的灵性。看着这些单个的、有色彩、有声音、有气味的字，怎能不诱发你调动这些语言的情绪呢？

——刘湛秋《我爱你，中国的汉字》(节选)

学习目标 《

知识目标

1. 熟悉审美活动的基本方法、类型。

2. 了解审美眼光、审美趣味、审美理想及审美人格的内涵。

能力目标

1. 具备掌握运用审美眼光分析和评价艺术作品的能力。

2. 学会运用不同审美理论来解读和分析艺术作品，提升审美鉴赏力。

素养目标

1. 理解审美活动在提升个人情操、创造力及促进社会和谐发展中的价值。

2. 构建健康、积极、多元的审美观念，增强文化自信和审美能力，培养高尚的审美人格。

审美是人们对事物美与丑的感受、鉴赏与评价能力。它涉及个体对自然界、艺术作品、社会现象乃至日常生活各方面所蕴含的美的感知与理解。审美活动是一种主观与客观相统一的过程，既受到个体文化素养、情感经验、时代背景等主观因素的影响，又离不开审美对象本身所具备的客观美学特征。

在日常生活中，审美无处不在。人们通过视觉、听觉、触觉等多种感官体验，感受色彩、形状、声音、质感等元素的和谐与对比，从而判断其是否具有美感。艺术作品（如绘画、音乐、舞蹈等）更是审美活动的重要载体，它们通过独特的艺术语言和表现形式，激发人们的情感共鸣，引导人们探索美的深层含义。

审美概述

因此，审美水准的高下不仅是一种个人修养的体现，也是社会文化发展的重要标志。它能够促进人们的精神生活丰富化，提升社会的整体审美水平，构建更加和谐美好的生活环境。

知识脉络 《

```
                              任务一　审美入门

                                              一、审美眼光与审美人格 ── （一）审美眼光
                                                                   （二）审美人格
（一）审美能提升人的素质 ─┐
                      ├─ 二、审美的现代意义
（二）审美可推动经济发展 ─┘

                                              课堂实操：探讨中华优秀文化的审美
```

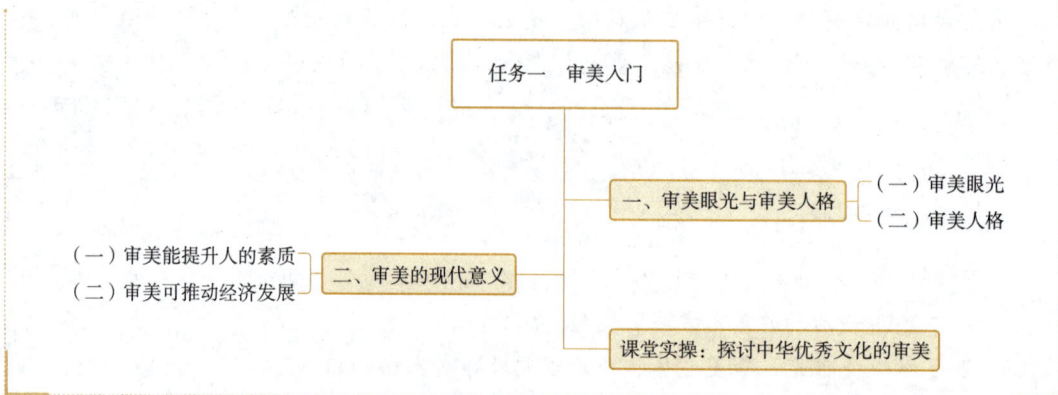

一、审美眼光与审美人格

审美眼光与审美人格相辅相成。审美眼光是个体识别、感知和评判美的能力，它决定了人们对美的敏感度和欣赏水平。审美人格则是个体在长期审美实践中形成的稳定心理特质，表现为对美的热爱、追求及表达方式。良好的审美眼光能够引导人们发现和创造美，进而塑造独特的审美人格；高尚的审美人格又能促进审美眼光的提升，使人们在美的世界中更加自信与从容。

（一） 审美眼光

1. 审美态度

审美态度即审美主体面对审美对象时所展现出的特定心理姿态，它标志着审美活动启程时的独特心境。审美态度既受时空等外部条件的制约，也深受个体心境、情感等内在心理因素的影响。审美主体的态度在很大程度上塑造了审美对象的价值感知，它要求主体超脱日常的功利束缚，以非实用的眼光去审视对象，即秉持一种超功利的态度。若以实用或科学的视角审视，则难以沉浸于审美体验，美亦将遁形。

有一则逸事生动地诠释了这一点：秀才与农夫同观月色，秀才沉醉于月之美，吟诗作对；而农夫心系生计，视月为烧饼。两者截然不同的反应，正是审美态度差异的体现。这揭示了面对同一对象，因态度相异，可引发审美与非审美的截然不同的感受。

在日常生活中，人们常为功利所累，难以轻易跨越至审美的彼岸。要实现这一跨越，关键在于从功利心态转向超功利的审美心态。秀才之所以能领略月之美，正是因其衣食无忧超越了日常琐碎，以审美之心相待；农夫则因生计艰难而功利心重，错失了这份审美体验。

审美态度的核心是"超越性"，它超越了实用、功利的局限，追求一种心灵的暂时解脱。从叔本华的静观到布洛的"心理距离"，再到康德的"无功利美学"，无不强调这种超越的重要性。正是基于这种超越，艺术创作方能诞生无数经典，艺术欣赏也得以触及那些深藏于生活与自然之中的真善美。

美，虽客观存在，但若缺乏审美的眼光，便如同视而不见。艺术家之所以卓越，恰在于他们能以独特的审美态度洞察世界，于平凡中见非凡。因此，培养审美态度，对于提升个体的审美素养，具有不可估量的价值。

2. 审美趣味

审美趣味是个人在审美中表现出的主观爱好与倾向，也称为审美鉴赏力。审美趣味的形成深受个体思想、性格、气质、文化背景及特定心境的影响，彰显出鲜明的主观性和个性化特征。它是在长期审美教育与实践的熏陶下，逐渐塑造而成的。

审美趣味的高低直接关联于个体的文化素养与艺术修养水平。健康而高尚的审美趣味，如同灯塔，引领人们正确地审美并创造美；反之，低俗的审美趣味则可能诱使人们偏离美的轨道，滑向丑恶与堕落的深渊。

值得注意的是，审美趣味既展现出个体的独特风貌，又蕴含着时代的、阶级的、民族的共性特征。这种社会性的审美倾向，是人们对美好追求的集中体现，反映在不同时代、阶级、民族的审美理想之中。例如，中国历史上魏晋时期的清瘦之美与唐代的丰腴之美的变迁，以及东西方对国画与油画的不同偏好，均彰显了审美趣味的多样性与深刻的社会文化背景。

审美趣味的差异性与共同性相互依存，不可分割。个人的审美趣味，虽带有独特的个性色彩，但也深深烙印着时代的、阶级的、民族的共同审美印记。这种交织使个人审美趣味既展现出个体的独特魅力，又受到社会审美倾向的制约与规范。

朱光潜先生在《谈谈诗与趣味的培养》中指出，对诗的喜爱与否，是衡量文学趣味高低的一个重要标尺。因为诗作为纯文学的精髓，其严谨、纯粹与精微，要求欣赏者具备较高的审美修养。相比之下，那些仅满足于故事情节的欣赏者，其审美趣味较为浅显。这一观点，对于当代中国社会审美趣味的评价同样具有启示意义。

因此，要真正提升个人的审美趣味，应致力于欣赏高雅、纯粹的艺术作品，而非满足于商业性、娱乐性的文化快餐。纯正、高雅的审美趣味，不仅能够使人们领略到艺术的真谛，更能在潜移默化中提升人们的文化内涵与审美修养，对审美素质的提升具有决定性的意义。同时，保持审美趣味的广泛性也是不可或缺的，它促使人们不断探索新的艺术领域，丰富和拓展人们的审美视野。

3. 审美理想

审美理想根植于各民族独特的审美文化土壤之中，是个人审美体验与人格境界的结晶，它确立了对美的观念标尺与典范模式。这一理想并非凭空而来，而是基于丰富的审美经验，经过高度概括与提炼而成。它超越了单一审美对象的局限，是对现实美更为集中、更具普遍性的反映，深深渗透于每一次审美感受之中，成为指导并规范特定时代、阶级与民族审美活动与创作的灯塔。

审美理想与一般社会理想及思想观念的区别在于，它兼具经验性的形象特征与深刻的思想内涵，两者和谐共生，不可分割。个人的审美理想既是对美的抽象概括，又保留了具体美的生动表象，而社会理想则更多以观念形态存在，缺乏直观的形象支撑。即使某些社会理想被赋予了生动的形象外衣（如陶渊明的《桃花源记》），其本质仍在于借形象传达思想。审美理想则不然，它让思想寓于形象之中，两者相互依存，共同构成了审美理想的独特魅力。

审美理想不仅反映了个体的审美追求，更是社会集团、阶级在审美实践基础上形成的审美思想的集中体现。它所涵盖的审美感知、体验与经验，比审美趣味更为深刻、自觉与广泛，鲜明地体现了时代与阶级的历史必然性及其理性要求。因此，审美理想与世界观、社会制度及实践要求紧密相连，其形成与发展深受社会诸多因素的影响。

社会物质生活条件、社会存在及社会理想，对审美理想的塑造具有决定性作用。以唐代诗歌为例，盛唐时期诗歌中洋溢的豪迈气概，正是受当时社会存在与理想——追求"济苍生""安社稷"、建功立业的热情所影响。从李白的"大鹏一日同风起"到杜甫、陈子昂等人的壮志豪言，无不透露出那个时代博大的气魄与崇高壮烈的审美风尚。而晚唐社会的动荡与变迁则促使审美风尚转向细腻温婉，花间派诗人的作品便是这一转变的生动写照。

审美理想不仅主宰着特定民族、时代与阶级的审美趣味、风尚与趋向，还通过审美对象的差异与变化，折射出民族、阶级的差异与对立，以及社会生活的发展与变迁。从艺术创作的角度来看，审美理想是其核心所在。艺术家不满足于对审美对象的简单感受，而是通过深入观察、分析、体验与研究现实，提炼并集中审美经验，主动为时代、社会与阶级树立新的审美理想。这一过程不仅满足了社会实践的需要，更通过创造崇高或优美的艺术形象，展现了时代的审美理想，这也是艺术创作的重要使命之一。例如，巴金在《家》中塑造的觉新形象，便是对"五四运动"前后中国社会审美理想的深刻反映与体现。

（二）　审美人格

1. 人格魅力与审美

人格与审美是两个紧密相关的概念，它们相互影响、相互作用，共同构成了人类精神世界的重要组成部分。人格是指一个人在社会化过程中形成和发展的思想、情感及行为的特有模式，这个模式包括个体独具的、有别于他人的、稳定而统一的各种特质。人格具有独特性、稳定性、内部一致性、自我调控性等特点，它影响着一个人的生活方式和对外界刺激的反应方式。在我国深厚的文化底蕴中，个体唯有铸就坚实的人格基础，方能肩负起社会的责任与义务，最终实现个人价值的升华。在这一过程中，恰如古语所云："修身、齐家、治国、平天下"，而"修身"之要，不仅在于知识的累积与能力的培养，更在于人格的日臻完善。

不同的人格类型会对美有不同的偏好和追求。例如，外向型人格可能更倾向于欣赏张扬、外放、光鲜亮丽的审美风格，而内向型人格则可能更喜欢内敛、平和、柔和的审美风格。人格中的气质、性格和认知风格等因素也会影响个体的审美选择。例如，胆汁质的人可能更喜欢热烈、奔放的审美风格；抑郁质的人则可能更喜欢沉静、内敛的审美风格。

审美活动不仅能够提升个体的审美素养和审美能力，还能够促进个体人格的完善和发展。通过欣赏和创造美，个体可以培养自己的审美情感和审美趣味，进而形成独特的审美风格和人格魅力。

审美教育在实现人格完善方面发挥着重要的作用。通过审美教育，个体可以学会如何欣赏和创造美，如何提升自己的审美素养和审美能力，从而在人格塑造上达到更高的境界。

人格的发展和完善需要审美活动的支持与滋养。一个具备高尚人格魅力的人，通常能够更深刻地理解和欣赏美的内涵与价值，从而更加珍视和追求美的事物。同时，审美活动也能够激发个体的创造力和想象力，推动人格的不断发展和完善。一个善于创造和欣赏美的人，往往能够在人格塑造上展现出更加独特和丰富的魅力。

人格与审美之间存在着紧密且深远的联系。因此，应该注重培养自己的审美素养和审美能力，以更好地欣赏和创造美的事物；同时，也应该注重提升自己的人格魅力，以更加自信、从容和有魅力的姿态面对生活。通过人格与审美的相互促进和发展，可以不断提升自己的精神境界和生活质量。

2. 道德修养与审美

道德修养作为审美素养的基础，其深度与广度直接影响着个体审美境界的高度与纯度。正如一座巍峨的建筑，其地基的稳固程度决定了其能否矗立云霄，同样，缺乏坚实道德修养支撑的审美修养，往往难以触及美的真谛，更遑论达到卓越的审美境界。

这一观点，在俄国文学巨匠安东·契诃夫的家庭故事中得到了生动的诠释。在契诃夫的家族中，其兄长亚历山大与尼古拉虽同怀艺术梦想，却因各自道德修养的不同轨迹，走向了截然相反的审美追求之路。亚历山大虽拥有不凡的艺术天赋，但因性格中的暴戾与对礼仪的漠视，使他在创作道路上屡遭挫折。他的才华未能成为照亮前行之路的灯塔，反而在缺乏道德修养的阴霾下逐渐黯淡，最终未能实现其艺术抱负，湮没于历史的尘埃之中。

而尼古拉作为一位画家，本应以画笔为媒介，探索美的无限可能。然而，他选择了放纵的生活方式，忽视了自我修养与审美提升的重要性。在酒精的麻醉下，他的创作灵感日渐枯竭，作品失去了应有的深度与灵魂，最终沦为平庸之作，才华如同流星划过夜空，短暂而黯淡。尼古拉的悲剧是对忽视道德修养与审美修养相互依存关系的一次深刻警示。

与他们形成鲜明对比的是契诃夫本人。他深知道德修养对于审美追求的重要性，因此，始终保持着高尚的道德情操与深邃的人文关怀。正是这份修养，让他能够敏锐地洞察社会百态，深刻理解人性的复杂与美好。在他的作品中，人们不仅看到了对现实世界的细腻描绘，更感受到了他对人性光辉的颂扬与对社会弊病的深刻批判。这种超越表面的审美追求，使契诃夫的作品具有了永恒的艺术魅力，成为后世传颂的经典。

综上所述，道德修养与审美修养之间存在着密不可分的关系。只有建立在坚实道德修养之上的审美修养，才能引领人们走向更加高远、纯净的审美境界。正如契诃夫家族的故事所展现的那样，无论是艺术创作还是人生旅途，道德修养都是不可或缺的导航灯，照亮前行的道路，引领人们探索美的真谛。

3. 文化修养与审美

审美人格的完整构建既根植于高尚的道德修养，又离不开深厚的文化修养作为支撑。关于如何界定一个人的文化层次，单纯的学历或职业身份，如是否接受过高等教育乃至成为工程师，并不能作为唯一标准。我国杰出科学家钱伟长[①]所引用的两个实例，便是对此观点的有力佐证。

第一个实例讲述了一位洛阳的建筑工程师，在施工中遭遇古墓时，为求省时省力，不顾文物保护原则，擅自爆破，导致三层古墓受损，其造成的损失远远超出了所节省的工程费用，令人痛惜。第二个实例则发生在山东沂蒙山，一位化工工程师误将富含珍贵新生代化石的硅藻土岩层视为普通炼油催化剂原料进行开采，待发现时已造成不可挽回的损失。

---

① 钱伟长（1912—2010），中国科学院院士、物理学家、力学家、应用数学家、教育家。

这种矿石在国际市场上虽作为催化剂原料价格较低，但作为科研或考古材料却价值连城，其反差之大，凸显了文化认知的重要性。

这两个案例深刻揭示了，即便拥有高等教育背景及专业技能，若缺乏全面的文化修养，仍难以称为真正的文化人。文化是一个广泛而深刻的概念，它涵盖了自然科学与人文科学的广阔领域，包括但不限于哲学、宗教、历史、文学、艺术、伦理、心理学及美学等。正如英国哲学家培根所言："读史使人明智，读诗使人灵秀，数学使人周密，科学使人深刻，伦理学使人庄重，逻辑修辞之学使人善辩；凡有所学，皆成性格。"他强调，知识的广度与深度对于塑造一个人的全面素质至关重要。因此，对青年一代进行广泛的人文科学知识教育，培育其情操美感与细腻美好的情感显得尤为重要。

人文科学知识的积累，对于提升审美修养具有不可估量的价值，尤其体现在艺术欣赏能力的提升上。无论是深入品读一部文学巨著，还是细致观赏一幅名画、聆听一首名曲，若能对作品的时代背景、创作环境有所了解，将极大地丰富审美体验。这种理解力离不开历史、哲学、宗教、伦理等人文科学知识的支撑。若对中国封建社会的历史一无所知，又怎能深刻体会《红楼梦》《儒林外史》等古典名著的韵味？同样，对于19世纪批判现实主义文学的经典之作，如巴尔扎克的《人间喜剧》、狄更斯的《艰难时世》、托尔斯泰的《战争与和平》，若缺乏相应的西方人文知识背景，也难以全面把握其艺术魅力。

此外，人文科学知识的学习对于提升日常生活品质同样至关重要。在旅游时，若对目的地的历史文化有深入了解，无论是漫步古都街头，还是攀登长城之巅，都能让心灵穿越时空，与古人对话，享受更为丰富和深刻的审美体验。而在选择日常用品时，如服装、家具、家电等，具备人文素养的人往往能从文化角度进行审视，不仅关注其实用性，更看重其文化内涵与审美价值，从而提升整体生活质量。

二、审美的现代意义

审美的意义在于多个层面，它不仅是对美的感知和欣赏，还深刻地影响着个体的思维、情感、行为，以及整个社会的文化和价值观。

（一）审美能提升人的素质

1. 审美是现代社会中多维价值的体现

在现代社会中，审美活动展现出其多维度的价值。

（1）在个体发展与心理健康方面，审美活动能够激发人们的情感共鸣，带来愉悦和满足感，成为提升个人幸福感的重要途径。艺术作品、自然美景等都能成为心灵的慰藉，帮助人们缓解压力，提升生活质量。同时，通过审美，个体可以更好地认识自己的情感偏好、价值观及审美趣味，促进自我意识的觉醒和个性的发展。审美还能激发创造力，促进思维方式的多样化，使个人在职业和社会生活中更加自信和灵活。

（2）审美活动在社会文化构建与传播方面发挥着重要的作用。作为社会文化的重要组成部分，审美活动通过艺术、设计、时尚等方式，不仅传承着历史记忆和文化精髓，还推动着文化的不断创新和发展。现代审美趋势反映了社会的变迁和价值观的演变，是文化多样性的体现。此外，共享的审美体验能够增强群体间的认同感，促进社会的和谐与团结，如公共艺术项目、节日庆典等活动。通过美的共享，加深了民众对社区或国家的归属感。

（3）审美活动在教育与人才培养方面也具有深远影响。跨学科融合与创新是审美活动在教育领域的重要体现，如在STEM（科学、技术、工程和数学）教育中融入艺术（A），形成STEAM教育理念，强调了审美与创新思维在科技创新中的重要作用，促进了知识的综合应用，为解决复杂问题提供了新思路。

2. 审美可以提升创造力

审美可以提升创造力。美学活动不仅具有愉悦人的精神、满足人们心灵需求的独特价值，更在培养人的创新、创造能力方面发挥着至关重要的作用。这是因为美作为一种自由和谐的感性形式，其内核深藏着真实与善良的元素，为创造力的激发提供了丰富的土壤。

审美活动通过锐化人的感知、强化个体的体验、促发思维的灵感与活力。以绘画为例，一位画家在欣赏大师作品时，不仅会被画面的美所震撼，更会在这种美的熏陶下，激发出自己内心的创作欲望。画家会仔细品味画面的色彩、构图和笔触，将这些元素内化为自己创作时的灵感来源。在这个过程中，画家的感知得到了锐化，体验得到了强化，思维也变得更加活跃和富有创造力。

以艺术为核心的审美实践活动，不仅让人们感知美、发现美、品味美，更促使人们表达美、创造美。艺术作为一种特殊的符号系统，要求欣赏者具备相应的解读能力，将艺术符号转化为个人化的、充满想象的"形象世界"与"情感世界"。这种转化过程需要个体运用联想与想象能力，将艺术符号与自己的生活经验、情感体验相结合，创造出属于自己的"艺术世界"。因此，持续的审美接触与熏陶能够使人的感官更加细腻、敏锐，联想与想象能力得到进一步的增强。

正是这种敏锐的感觉与丰富的想象，构成了创新与创造的灵魂。当人们置身于美的世界中，思维会变得更加开阔和灵活，能够发现更多的可能性，创造出更多的新鲜事物。这种创造力不仅体现在艺术创作上，更能够影响生活的方方面面，使人们变得更加富有创造性和创新精神。

因此，应该通过各种形式的审美实践活动，如艺术欣赏、艺术创作等，不断提升自己的审美素养和创造力水平。同时，也应该注重培养自己的联想与想象能力，将美的元素融入生活和工作中，创造出更加美好的未来。

安迪·沃霍尔（Andy Warhol）是20世纪最具影响力的艺术家之一，他以其独特的波普艺术风格和创新的创作方法闻名于世。沃霍尔的作品常常取材于流行文化中的图像，如电影明星、名人肖像、商品包装等，他将这些元素转化为色彩鲜艳、引人注目的艺术作品。

沃霍尔通过提升审美和运用创造力，成功地将流行文化中的元素转化为具有艺术价值的作品。他善于观察社会现象，从中汲取灵感，并将其转化为具有深刻内涵的艺术形式。例如，他创作的《玛丽莲·梦露》系列作品（图2-1），对这位电影明星的肖像进行反复复制和排列，形成了一种独特的视觉冲击力，同时，也反映了当时社会对名人文化的热衷和追捧。

沃霍尔的作品不仅展示了独特的审美眼光和创造力，也体现了他对社会现象的深刻洞察和反思。他的艺术实践表明，审美和创造力是相辅相成的，通过提升审美水平，可以更好地发现生活中的美，从而激发创造力，创造出更多具有创新性和影响力的作品。

由瑞士赫尔佐格和德梅隆韦斯特设计公司与中国建筑设计研究院组成的联合体设计完成的国家体育场"鸟巢"（图2-2），其设计理念不仅展现了形象与审美，也凸显了个性与品位。这座建筑的设计不仅是对外观形象的精心雕琢，更是对审美观念的深度诠释。它融合了东西方文化的精髓，既有国际化的现代感，又不失中国传统建筑的韵味。

图2-1 玛丽莲·梦露的数字肖像

图2-2 鸟巢

"鸟巢"的设计理念不仅展现了建筑的形象美，更在细微之处凸显了个性与品位。设计师们巧妙地将自然元素与现代建筑技术相结合，使这座体育场在外观上犹如一个巨大的鸟巢，寓意着生命的诞生与成长。同时，其内部空间的布局和设计也充分考虑了观众的使用体验，使每位观众都能在这里享受到最佳的观赛体验。

此外，"鸟巢"还注重与周围环境的和谐共生。它充分利用周边的自然环境和城市景观，将体育场融入城市之中，成为城市中的一道亮丽风景线。这种对环境的尊重与融合也体现了设计师们对于可持续发展的深刻理解和追求。这座国家体育场不仅是一座体育场馆，更是一件艺术品，它以其独特的设计理念和精湛的建筑技艺，成为中国乃至世界建筑史上的一座重要里程碑。

（二） 审美可推动经济发展

审美是推动社会经济发展的关键因素之一。它通过一系列渠道和机制，不仅丰富了人们的精神生活，还为经济增长提供了源源不断的动力。

（1）审美推动了艺术品市场的繁荣。随着人们收入和文化水平的提高，对于艺术品的需求不断增长，使艺术品市场日益活跃。艺术品的创作和生产得到了广泛的关注与投入，艺术家们得到了更多的机会和空间去表达自我，创作出更多具有独特审美价值的作品。同时，艺术品市场的发展还带动了相关产业链的发展，如艺术品保险、保管、鉴定、交易等领域。这些产业不仅为艺术品市场提供了完善的服务体系，还为社会创造了大量的就业机会。

（2）审美促进了旅游业的发展。许多艺术展览和文化活动成为旅游景点，吸引着大量游客前来参观。例如，当某个城市举办一场国际知名的艺术展览时，游客们不仅会为了欣赏艺术品而前来，还会带动当地的餐饮、住宿、交通等相关产业的发展。这种"艺术＋旅游"的模式不仅提升了城市的知名度和影响力，还为当地经济带来了可观的收入。

（3）审美促进了创意产业的发展。创意产业是以创意为核心，以知识产权为载体的新兴产业。它涵盖了广告、设计、动漫、影视等多个领域。在这些领域中，审美发挥着至关重要的作用。通过独特的审美视角和创意构思，设计师和艺术家们能够创作出具有吸引力的作品，从而吸引消费者的关注和购买。这种基于审美的创新和创造，不仅推动了创意产业的发展，还为社会带来了更多的就业机会和经济增长点。

欧洲的文化旅游业是一个显著的例子。巴黎的画廊（图2-3）和艺术展览、威尼斯的国际艺术展等都利用美学和艺术吸引游客，为当地经济带来巨大收入。这不仅直接推动了旅游业的发展，还间接促进了酒店、餐饮、交通等相关产业的繁荣。这些活动为当地带来了巨大的经济收益，进一步推动了经济的发展。此外，人们对于艺术和审美的追求推动了创意产业的崛起。创意产业如文学、设计、音乐、电影等已成为当今世界知识经济体系中最重要的部分，推动了经济发展的不断进步。

创意产业（如设计、时尚、艺术品交易等）都依赖于对美学和艺术的创造与应用。这些产业的发展不仅提高了产品的附加值，还满足了消费者对个性化、高品质生活的追求。例如，时装设计师（图2-4）、室内设计师等行业，他们通过独特的设计理念和创意，为消费者提供了更高审美价值的产品和服务。

图 2-3　法国巴黎街头画廊

图 2-4　工作中的时装设计师

同时，审美经济的发展不仅局限于艺术品市场和旅游业，还渗透到各个行业和领域。

通过提高产品和服务的美观性与文化价值，企业可以吸引更多的消费者，增加市场份额，进而促进经济的增长。

随着审美水平的提高，消费者对于产品的要求也越来越高，不再仅仅满足于基本的使用功能。他们更加关注产品的设计、品牌和文化内涵，追求个性化和差异化。这种消费升级的趋势为经济发展提供了新的动力。

当从可持续发展的长远视角审视，并考虑到社会主义建设的宏伟蓝图时，审美教育的意义便显得尤为重要。在促进经济健康、稳定与持续发展的过程中，审美教育不仅对于人才的培育与维护至关重要，更是实现知识经济战略目标中不可或缺的一环。从这个视角来看，审美教育扮演着推动社会经济发展的重要角色。换言之，通过深化审美教育，能够有效提升构成"知识经济"基础的"人力资本"质量，进而为社会经济的发展提供支撑也源源不断的动力。

课堂实操活动设计：穿越时空的中华优秀文化的审美

活动目标

（1）知识目标：使学生了解并认识中华优秀审美文化的多元性，包括书画、建筑、园林、服饰、陶瓷、诗词歌赋等多个领域。

（2）能力目标：培养学生的审美鉴赏能力，通过实践操作加深对中华审美文化的理解和感悟。

（3）情感态度目标：激发学生对中华优秀传统文化的热爱与自豪感，培养文化自信。

活动准备

（1）资料收集：教师提前准备关于中华优秀审美文化的图文资料、视频短片、实物模型或复制品（如小型瓷器、书画复制品等）。

（2）分组与任务：将学生分为若干小组，每组分配一个特定的审美文化领域进行研究（如书法、国画、古典园林、传统服饰等）。

（3）材料准备：各组根据研究领域准备展示材料，如PPT、手绘作品、小型模型、服装秀道具等。

（4）场地布置：模拟古代书斋、园林、服饰店等场景，营造浓厚的文化氛围。

活动流程

1. 开场导入（10分钟）

（1）教师致辞：简述中华优秀审美文化的博大精深，引出活动主题。

（2）视频导入：播放一段关于中华审美文化的精彩短视频，激发学生兴趣。

2. 分组研究与准备（30分钟）

（1）小组讨论：各组成员围绕分配的主题进行深入讨论，明确展示内容和形式。

（2）资料收集与整理：利用图书馆、网络资源等收集相关素材，并进行筛选和整理。

（3）创意策划：设计展示方案，如制作PPT、手绘、模型、服装秀等。

3. 实地探索（可选，根据条件安排）（20分钟）

若条件允许，可组织学生参观当地的文化古迹、博物馆或艺术展览，亲身体验中华审美文化的魅力。

4. 成果展示与交流（40分钟）

（1）分组展示：各小组轮流上台，通过PPT讲解、现场演示（如书法表演、服装秀）、模型展示等方式，分享研究成果。

（2）互动问答：展示结束后，其他小组成员可提问，促进知识交流与思维碰撞。

（3）教师点评：对每个小组的展示给予肯定，指出亮点与不足，提出改进建议。

5. 总结反思（15分钟）

（1）学生分享：邀请几位学生分享此次活动的收获与感受。

（2）教师总结：回顾活动亮点，强调中华优秀审美文化的独特价值，鼓励学生继续探索和学习。

（3）布置作业：要求学生撰写一篇关于中华优秀审美文化的小论文或创作一幅相关主题的艺术作品，作为课后延伸。

注意事项

（1）确保活动过程中学生的参与度和积极性，鼓励团队合作与相互学习。

（2）尊重并保护文化遗产，避免使用或展示任何可能引发争议的内容。

（3）考虑到学生的年龄和认知水平，适当调整活动的难度和深度。

任务二　审美范畴

审美范畴涵盖了多个方面，主要包括优美、崇高、悲剧性和喜剧性。优美体现了和谐与宁静之美，给人以愉悦感受；崇高展现了雄伟与壮丽，激发人们的崇敬之情；悲剧性通过表现冲突与不幸，引发深刻的思考与共鸣；喜剧性以幽默与讽刺为手法，带来轻松与欢乐，同时揭示社会现象。这四个范畴共同构成了审美领域的丰富多样性。

知识脉络 《

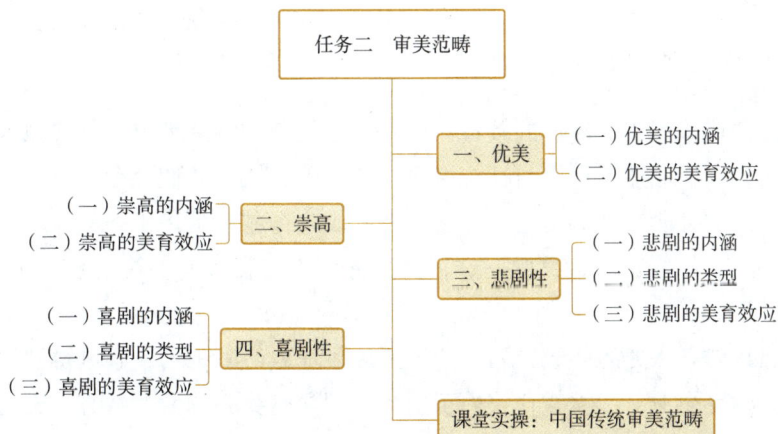

一、优美

（一） 优美的内涵

优美根植于和谐与自由的土壤之中。它以其完整和谐的形式特征，成为审美对象中的佼佼者。在中国传统美学的语境下，"和"与"柔"常被用以描绘优美的风貌。在《左传》中，晏子以烹调为喻，阐述了音乐如何将对立元素融合，实现多样统一之"和"，这正是优美形式上的完美体现。清代学者姚鼐从天地阴阳的角度出发，认为文章之美源自"阴阳刚柔"的和谐。其中，"阴柔"便是优美的精髓，它如同晨光初照、清风徐来、云霞缭绕，给人以温婉、细腻之感。

在西方美学体系中，优美被赋予了"和谐""适度""小"和"光滑"等特质。古希腊哲学家强调艺术的协调与统一，而英国经验主义美学家荷迦斯则进一步细化了美的原则，包括适宜、变化、一致等要素。随后，博克深化了这些理论，指出美的形式特征包括小巧、光滑、渐变等，共同指向了优美的核心——完整与和谐。

优美不仅是形式上的和谐，更是内容与形式的无缝对接。在中国古典美学中，这种境界被形容为"含蓄""羚羊挂角，无迹可求"，强调了感性与理性的高度统一。黑格尔也指出，优美是感性与理性的和谐乐章，是艺术美的至高追求。

优美的本质在于主体与环境间的自由和谐关系，是人类挣脱束缚、实现生存自由状态的象征。它肯定了个体生命与实践的价值，赋予审美以愉悦与宁静的体验。在陶渊明的田园诗、王维的山水画、王羲之的书法、莫扎特的音乐中，都能感受到这种优美心境的流淌。

优美感的心理旅程是流畅而纯粹的，它瞬间吸引主体，带来直接的愉悦，无须意志的介入。这种体验可能逐渐深化，但始终保持着对感知对象的忠实，实现了内心体验与外观品味的和谐并进。

（二） 优美的美育效应

在美育的宏伟蓝图中，优美的教育占据着核心且基础性的地位。首要原因在于，优美作为审美形式，广泛渗透于自然与社会的每一个角落，成为人们生命旅程中最常遇见的美之形态。其次，优美所展现的完整与和谐，与人类生命本能的追求——即趋向于内在与外在的协调统一，存在着深刻的共鸣。这种共鸣使优美的教育能够跨越心理与个性的差异，惠及每个心灵。

优美感源自内心深处的体验，如同清风拂面，让人心旷神怡，心灵得到彻底的放松与平和。在教育的层面上，优美教育致力于引导人们摆脱身心的紧绷状态，迈向一种宁静而舒适的境界。对于学生而言，这意味着他们的生命力能够在宁静舒适的环境中茁壮成长，实现全面而健康的发展；对于成人而言，优美教育则是一剂心灵的良药，能够抚平因生活压力而起的波澜，让心灵回归宁静的港湾。

融合美（优美）拥有治愈人心的力量，能有效缓解因感性冲动与理性束缚而造成的内心紧张。优美教育正是通过这一途径，帮助人们摒弃杂乱无序的非理性情感，同时，赋予法则规范以新的生命活力，使人在感性与理性的和谐中达到心灵的自由与宁静。

在快节奏的现代生活中，优美教育的价值愈发凸显。面对机械化、标准化与竞争压力所带来的心灵重压，和谐宁静的古典艺术如同一股清泉，为现代人提供了心灵的慰藉。古典音乐与诗词的旋律和词句，不仅抚慰了疲惫的心灵，更以其田园般的意境为现代人构建了一个精神的避风港，让人们在自然的审美体验中找回内心的平静与安宁。这种影响同样适用于学生群体，他们在紧张的学习生活中同样需要这份来自优美的滋养。

更为深远的是，优美教育还承担着塑造审美价值观的重任。优美不仅是对社会实践的肯定，更是生存自由与情感完整的象征。在人生的旅途中，尽管平衡与和谐是短暂的，但人们对它们的追求却是永恒的。审美活动正是通过赋予瞬间和谐以永恒价值，实现了对生命追求的升华。因此，优美成为衡量一切审美形态的基本标尺，失去了优美的光辉，崇高、悲剧与喜剧都将失去其应有的光彩。

基于这一认识，审美观念的培养应当以优美教育为基础。让学生在感受和谐与自由的过程中，培养出对美的热爱与向往自由的情感态度。这不仅为他们日后发展崇高感、悲剧感与喜剧感奠定了坚实的基础，更为他们道德感与理智力的培养提供了内在动力。

二、崇高

（一）　崇高的内涵

崇高是一种审美境界，矗立于雄伟与超越的巅峰之上。它以其磅礴壮阔的形式特征，成为审美体验中的高峰体验。在中国古典文学与艺术中，"壮"与"大"常被用以颂扬崇高的气质。在《楚辞》中，屈原以山川江河为喻，抒发了个人理想与国家命运交织的崇高情怀，展现了人类精神对自然与命运的超越。而唐代诗人杜甫的诗歌更是将个人命运融入国家兴亡之中，其笔下"国破山河在，城春草木深"的苍凉景象，正是崇高情感的深刻体现。

在西方美学史上，崇高被赋予了"伟大""无限""力量"等特质。康德首次系统阐述了崇高的概念，认为崇高感源于对自然界或人类精神中巨大力量的惊叹与敬畏，这种力量超越了感官的直接把握，需通过理性的反思方能领悟。尼采则进一步将崇高与生命力的张扬相联系，认为崇高是生命力的最高表现，是对平庸与渺小的超越。

崇高不仅是形式上的宏大，更是精神内涵的深刻与超越。它挑战着人的认知极限，激发着人的潜能与创造力，引导人们追求更高尚、更伟大的目标。在贝多芬的交响乐、米开朗琪罗的雕塑、雨果的小说中，人们都能感受到崇高精神的激荡与升华。

崇高的本质在于主体对客体力量的深刻体验与自我超越的强烈愿望。它揭示了人类面对自然、社会及自身命运时的勇气与坚韧，是人类不屈不挠、勇往直前的精神象征。崇高感让人在震撼中感受到自身的渺小，却又在渺小中激发出无限的潜能与力量。

崇高感的心理体验是复杂而深刻的，它往往伴随着痛苦与挣扎，但最终导向的是心灵的升华与净化。这种体验让人在敬畏中感受到自身的成长与蜕变，实现对自我与世界的重新认识及理解。

（二）　崇高的美育效应

在美育的广阔天地里，崇高的教育扮演着引领与启迪的重要角色。它以其独特的魅力，激发着人们对未知世界的探索与追求，促进着人类精神的成长与升华。

崇高感源自内心深处的震撼与敬畏，如同惊雷破空，让人瞬间觉醒，心灵得到前所未有的震撼与洗礼。在教育层面上，崇高教育旨在培养学生的勇气、毅力与创造力，引导他们面对困难与挑战时能够坚韧不拔、勇往直前。通过接触与体验崇高的艺术作品与人生经历，学生能够学会在逆境中寻找希望与力量，在挑战中实现自我超越。

崇高教育还承担着塑造高尚人格与培养社会责任感的重任。它引导人们关注社会现实与人类命运，激发他们对公平正义的追求与对弱者的同情及关爱。在崇高的精神引领下，人们能够超越个人私利与狭隘观念，以更加宽广的胸怀与视野去审视世界、理解人生。

在快节奏的现代生活中，崇高教育的价值更加凸显。面对物质主义与消费文化的冲击，崇高教育能够引导人们回归内心的宁静与纯粹，追求更高尚的精神生活。通过接触与体验崇高的艺术作品与人生经历，人们能够重新找回对生命意义的思考与追求，实现心灵的净化与升华。

更为深远的是，崇高教育还有助于培养人们的审美判断力与批判性思维。在审美活动中，崇高感能够让人超越表面现象与感官刺激，深入洞察事物的本质与价值。这种能力不仅有助于人们在艺术欣赏中获得更深刻的体验与感悟，更有助于他们在日常生活中作出更加明智与负责任的决策及选择。

因此，审美观念的培养应当以崇高教育为引领，让学生在感受崇高精神的过程中，培养出对生命的敬畏与对未知的勇气。这不仅为他们日后应对复杂多变的社会现实提供了强大的精神支撑与内在动力，更为其成长为具有高尚人格和社会责任感的优秀人才奠定了坚实基础。

三、悲剧性

（一）　悲剧的内涵

在美学的语境中，悲剧指的是那些在现实生活中或艺术创造里，正面且具有推动力的社会力量，在不可抗拒的社会矛盾剧烈碰撞中，遭受了不应有却又注定的苦难甚至毁灭，进而触发观众或读者心中悲痛、同情与奋发之情的独特审美体验。这里的"悲""悲剧"

及"悲剧性"，作为特定的美学概念，与日常语境下的悲伤、悲哀、不幸事件或人物境遇有着本质的区别。

悲剧的根源深植于人类生存发展的无限潜能与其受限于特定时空条件的现实之间的矛盾之中。从时间维度审视，个体生命受自然法则约束，生死轮回成为无法逃避的宿命；人类社会的发展进程则受限于历史规律，理想与现实之间总存在难以弥合的鸿沟。正如恩格斯在评价拉萨尔的剧本《济金根》时提出的"历史的必然要求与这一要求实际上的无法实现之间的悲剧性冲突"这一论断，深刻揭示了人类历史进程中的悲剧性本质。

悲剧的冲突最终聚焦于人自身，体现为一系列内在矛盾的激烈对抗，如感性与理性、欲望与原则、情感与理智、个性与社会性等，这些冲突使人在复杂多变的世界中难以抉择，陷入悲剧性的两难境地。俄狄浦斯、哈姆雷特、梁山伯、屈原等艺术形象，正是这一内在冲突的典型体现。艺术作品中的悲剧性往往通过人物性格中不可调和的矛盾冲突得以彰显。

与崇高相似，悲剧是一种动态且过渡性的审美形态，它不仅蕴含了挫折与毁灭的阴霾，同时，也孕育着胜利与永生的曙光。这两者通过主体精神的超越得以辩证统一。这种超越并非逃避现实，而是主体在直面生存困境时展现出的智慧、勇气、激情与精神自觉，是在反抗与受挫中追求精神自由的过程。悲剧中的主体自由意味着人类的精神力量不会因感性生命的终结而消逝，反而在与各种界限的斗争中绽放出最耀眼的光芒。从历史的长河来看，今日的精神自由终将化作明日的现实解放，悲剧人物虽肉身已逝，但其精神生命永存于人类的文化遗产之中，实现了真正的永恒。

因此，悲剧赋予了死亡以生命的意义，使悲剧人物在毁灭中获得了永生，而悲剧精神则在面对死亡的考验中获得了永恒的价值。这种超越的深刻现实性，与宗教的彼岸超越截然不同，它植根于对当下现实的深刻反思与积极改造之中，是在与各种界限的斗争中创造出的生存价值。面对挫折与死亡，悲剧不仅未让人沉沦，反而激发了胜利与永生的勇气与激情，使生命因此而显得更加壮丽与辉煌。

悲剧的精神价值使其与悲观、哀伤等情绪体验划清了界限。虽然它们都源于对人生界限的认识，但是悲观与哀伤往往停留于表面的感伤及逃避，缺乏对生命本质的深刻洞察与积极应对。相比之下，悲剧则以其深刻的现实性、积极的反抗精神与崇高的精神追求，展现了人类面对困境时的伟大力量与不屈灵魂。

（二）　悲剧的类型

悲剧深刻揭示了人类有限性、历史必然规律与现实可能性之间错综复杂的矛盾冲突，进而衍生出多样化的悲剧类型。从悲剧的成因出发，可以归纳出命运悲剧、性格悲剧和社会悲剧三大主要类别，其中命运悲剧尤为引人深思。

1. 命运悲剧

命运悲剧是悲剧舞台上的一抹浓重色彩，其核心在于"命运"这一神秘而强大的力量。命运悲剧来自时空的局限，它如同一张无形的网，悄然间左右着人物的命运轨迹，即使是意志坚定、能力出众的个体，也难以逃脱其既定的安排。在此类悲剧中，人物往往满怀希望地按照自身意志行动，却最终发现自己不过是命运棋盘上的一枚棋子，无论如何挣扎，都难逃既定的悲剧结局。

古希腊悲剧大师索福克勒斯的《俄狄浦斯王》便是命运悲剧的典范。俄狄浦斯竭尽所能逃避"杀父娶母"的宿命预言，却在命运的捉弄下，一步步走向自我毁灭的深渊。他的每次努力，都仿佛是向命运发起的挑战，却最终只能无奈接受命运的裁决。这种无法抗拒的命运力量不仅让人物承受了巨大的身心痛苦，也引发了观众对命运不公的深刻反思。

命运感是文学创作的永恒主题，在悲剧作品中得到了淋漓尽致的展现。从《少年维特之烦恼》中维特对命运的无奈叹息，到《红与黑》中于连对命运的无情嘲讽，再到《安娜·卡列尼娜》中安娜在命运面前的无助与绝望，这些角色无一不在命运的枷锁下挣扎、抗争，最终以各自的方式诠释了命运的不可抗拒与人生的无奈。

然而，命运悲剧的魅力并不仅在于其展现的悲剧性结局，更在于悲剧人物在面对命运时所展现出的崇高精神。他们虽知命运不可违抗，但仍以坚定的意志和悲壮的情怀与之抗争，这种精神的高扬使他们在悲剧的舞台上熠熠生辉，成为永恒的经典。

2. 性格悲剧

性格悲剧的根源深植于个体之内，特别是那些主导行为的性格特质。莎士比亚（图 2-5）笔下的《奥赛罗》便是性格悲剧的鲜明例证。奥赛罗，一个深受嫉妒与猜疑情绪困扰的将领，其性格中的阴暗面不幸被奸诈的部将伊阿古所利用。伊阿古精心布局逐步加深奥赛罗对妻子苔丝狄蒙娜的误解，使之陷入疯狂与失控，最终亲手扼杀了无辜的爱人，并在真相大白后悔恨自尽。这一连串的悲剧本可避免，却因主角的性格缺陷与恶人的操纵而不可避免地发生。奥赛罗的故事警示人们，人性中的某些力量，若未得到妥善驾驭，便会如脱缰野马，酿成无法挽回的惨剧。性格悲剧虽看似源于个

图 2-5　莎士比亚

人，实则也映射出社会环境的善恶交织，如《哈姆雷特》中哈姆雷特的多愁善感与犹豫不决，正是人文主义初期复杂心态的缩影，其性格悲剧源自三观教育与美育教育的缺失。

3. 社会悲剧

社会悲剧聚焦于社会结构、观念、制度及阶级间的深刻矛盾。易卜生的《玩偶之家》深刻揭示了这一点。在此剧中，海尔茂与娜娜的家庭纷争，实质上是社会矛盾的缩影。娜娜因救夫心切而触犯法律，其行为基于亲情的无私；海尔茂则坚守法律原则，视之为不容侵犯的底线。双方冲突的核心在于个人情感与社会规则之间的碰撞。娜娜的出走不仅是对家庭束缚的挣脱，更是对社会不公的直接反抗。在这一悲剧中，让人们反思社会法律与人性伦理之间的平衡问题，体现了社会悲剧的深刻内涵。

此外，悲剧的分类还涵盖了英雄悲剧、普通人物悲剧及旧事物悲剧等多个维度。英雄如普罗米修斯，其悲壮命运展现了不屈的精神与牺牲的崇高；普通人物如祥林嫂，其平凡生活中的不幸遭遇，触动了人们对弱者的深切同情；旧事物如《樱桃园》中的樱桃园，其美好却难逃毁灭的命运，则是对历史变迁中不可避免之哀伤的深刻描绘。光绪皇帝的悲剧更是旧时代变革浪潮中个人与制度冲突的极端体现，他的努力与失败映照出旧事物在历史洪流中的挣扎与无奈。马克思的论述则进一步揭示了旧事物毁灭的悲剧性，在于其内在合理性与历史必然性的复杂交织，令人不禁为之叹惋。同时，也体现了个人利益与集体利益的冲突。

（三）　悲剧的美育效应

作为艺术的一种深刻表现形式，悲剧不仅揭示了人类遭遇的厄运与生命由盛转衰的轨迹，还通过描绘非同寻常的痛苦、磨难、不幸乃至死亡，深刻传达了对命运不可测性的深切忧虑与恐惧。在触动观众怜悯与同情之心的同时，悲剧也悄然激发出一种"国家兴亡，人人有责"的社会使命感，以及"勇于牺牲，敢于改天换地"的英雄气概。它鼓舞着人们从悲伤中汲取力量，为了社会的公正与"永恒的正义"，展现出坚定不移、百折不挠的决心与勇气。因此，悲剧在培养人的崇高情感、提升道德境界方面发挥着不可替代的作用，它促使人们在心灵的震撼中辨别正义与邪恶、高尚与卑劣，并激励人们为消除悲剧的根源而积极行动。

悲剧带来了痛苦，但正是这些痛苦，成为人类探索生存意义、开创美好未来的重要动力。正如黎明前的黑暗预示着光明的到来，悲剧让人们在绝望中窥见了希望的曙光。它的意义在于积极启示，让人们直面世界的真实面貌，思考生存的价值，领悟历史进程的矛盾与冲突。在悲壮的氛围中，悲剧促使人们对人生有了更为深刻的领悟，最终达到心灵的净化与升华。

因此，只要人类社会持续发展进步，悲剧性冲突就必然如影随形。这些悲剧性的事件，乃至整个悲剧性的历史进程，构成了人类社会螺旋上升、不断前行的动力源泉。它们循环往复，推动着整个社会向更加文明、更加公正的方向迈进。

四、喜剧性

（一）　喜剧的内涵

喜剧的诞生根植于人类喜剧性意识的觉醒。其核心在于"笑"这一独特表达。因此，笑成为美学领域深入剖析喜剧本质及其文化根基的切入点。

与自发的喜剧性意识相契合的笑，是人性本真的流露，它超越了简单的生理反应与功利目的。婴儿因彩色气球的晃动而笑，守财奴因发现财宝而笑，这些笑虽纯真却非喜剧性的笑。真正的喜剧性笑是文明人独有的玩笑，它蕴含了自我反省的智慧，是对生命现象中过时或悖理之处的感性认知与情感评判。这种笑是"唯一真正的人类玩笑"，它传递的是美学中独特的审美意识——"喜"。

喜剧性的笑是对特定生命现象的一种感性洞察与情感评判。这种能力源自人类在漫长生命历程中不断形成的"正常尺度"或"审美理想"。正如帕克所言，笑需有标准，而鲍列夫则进一步指出，喜剧性的笑不仅是批判，更是基于崇高审美理想的肯定与建设。它蕴含着破坏与创造的双重力量，通过否定过时或不合理的生命现象，促进自我超越，动态地塑造着人类的"正常尺度"。

在喜剧的世界里，作家以双重揭示的手法，既展现理想之美，又揭露与之不和谐的现实。他们虽以嘲笑与怀疑的姿态出现，但内心深处是坚定的理想主义者。喜剧性的笑虽表现为否定性的情感评价，但并非导向虚无与怀疑，而是体现了人类在不断确立自身"正常尺度"过程中的生命智慧——在否定中寻找肯定，在批判中实现自我超越。

喜剧性的生成关键在于生命实践中逐渐形成的"正常尺度"。只有当那些偏离此尺度的生命现象试图伪装正常、故作严肃时，才会在洞察真相的观众心中激起带有自我批判与解放意味的笑。这种笑不仅是对虚伪的揭露，更是对人性深刻洞察与智慧表达的体现。

喜剧的笑实则是对价值的某种评判体现。人们依据"正常尺度"这一价值标杆，区分出"正常"与"偏离"，以及两者之间的对立，这不仅是笑的源泉，也是喜剧冲突的核心所在。古希腊喜剧所蕴含的"狂欢式笑"，是这种基于生命自由意识的喜剧性表达。巴赫金对此类笑的特性进行了深刻剖析。

首先，喜剧的笑具备全民性，即笑声是广泛共享的，不分你我，属于大众；其次，喜剧的笑具有普遍性，万物皆可成为笑的对象，世界在笑声中变得相对而有趣；最后，喜剧的笑本质在于双重性，既蕴含欢乐与兴奋，又包含讥讽与批判，既是否定也是肯定，既是终结也是新生，这便是"狂欢式笑"的独特魅力。

"狂欢式笑"的主体广泛性、客体全面性及其价值的双重性，共同构成了其复杂而深刻的内涵。它所否定的，是那些僵化、永恒且自诩不可动摇的事物；它所肯定的，则是人类生命自由的本质。在狂欢的场合，人们之间实现了无拘无束的自由交流，仿佛重生于一种纯粹的人际关系中，彼此间的隔阂暂时消解，人回到了自我，感受到了作为人的本质存在。因此，人的生命自由成为"狂欢式笑"最终的价值追求。

这种笑中蕴含着笑谑与羞辱的元素，正是这些元素孕育了古希腊喜剧的诞生。巴赫金认为，喜剧的源头可追溯至民间文化的原始狂欢，其显著特征是"形象性否定"。在原始的狂欢活动中，人们通过戏仿、滑稽等手段，对偏离"正常尺度"的现象进行笑谑，以此呼唤并强化"正常尺度"的价值观，将喜悦寓于嘲笑之中，实现了喜剧的审美效果。

以笑谑和羞辱为基底的喜剧，成为人类表达喜悦意识的最佳艺术形式。学术界普遍认为，喜剧的起源是古希腊的喀姆斯节，这一节日与丰收、生命永恒及生生不息紧密相连。农民们化妆游行，载歌载舞，喜剧之名由此而来，其词根蕴含了"狂欢队伍之歌"与"唱歌"的意味。

亚里士多德作为西方美学史上的重要人物，他首次对喜剧的起源进行了系统而令人信服的阐述。他认为，喜剧与悲剧均源自即兴表演，但喜剧的根源在于生殖崇拜活动中的即兴口占，这体现了对生命繁衍力的崇敬。在古希腊的酒神庆祭中，放荡的人群伴随着滑稽与讽刺的即兴表演，为喜剧的诞生提供了肥沃的土壤。

随着艺术实践与美学理论的发展，"喜剧"一词已超越了戏剧类型的范畴，它泛指各种艺术形式乃至生活中令人发笑的元素，成为一种表达人类喜悦情感、展现生命智慧与审美追求的独特形态。

（二） 喜剧的类型

喜剧这一艺术表现形式，在历史的长河中展现出多姿多彩的面貌。依据不同的视角与标准，喜剧可被划分为多种类型，一种常见的分类是将喜剧分为滑稽喜剧、幽默喜剧和讽刺喜剧；另一种更为深刻的划分，则是将其区分为否定型喜剧和肯定型喜剧。以下将着重探讨后一种分类方式。

1. 否定型喜剧：揭露与批判的锋芒

否定型喜剧以其尖锐的讽刺与嘲讽手法，在历史的长卷中留下了深刻的印记。这类作品致力于撕破伪装，直抵人心深处的阴暗角落，揭示出那些灵魂肮脏却自命高尚，阴险毒辣却伪装善良的虚伪面目。果戈理的《钦差大臣》便是其中的杰出代表，它通过描绘一个骗子如何巧妙冒充钦差大臣并受到地方权贵谄媚巴结的故事，无情地鞭挞了沙皇制度下官僚体系的腐朽与没落。否定型喜剧在否定无价值与丑恶的同时，也间接地肯定了美好与有价值的事物，其讽刺所激发的笑声，如同锋利的刀刃，直击丑恶本质，展现出一种不可抗拒的力量。

2. 肯定型喜剧：寓庄于谐的温情

相较于否定型喜剧的犀利与直接，肯定型喜剧则更多了一份温情与幽默。它采用滑稽、幽默、诙谐的手法，聚焦于人民内部矛盾中的细微瑕疵，以夸张变形的方式营造出喜剧效果，既批评又包容，寓庄于谐。现代相声作品如《夜行记》与《买猴》便是此类喜剧的典范。在《夜行记》中，一个不守交通规则且无理取闹的形象被刻画得入木三分，在引人发笑的同时也促使人们反思；《买猴》则通过一场因马虎大意而引发的误会，塑造了一个"马大哈"的经典形象，其幽默风趣的演绎让人忍俊不禁，同时，也传递出对生活中粗心大意现象的善意提醒。

（三）　喜剧的美育效应

喜剧艺术往往以正面人物为主角，通过亲切的微笑与肯定的笔触，展现美好事物的魅力。这种喜剧形式不仅是对美的颂扬，更在笑声中引导人们审视自我，意识到自身的不足与错误，从而鼓起勇气告别过去，迈向更加美好的生活。优秀的喜剧作品能够激发人们的审美共鸣，促使情感与道德感的同步升华。它们通过揭露无价值之物的空虚无聊，批判愚行与丑行的滑稽荒诞，寄寓着深刻的道德评价与鲜明的伦理色彩，让观众在欢笑之余，也能收获理性的思考与心灵的净化。

喜剧的笑声是智慧的火花，是批判的武器，也是自我完善的动力。它帮助人们认清假恶丑的本质，净化心灵，纯化情感，升华精神，树立正确的人生态度，完善自我人格。在和平安宁的社会环境中，喜剧以其轻松愉快的风格，成为人们追求精神愉悦的重要审美形式。因此，当前喜剧的发展应更加注重以幽默衬托正面人物的光辉形象，用喜剧的力量活跃人民的精神生活，为建设和谐社会的精神文明贡献力量。

课堂实操　**中国传统审美范畴**

"古韵今风"：探索中国传统审美艺术范式的课堂之旅

课程目标

（1）知识目标：使学生了解并理解中国传统文化中优美、崇高、悲剧、喜剧四种审美艺术范式在古典文艺作品中的体现。

（2）技能目标：通过角色扮演、艺术创作等形式，提高学生的审美鉴赏能力和文化表现力。

（3）情感目标：激发学生对中国传统文化的兴趣与尊重，培养文化自信和民族自豪感。

实操内容

1.理论回顾与导入（15分钟）

（1）教师讲解：简要回顾四种审美艺术范式（优美、崇高、悲剧、喜剧）的定义及特点，并介绍它们在中国传统文化中的表现形式。

（2）案例展示：选取具有代表性的中国传统文艺作品（如诗词、戏曲、绘画、小说等），通过多媒体展示，引导学生初步感受其中的审美艺术范式。

2. 分组研究与准备（课前准备＋课堂 30 分钟）

（1）分组：将学生分为四组，每组负责研究一种审美艺术范式，并选取至少一个具体的中国传统文艺作品作为研究案例。

（2）任务分配。

1）优美组：研究古典诗词中的优美意境，如王维的山水诗，准备朗诵表演。

2）崇高组：探讨历史题材绘画或雕塑中的崇高感，如《清明上河图》的宏大叙事，准备简短解说与展示。

3）悲剧组：分析古代戏曲或小说中的悲剧故事，如《牡丹亭》的爱情悲剧，准备情景剧片段表演。

4）喜剧组：研究传统相声、小品或民间故事中的喜剧元素，准备幽默短剧表演。

5）准备阶段：学生需在课前进行资料收集、剧本编写、排练等准备工作。

3. 课堂展示与互动（60 分钟）

（1）展示环节：各组依次上台展示研究成果，通过朗诵、解说、表演等形式，生动呈现中国传统文艺作品中的审美艺术范式。

（2）互动环节。

1）观众提问：每组展示后，邀请其他同学提问或发表感想，促进交流与讨论。

2）教师点评：教师对各组的展示进行点评，强调审美艺术范式的特点及其在作品中的体现，同时鼓励学生的创意与努力。

3）跨组合作：鼓励学生尝试将不同审美艺术范式融合，进行即兴创作或表演，体验多元文化的碰撞与融合。

4. 总结与反思（15 分钟）

（1）课程总结：回顾本次课堂实操的主要内容和收获，强调中国传统审美艺术范式的独特魅力及其在现代社会中的价值。

（2）学生反思：引导学生分享个人感悟，思考如何将所学应用于日常生活和学习中，提升个人审美素养和文化修养。

注意事项

（1）可操作性：确保实操内容符合学生实际能力水平，提供必要的指导和支持。

（2）趣味性：通过多样化的展示形式和互动环节，激发学生的学习兴趣和参与度。

（3）文化尊重：在研究和展示过程中，引导学生尊重并理解中国传统文化，避免误解或歪曲。

通过这样的课堂实操设计，学生不仅能够深入理解中国传统审美艺术范式的内涵与魅力，还能在实践中提升审美能力、文化表现力和创新思维。

审美心理是一个复杂而丰富的领域，主要包括审美心理结构和审美心理过程两部分。审美心理结构指的是个体在审美活动中所具备的心理要素及其相互关联，它塑造了独特的审美视角和体验深度；审美心理过程则描述了从初步感知到深入体验，再到最终评价美的整个动态流程，展现了人们在面对美时如何逐步构建和深化自己的审美感受。

知识脉络 《

```
                        任务三　审美心理

                                      ┌ 一、审美心理结构 ┬ （一）审美想象
                                      │                  └ （二）审美理解
（一）审美感知阶段 ┐                  │
（二）审美体验阶段 ┼ 二、审美心理过程 ┤
（三）审美升华阶段 ┘                  ├ 课堂实操：探讨不同文化形成的不同审美心理

                    【中华美育】      ├ 【审美鉴赏】

        实践活动：感悟美 ┘
```

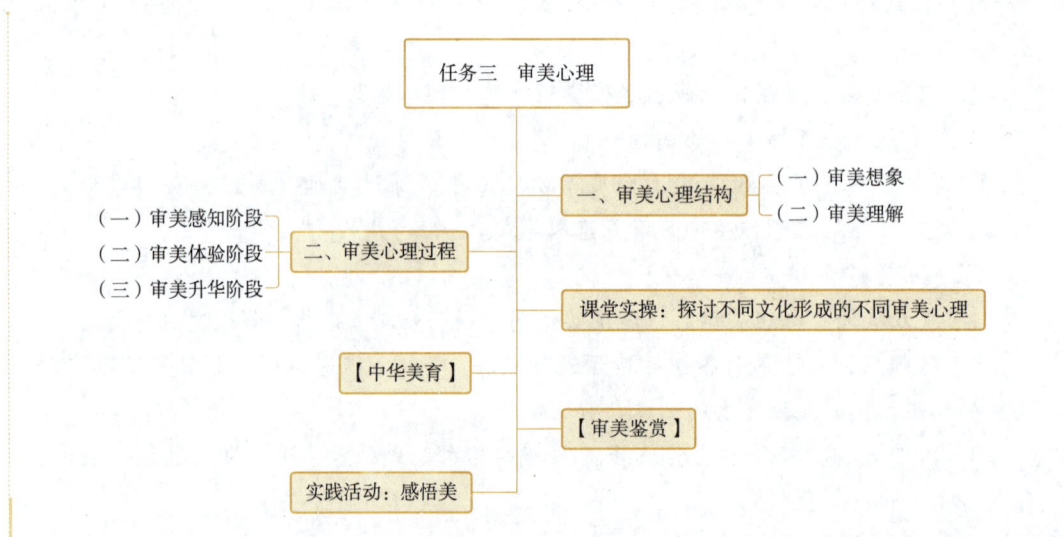

一、审美心理结构

审美心理结构是指审美主体内部反映客观事物的审美特性及其相互联系的心理活动结构。其构成了主体与客体审美关系的中介，是人类进行审美活动的心理机制。

（一） 审美想象

想象是心理活动的高级形式，是大脑基于记忆表象进行加工与创新，从而生成新形象的过程。记忆表象既直观又概括，它生动再现过往感知，同时提炼共性，忽略细节。例如，"楼房"的表象便是众多楼房形象共性的概括。想象以此为基，却非简单再现，而是深度加工与创造的结晶。

想象按照其创造性程度，可分为再造想象与创造想象。前者依据语言或图示构建新形象；后者则独立创造，不受既有描述束缚。在审美领域，两者并存，欣赏时以再造想象为

主，创作时以创造想象居首，两者相辅相成。

审美想象具备三大特性：第一，其自由性打破客体限制，思维驰骋无垠，正如古人所言，"精骛八极，心游万仞"；第二，创造性显著，新形象的诞生正是其创造力的体现，追求的是符合目的的创造性形象；第三，表象运动与情感活动紧密相连，互为驱动，审美想象实为情感想象的体现，是情感与想象交织孕育出独特的审美意象。因此，想象不仅是审美认识的核心，更是推动审美活动深入发展的不竭动力。

（二） 审美理解

审美理解是审美过程中不可或缺的心理要素。其核心在于对审美对象形式深层意味的直觉性捕捉。这一过程并非遵循严密的逻辑推理，而是一种独特的"感性理解"，其中蕴含并交织着理性的光芒。

审美理解与科学认知活动中的理解有着本质的区别。在科学领域，理解往往涉及概念构建、判断形成及逻辑推理的连续过程。然而，在审美世界里，这样的独立思维阶段并不明显存在。相反，审美理解更侧重于对对象形式的直观洞察，这一过程类似于禅宗与诗学中追求的"悟"——一种通过个体独特感受与体验，直达事物乃至宇宙人生真谛的领悟方式。这种能力是人类在长期实践中磨砺出的高级感知能力。

审美理解之所以显得"意会多于言传"，正是因为它并非单纯依赖于逻辑推理，而是一种融合了理性的感性体验。这种体验方式使审美理解在传达上常带有一定的模糊性与不可言喻之美。

此外，审美理解往往与情感紧密相连，形成情与理的和谐共生。科林伍德曾精辟地指出，艺术所表达的情感是一种融合了理智成分的特殊情感。在审美活动中，这种情感不仅是单纯的心理体验，而是与个体的理智活动紧密相连，成为理智经验之上的情感负载。这种"情感逻辑"不仅体现了情感的必然性与合理性，更深层次地映照了生活的逻辑与理性的光辉。因此，审美理解的过程实则是情感与理性相互渗透、相互促进的生动展现。

二、审美心理过程

（一） 审美感知阶段

在心理学范畴内，知觉被定义为当客观事物直接触碰感官时，在大脑中形成的对事物整体性的综合反映。例如，目睹一张桌子的全貌，聆听一曲音乐的旋律，或是嗅到佳肴的香气，这些都是知觉作用的实例。知觉植根于感觉之上，却远非其简单累加。正如观察一个正方形时，其构成虽为四条直线，但单纯地将这些直线的感觉相加，并不能等同于对正方形的整体知觉。实际上，知觉对感觉的整合与加工，其复杂性与丰富性远超单一感觉所能及。

审美知觉是知觉的一种特殊形态，既保留了知觉的共性特征，如选择性、理解性、整体性和恒常性，又独具一格地聚焦于事物的审美属性，展现出强大的建构能力。文艺复兴时期的艺术巨匠达·芬奇，在其著作《论绘画》中深刻阐述了这一观点："当你凝视那些潮湿斑驳的墙面或色彩斑斓的石头时，创作绘画，你便能在其上发现自然赋予的风景画，山川、古迹、林木、平原、丘陵与溪谷交织，甚至能窥见战斗场景与奇异人物，他们的面容、服饰，以及无数你能从那些独特形态中解读出的细节。"这正是审美知觉的生动写照。相较于普通知觉对墙面自然属性的捕捉，审美知觉则致力于挖掘其审美价值，这一价值并非事物固有，而是经由审美主体积极发掘、整合与构建所得，从而在主体与客体的互动中，赋予客体生命，给予主体自由。

审美知觉的建构力核心在于"投射"机制。此机制促使主体将过往生活经验中的主观范式投射至客体之上，使之符合主体的审美框架。当审美主体凝视墙面，期许风景画浮现时，其脑海中的风景记忆便活跃起来，作为模板引导审美知觉进行筛选、整合与创造，强化符合模板的感知，忽略不符部分，甚至增补缺失元素，幻化出新景象。于是，墙面的污迹与痕迹被重塑为山水、草木与人物的"天赐画卷"。

审美知觉的终点是心灵化对象的诞生，它超越了客观实体的界限，引领审美心理迈向想象的广阔天地。

（二）审美体验阶段

审美体验是指审美者在审美过程中精神层次的发展和超越、生命层次的感悟与洗涤，简而言之，审美体验是情感、精神和心灵的积极体验。在西方美学史上，柏拉图提出了"迷狂说""灵感说"；狄尔泰则首次使用"体验"这个说法；伽达默尔丰富且理性地阐释了"体验"的概念，使审美体验的内涵越来越丰富。同时，审美体验又是独特的，这不仅是因为审美体验强调情感和精神自由，让人越来越个性和独立，还因为审美体验用"美"使"体验"的意义和价值更加深刻，这是一种关注个人、关注情感、关注生命的体验，完全区别于理性判断。审美体验是充分调动创造主体的情感、想象、联想等心理因素，结合创作主体对特定的审美对象进行审视、体味与理解，形成艺术创作的基础和前提。

审美体验阶段要求欣赏者在初步的审美感知基础上，充分发挥个人的创造性想象力与联想力，激发起内心深处的丰富情感，全身心地沉浸于艺术作品之中，从而体验到一种心灵的愉悦与满足。在此过程中，艺术作品的外部形象被转化为欣赏者内在的生命体验，想象、联想与情感的涌动。

1. 知觉反应

美的事物一般都能唤起人的情感体验，使人轻松愉快。与此同时，美具有直觉性，易于为人们所感受。因此，人们将各种审美活动作为积极的休闲生活方式。在休闲性的审美活动中，人们对美的体验一般表现为直觉反应。

（1）自然审美。在现实生活中，一切自然美的东西都容易引起人的直觉反应，唤起人的美感体验，使人感到轻松愉快。例如，早上看到日出之景，人们会感受到新生的力量，从而内心充满希望；晚上看到皎洁的月亮，人们会感受到宁静与安详，也可能由月亮勾起思念之情；登山时看到四周环绕的群山，人们会产生"会当凌绝顶，一览众山小"的豪迈气概；散步时看到公园里的春意盎然，人们会感到舒适和惬意。在自然审美活动中，人们的直觉美感是自身对自然万物的内在精神的直接感受。在大自然美景的怀抱中，人们的心情得到了放松，心灵得到了净化。

（2）艺术审美。艺术审美与自然审美不同，艺术审美的对象以艺术作品为主，艺术作品更容易引起人的直觉反应。一幅画吸引人的眼球，一段音乐触动了人的心弦，一件雕塑引起了人的注意，审美直觉都会随之产生。在一切艺术审美活动中，直觉反应都是最先发生的。在经历直觉反应这一阶段之后，情感体验、精神感受和思想分析等深层次的审美活动会相继发生。例如，人们在欣赏画作《蒙娜丽莎》时，首先感受到的是作品中人物的形体美、色彩美、构图美等形式上的美，在经过仔细观察和分析之后，才能领悟到作品的深邃、朦胧、高尚的精神美；倾听歌曲《春江花月夜》时，首先感受到的是唯美的歌词、甜美安静的曲调，而作品背后表达的情感、创造的意境，以及表达的人生态度只有展开联想和想象及进行思想分析才能体会到。

（3）生活审美。生活中的事物可以直接作用于人的感官，因此，生活审美仅凭借感官知觉就能完成。人们在生活中获得的直觉美感是非常丰富的，例如，当人们品尝一种美食时，可以通过各种美食带来的色、香、味、形获得视觉、味觉等感官知觉的审美。当人们看到一件好看的衣服时，首先能够感受到衣服的款式美、色彩美、面料质感美，穿上之后，又感受到衣服面料的舒适之感等。

2. 情感体验

在实际生活中，人们的情感可以通过自然事物的观照和艺术作品表现出来，即人们能够在自然审美和艺术欣赏活动中获得情感体验。

（1）自然观照。大自然中的风光、生命可以带给人们多种多样的情感启示，由此很多事物被人们赋予了思想内涵，用来象征人类美好的感情。例如，古时人们常常用并蒂的莲花、缠绕的连理枝和双栖的鸳鸯来表达至死不渝的爱情；用老牛舐犊、燕雀反哺和善竹同根来表达亲情；用风云作伴和善水载舟来表达友情。同时，人们也通过对自然界中的事物和景象展开丰富的联想，获得真实的情感体验。例如，大自然中常见的树叶从发芽到最后归于尘土，整个过程都能够引发人们的无限遐想：最初，嫩芽从树枝上萌发，人们感受到生机勃勃；当嫩芽长成一片片绿油油的树叶时，人们体会到树木对叶子的滋养、叶子对树木的庇护；秋天树叶穿上了金黄色的礼服，为了报答树木的恩情，叶落归根。从树叶身上，人们不仅能够得到精神的激励，还能获得真情的洗礼。

（2）艺术欣赏。艺术是以触动人的情感神经、引起人的情感反应为基本手段对人进行熏陶和感染，从而美化人的心灵、完善人的道德、振奋人的精神，使人更加快乐、更加高尚、更加充实和更加有为地生活。因此，艺术欣赏活动总是与情感紧密联系在一起。例如，人们观赏影视剧，常常为剧中人物的命运伤感落泪；欣赏声乐作品，经常被歌词所写带进想象与联想之中。这些都是情感体验的结果。可以欣赏二胡独奏曲《二泉映月》，并用心体会。

除自然事物的关照和艺术表现外，在各类辞章中集中表现感情的例子俯拾皆是。特别是古典诗词，以抒情为创作目的的占绝大多数。例如，柳永的《雨霖铃》、李清照的《武陵春》、陆游的《钗头凤》等都是感人肺腑的抒情名篇。

3. 理性判断

作为一名大学生，要有判断美丑善恶和分辨是非的能力，这种能力是为人处世的基本能力，也是健康成长的重要基础。要想培养这种能力，最重要的是要有自己的价值判断和道德标准。社会生活千姿百态，有善有恶，有美有丑，要懂得对人的行为、社会现象，以及以文化样式出现的类文化事物进行思想上的分析和判断，树立正确的价值观和审美观。

（1）人的行为。人的行为是指人的行动、举止，是个体在社会实践中的直观表现。那么什么样的行为是美的？什么样的行为是丑的？其实，在任何文化背景下，人的行为美丑都有一些基本的评价标准。这些标准首先要符合人类最基本的文明观念，其次要符合本民族的道德规范，最后还要符合同一时代背景下人们的审美观和价值观。

简单来说，能够自觉约束自己的行为，讲文明，树新风，让自己的行为符合社会道德规范的人，在人们的心中便是美的。例如，走进校园，看到同学在打扫卫生，主动帮忙；一节课匆匆过去，当老师用沙哑的声音说"下课了"，怀着一颗感恩的心，向老师说一声"再见"。这些都是行为美的体现。而随意破坏公共环境，违背社会道德规范，例如，在树木、名胜古迹上乱刻乱画、在公共场合乱扔垃圾、随地吐痰、践踏花草等。这些行为具有明显的破坏性，直接损害公共利益，即谈不上美了。

（2）社会现象。人在社会上生活，不可能不受社会环境的影响。关键是在面对各种社会现象时，能够分辨是非美丑，择善而从。对于那些不良的现象，思想不受其影响，行为不受其干扰，坚守人生正道，活出自己的精彩与辉煌。

例如，近年来社会上有一种普遍现象——一些青少年朋友盲目追星。结果是很多人的人生观和价值观出现偏差，进取意识被弱化；还有一部分人的人生理想严重脱离了自身实际，正常的学业被荒废……这两种情况最终导致的后果都是令人惋惜的。

又如，在近些年的大学毕业生中也存在一种现象——有的学生大学毕业后，总想找一份自己理想的工作，一旦理想与现实发生冲突，就干脆待在家里"啃老"。造成这种现象的原因是多方面的，其中一个主要原因是一些大学生的思想不够成熟，缺乏脚踏实地的精神。

其实，只要认真地想一想就会明白，社会不会仅因某个人的意志而发生改变。当理想与现实发生冲突时，绝大部分情况下应当调整自己的思路，学会适应和融入社会。况且，任何一份正当的职业只要踏踏实实去干，都能干出成绩，都可能使自己的人生变得辉煌。

（3）类文化事物。类文化事物包括非文化事物和反文化事物两种类型。非文化事物是指那些既不能对人们产生积极影响，又不会对人们造成危害的事物，如纯粹娱乐性的笑话、小品、魔术、模仿秀等；反文化事物是指那些危害人们思想和精神健康，给人们带来精神伤害的事物，如青少年中的功利、拜金、利己主义倾向，社会中各种恶劣的犯罪行为等。反文化事物容易腐蚀人们的心灵，动摇人们的信念，使人们丧失仁爱之心，严重的甚至使人们的行为失控，如社会上的一些人因为物欲膨胀，结果走上抢劫、盗窃的犯罪道路。因此，要善于识别和抵制反文化事物，维护自身的身心健康。

（三）　审美升华阶段

审美升华作为这一过程的顶点，意味着欣赏者在经历了前两个阶段后，达到了精神上的高度自由与超越。通过审美再创造的过程，欣赏者的心灵得到了净化，精神层面实现了升华。在这一阶段，共鸣与顿悟两种现象尤为常见，它们标志着欣赏者已深刻领悟艺术作品的内在价值，并与作品产生了深刻的情感共鸣与智慧启迪。

课堂实操　探讨不同文化形成的不同审美心理

不同文化形成的不同审美心理是一个复杂而多元的话题，它涉及地域、历史、社会结构、宗教信仰、哲学思想等多个方面。以下是对这一话题的深入探讨。

文化背景对审美心理的影响

（1）历史积淀。每种文化都有其独特的历史背景，这些历史事件、人物和传说等都在无形中塑造着该文化的审美心理。例如，在中国的历史长河中，儒家思想强调礼仪之美、道德之美，这种观念深刻影响了中国人的审美取向。

（2）地理环境。地理环境也是形成不同审美心理的重要因素。不同地域的自然风光、气候条件等都会对该地区的文化和审美心理产生影响。例如，江南水乡的柔美与西北高原的粗犷，就形成了截然不同的审美风格。

（3）宗教信仰。宗教信仰在很大程度上决定了人们的价值观和世界观，进而影响其审美心理。例如，佛教文化中的"空"与"寂"的思想，对东亚地区的审美心理产生了深远影响，使得这些地区的艺术作品往往追求深远和空灵的意境。

文化特色与审美心理的差异

（1）东方文化。

1）审美心理：东方文化，尤其是中国文化，强调内敛、含蓄和和谐。在审美上，追求意境的深远、画面的留白和情感的细腻表达。这种审美心理体现在绘画、书法、园林等多个艺术领域。

2）代表作品：如中国的水墨画，通过墨色的浓淡干湿来表现山水的神韵和意境；又如古典园林，通过借景、对景等手法，营造出"虽由人作，宛自天开"的自然之美。

（2）西方文化。

1）审美心理：西方文化则更加注重个体表达、自由发展和理性思考。在审美上，追求形式美、比例美和对称美等。这种审美心理体现在雕塑、油画等艺术领域。

2）代表作品：如古希腊的雕塑，以其完美的人体比例和生动的动态表现著称；又如文艺复兴时期的油画，通过光影效果和透视法的运用，使画面更加立体和真实。

跨文化交流中的审美心理融合

随着全球化的发展，不同文化之间的交流日益频繁，审美心理也在相互融合和碰撞中不断发展。一方面，不同文化之间的审美心理差异为跨文化交流提供了丰富的素材和视角；另一方面，跨文化交流也促进了审美心理的融合和创新。例如，在现代艺术中，可以看到东西方审美元素的融合和创新性表达。

结论

不同文化形成的不同审美心理是多元文化的重要体现。它们各自承载着独特的历史、地理、宗教和社会背景，并在艺术、文学、建筑等多个领域中得到充分展现。同时，随着全球化的发展，不同文化之间的审美心理也在相互融合及碰撞中不断发展创新。因此，应该以开放的心态去接纳和欣赏不同文化的审美心理，从中汲取营养和灵感，共同推动人类文化的繁荣和发展。

中华美育

素养案例设计：音随律动，声入人心——以《天问》致敬航天梦

案例背景与意义

在快速发展的现代社会，中华优秀传统文化的传承与创新显得尤为重要。本案例以2022年央视网络春晚中的歌曲《天问》为引子，通过音乐这一跨越时空的艺术形式，将古代文学与现代航天科技巧妙融合，旨在引导学生深刻理解中华民族探索宇宙、追求真理的精神内核，同时，培养学生的爱国情怀、审美能力及团队协作精神。

案例主题

"音随律动，声入人心——以《天问》致敬航天梦"

教学目标

（1）知识与技能：学生能够准确理解《天问》歌词的文化内涵，掌握歌曲的基本唱法与旋律特点。

（2）过程与方法：通过读、听、学、演等多元学习方式，体验音乐与文学的融合之美，提升艺术鉴赏能力。

（3）情感态度与价值观：激发学生对中国传统文化的兴趣与自豪感，培养爱国情怀和无私奉献的航天精神。

教学步骤

1.导入阶段（5分钟）

（1）情境创设：播放一段展现中国航天事业的辉煌成就的视频，如嫦娥探月、天问探火等，激发学生兴趣。

（2）引入主题：简述《天问》歌曲的创作背景及其在央视网络春晚上的表现，提出本次学习活动的意义。

2.歌词研读（10分钟）

（1）分组阅读：学生分小组阅读《天问》歌词，讨论其蕴含的哲学思想、历史背景及与航天精神的联系。

（2）分享交流：每组选派代表分享研读心得，教师总结点评，引导学生感受歌词中的意境与情感。

3.旋律欣赏与学唱（20分钟）

（1）播放原曲：全班共同聆听《天问》原唱，感受其旋律的悠扬与情感的深沉。

（2）分步教学：教师分段教授歌曲唱法，注意呼吸、发声等技巧的指导。

（3）跟唱练习：学生跟随教师或音频进行跟唱练习，逐步掌握歌曲旋律。

4.小组学习与演绎（25分钟）

（1）分组排练：学生根据兴趣与特长分小组，每组选择歌曲中的一段进行排练，注重情感表达与团队协作。

（2）上台演绎：每组选派1名学生上台演绎所选段落，其他学生作为观众认真观看。

（3）互动评价：采用同伴评价与教师点评相结合的方式，对每组学生的演绎进行反馈，强调声情并茂、配合默契的重要性。

5.轮唱与合唱（15分钟）

（1）分配段落：将全班学生分配到不同的歌曲段落，进行轮唱练习，增强整体协调感。

（2）合唱表演：全班共同完成《天问》的合唱表演，通过集体的力量展现音乐的魅力与情感的共鸣。

6.总结与升华（5分钟）

（1）情感升华：引导学生回顾本次学习活动的收获，分享自己对爱国精神、航天精神及中华优秀传统文化的理解与感悟。

（2）展望未来：鼓励学生将所学知识与精神内化为自身动力，努力学习，将来为国家的繁荣富强贡献自己的力量。

教学评价

（1）过程评价：观察学生在各环节中的参与度、合作情况及学习态度。

（2）成果评价：通过小组演绎与合唱表演，评价学生的艺术表现力、团队协作能力及情感传达能力。

（3）自我评价与同伴评价：鼓励学生进行自我评价，同时采用同伴评价的方式，促进相互学习与成长。

教学反思

本次教学活动通过《天问》这一经典音乐作品，不仅让学生感受到了中华文化的博大精深，还激发了他们的爱国情怀与探索精神。在未来教学中，可进一步挖掘更多具有时代意义与文化价值的艺术作品，丰富教学内容，提升教学效果。

审美鉴赏

悲剧艺术的深邃之美：中国四大古典悲剧与莎士比亚四大悲剧的鉴赏性剖析

在文学的浩瀚星空中，悲剧以其独有的魅力吸引着无数读者的心灵，它不仅是对人类苦难与抗争的深刻描绘，更是对人性光辉与生命价值的崇高颂扬。中国四大古典悲剧《窦娥冤》《汉宫秋》《梧桐雨》《赵氏孤儿》与莎士比亚的四大悲剧《哈姆雷特》《奥赛罗》《李尔王》《麦克白》共同构筑了悲剧艺术的辉煌殿堂，它们通过复杂的矛盾冲突与深刻的主题探讨，展现了悲剧的本质及其丰富的审美价值。

悲剧的冲突与毁灭：引发悲剧感的源泉

在这些作品中，悲剧感的核心源自深刻的矛盾冲突与最终的毁灭性结局。在中国四大古典悲剧中，《赵氏孤儿》以其惊心动魄的救孤与复仇故事，展现了正义与邪恶的激烈对抗。屠岸贾的残暴与程婴、公孙杵臼的无私奉献形成了鲜明对比，这种对立不仅加剧了剧情的张力，也深刻揭示了人性中的善与恶、光明与黑暗。同样，在莎士比亚的悲剧中，人物与环境、自我之间的冲突构成了推动剧情发展的主要动力，如《哈姆雷特》中王子内心的道德挣扎与复仇使命的冲突，最终导致了悲剧性的结局。

悲剧的本质：抗争与拼搏的壮美

悲剧之所以具有震撼人心的力量，不仅在于其表现的冲突与毁灭，更在于其中蕴含的抗争与拼搏精神。在《赵氏孤儿》中，程婴等人的舍生取义，不仅是对个体生命的超越，更是对正义与真理的执着追求。这种悲壮的抗争体现了人类面对逆境时的不屈不挠与崇高精神。莎士比亚的悲剧同样如此，他笔下的人物往往在命运的重压下奋力挣扎，尽管最终难逃悲剧命运，但他们的抗争过程却彰显了人性的光辉与尊严。

作品的审美价值体现

（1）情感共鸣：悲剧通过展现人物的痛苦与挣扎，引发观众或读者的情感共鸣，使人们在感同身受中体验到生命的厚重与复杂。

（2）哲理思考：悲剧作品往往蕴含着深刻的哲理思考，如关于人性、命运、正义等问题的探讨，引导人们反思生活、思考存在的意义。

（3）艺术表现：从文学创作的角度来看，悲剧作品凭借其独特的叙事结构、深刻的人物形象塑造和精湛的语言艺术，展现出极高的艺术成就，为后世文学创作提供了重要借鉴。

（4）道德教化：悲剧通过对善恶的鲜明对比与正义的最终胜利，传递出积极向上的道德观念，激励人们追求真善美、抵制假恶丑。

综上所述，中国四大古典悲剧与莎士比亚四大悲剧通过各自独特的叙事方式与艺术手法，深刻揭示了悲剧的本质及其丰富的审美价值。它们不仅是对人类苦难与抗争的生动描绘，更是对人性光辉与生命价值的崇高颂扬。在这些作品中，可以看到悲剧的壮美与崇高感，感受到人类面对逆境时的不屈不挠与坚韧不拔。这些作品将永远闪耀在文学的天空中，成为人类精神宝库中不可或缺的瑰宝。

实践活动　感悟美

实践活动：感悟美——座谈会设计方案

活动目的

本次"感悟美"实践活动旨在通过座谈的形式，促进参与者对美的深刻理解与体验，激发其发现美、体验美、感受美、欣赏美及创造美的能力，提升审美情趣与人文素养。

活动时间与地点

（1）时间：选择一个周末的下午，确保参与者有足够的时间进行深入交流与探讨。

（2）地点：一个有艺术氛围的会议室或咖啡馆，布置以简洁、温馨为主，可适当摆放一些艺术品或绿植，营造美的环境。

参与人员

艺术家代表（如画家、摄影师、音乐家等），美学研究者或教师，不同行业的爱好者（文学、设计、自然等），普通公众，对美学感兴趣的各界人士。

活动流程

1. 开场致辞（10分钟）

主持人简短介绍活动背景、目的及流程，欢迎各位参与者，并强调开放、包容的讨论氛围。

2. 主题分享（60分钟）

（1）艺术家视角：邀请一至两位艺术家分享他们的创作过程，讲述如何在作品中表达美，以及创作灵感来源。

（2）美学理论：由美学研究者或教师深入浅出地讲解美的基本概念、发展历程及不同文化背景下的美学观念。

（3）多元体验：邀请几位来自不同领域的爱好者，分享他们各自领域中美的体现，如文学作品中的情感美、建筑设计中的空间美、自然风光的和谐美等。

3. 小组讨论（60分钟）

将参与者分为若干个小组，每组围绕以下子主题展开讨论。

（1）如何在日常生活中发现美？

（2）哪些经历让你深刻体验到了美的力量？

（3）如何提升个人的审美鉴赏能力？

（4）创造美需要具备哪些条件或技能？

（5）每组指定一名记录员，记录讨论要点，并准备向全体参与者汇报。

4. 汇报与交流（30分钟）

（1）各小组代表依次上台汇报讨论成果，其他参与者可提问或补充观点。

（2）主持人引导全场进行互动，鼓励跨组交流，促进思想的碰撞与融合。

5. 总结与展望（10分钟）

（1）主持人总结活动亮点，感谢所有参与者的贡献。

（2）强调美的普遍性与多样性，鼓励参与者将今日所学应用到日常生活中，继续探索与创造美。

（3）预告未来可能的相关活动，邀请参与者持续关注与参与。

后续行动

（1）建立线上社群，分享美学资源，持续交流感悟。

（2）定期组织线下活动，如户外写生、美术馆参观、音乐会欣赏等，丰富实践体验。

（3）鼓励参与者创作并分享自己的美学作品，形成良性循环，共同促进美学文化的传播与发展。

（4）通过这样一次全面而深入的座谈活动，相信每位参与者都能获得对美的新认识与感悟，从而在生活的每个角落都能发现美、创造美。

在上述座谈会中可以选择性融入互动环节。

1. "美的瞬间" 摄影/绘画比赛

（1）活动说明：在座谈会开始前或中场休息时，邀请参与者用手机或随身携带的画笔捕捉现场或自己生活中认为"美"的瞬间。可以是自然风景、人物表情、物品细节等。

（2）展示与分享：设定一段时间让大家完成作品后，通过大屏幕或展示板展示作品，并邀请创作者简要说明为何认为这个瞬间是美的。

2. “美的声音”即兴表演

（1）活动说明：邀请有音乐或朗诵特长的参与者进行即兴表演，可以是弹奏一小段乐器、吟唱一首歌、朗诵一段诗歌或散文，表达他们对美的理解和感受。

（2）互动点评：表演结束后，鼓励其他参与者给予正面的反馈和点评，共同探讨音乐、语言与美的关系。

3. “美的辩论”

（1）主题设定：选择一个与美相关的有争议性的话题作为辩论主题，如“自然美是否优于人工美？”“艺术是否应该追求纯粹的美而忽略社会功能？”等。

（2）分组辩论：将参与者分为正、反两方，进行限时辩论。每方可以有代表发言，也可以鼓励全体成员参与讨论。

（3）总结与反思：辩论结束后，由主持人或特邀嘉宾进行总结，引导参与者反思辩论过程中的观点碰撞和美的多元性。

4. “美的寻宝”游戏

（1）活动说明：在座谈会场地内或附近设置一些与美相关的线索或提示（如诗句、画作片段、音乐旋律等），参与者需要根据这些线索找到对应的“宝藏”（可以是艺术品复制品、书籍、小礼品等）。

（2）团队合作：鼓励参与者分组进行，通过团队合作解决谜题，找到“宝藏”。

（3）分享与展示：找到“宝藏”后，每组需要向其他参与者展示，并解释他们找到的“宝藏”与美的联系。

5. “美的创作工坊”

（1）活动说明：如果时间允许，可以设置一个简短的创作工坊环节，让参与者亲手制作一些与美相关的手工艺品或艺术品（如折纸、画画、陶艺等）。

（2）材料准备：提前准备好所需的材料和工具，确保每位参与者都能参与进来。

（3）展示与交流：创作完成后，邀请参与者展示自己的作品，并分享创作过程中的感悟和体验。

项目二　审美活动量化指标评价

任务编号	维度	评价指标	满分	具体内容	得分
任务一	知识掌握	审美眼光与审美人格定义理解	10	准确理解审美眼光与审美人格的概念及其重要性	
		审美意义阐述	10	能够清晰阐述审美的个人与社会意义	
		中华优秀审美文化知识	10	了解并列举至少三项中华优秀审美文化的代表元素或理念	

任务编号	维度	评价指标	满分	具体内容	得分
任务一	课堂实操表现	参与度	10	积极参与课堂讨论，提出有见地的观点	
		分析深度	10	对中华优秀审美文化的分析具有深度，能联系实际生活或历史背景	
		创新思考	10	在探讨中展现出独特的审美视角或创新思考	
	情感态度与价值观	审美意识提升	10	通过学习，审美意识有显著提升	
		文化认同感	10	增强对中华优秀审美文化的认同感与自豪感	
	作业与报告	课后反思	10	提交一篇关于个人审美观念变化的反思报告	
		创意作业	10	设计一项展示中华优秀审美文化的创意作品或方案	
任务二	知识掌握	四大审美范畴定义	12	准确掌握优美、崇高、悲剧性、喜剧性的定义及特征	
		案例分析能力	12	能运用所学知识分析具体艺术作品中的审美范畴	
		中国传统审美范畴理解	6	理解并举例说明中国传统审美范畴与现代审美范畴的联系与区别	
	课堂实操表现	案例分析展示	15	在小组内或全班展示对某一审美范畴案例的分析	
		互动讨论	10	积极参与课堂讨论，提出独到见解	
		团队合作	5	在实操中展现出良好的团队合作精神	
	情感态度与价值观	审美范畴认知	10	对审美范畴有全面而深刻的认识	
		文化敏感性	10	提升对不同文化背景下审美范畴差异的敏感性和尊重	
	作业与报告	案例分析报告	10	提交一份关于某一审美范畴的详细分析报告	
		创意表达	10	通过绘画、写作、表演等形式，创造性地表达对某一审美范畴的理解	
任务三	知识掌握	审美心理结构理解	10	准确理解审美心理结构的基本构成	
		审美心理过程掌握	10	熟悉审美心理过程的主要阶段及特点	
		跨文化审美心理比较	10	能够比较不同文化背景下审美心理的差异	

任务编号	维度	评价指标	满分	具体内容	得分
任务三	课堂实操表现	案例分析	15	选取不同文化背景下的艺术作品，分析其审美心理过程	
		小组讨论	10	在小组内深入探讨不同文化形成的不同审美心理	
		汇报展示	5	清晰、有条理地向全班汇报小组讨论成果	
	情感态度与价值观	审美心理认知提升	10	通过学习，对审美心理有更深入的认识	
		跨文化尊重	10	增强对不同文化审美心理的尊重与理解	
	实践活动与成果	实践活动参与	10	积极参与感悟美的座谈活动，贡献有价值的观点	
		实践成果展示	10	提交一份关于个人在实践活动中的感悟与收获的报告或作品	

　　我们必须与其他生物共同分享我们的地球，为了解决这个问题，我们发明了许多新的、富于想象力和创造性的方法；随着这一形势的发展，一个要反复提及的话题是：我们是在与生命——活的群体、它们经受的所有压力和反压力、它们的兴盛与衰败——打交道。只有认真地对待生命的这种力量，并小心翼翼地设法将这种力量引导到对人类有益的轨道上来，我们才能希望在昆虫群落和我们本身之间形成一种合理的协调。

——卡森

学习目标 《

知识目标

1. 熟悉自然美的形成。

2. 了解自然美的发展脉络。

能力目标

1. 能够掌握自然美的审美特征。

2. 学会运用自然审美的视角分析自然美，提升审美鉴赏能力。

素养目标

1. 理解人与自然的关系，以及自然美的形态。

2. 培养健康、积极、多元的自然审美意识，增强文化自信。

任务一 认识自然美

　　大自然的美遍布每个角落，每一朵绽放的鲜花、每一株摇曳的小草，巍峨的群山、奔腾的江河，乃至浩瀚无垠的宇宙星空，皆展现着各自独特的韵味与魅力。人类之所以能够感知并沉醉于这份自然之美，源自"情感与景象的交融，个体与自然界的和谐统一，从而创造出审美意象，这不仅是人与世界间深刻交流的体现，也是彼此契合的见证"。自古以来，中华民族便对自然之美抱有敏锐的感知与深厚的情感，远古时期的先民在对自然的崇拜与敬畏中，孕育出了早熟的自然审美观念，这一观念历经世代传承，已深深融入中华民族的血脉之中，成为中华文化中不可或缺的一部分，铸就了独特的文化基因。而文化是人类智慧的结晶，其对立面可视为广袤的自然界，从秀丽的山水到荒凉的沙漠，从脚下的土地到遥远的星空，从生机勃勃的有机世界到静默无言的无机世界，无所不包。尽管文化与自然看似对立，实则人类的文化成果归根结底是自然界漫长演化历程中的产物，人类自身也是这个庞大自然生态系统中的一分子。大自然不仅是人类文明诞生的摇篮，更是人类永恒追求与热爱的审美源泉。

知识脉络 《

```
                              任务一  认识自然美
                                                              （一）生存之美的萌芽阶段
（一）本源性                              一、自然美的形成和发展    （二）精神寄托的发展阶段
（二）整体性                                                   （三）审美自由的实现阶段
（三）可变性    二、自然美的特征
（四）联想性                                                   （一）自然美的审美类型
                               三、自然美的审美
                                                             （二）自然美的赏析方法
           课堂实操：寻找自然之美
```

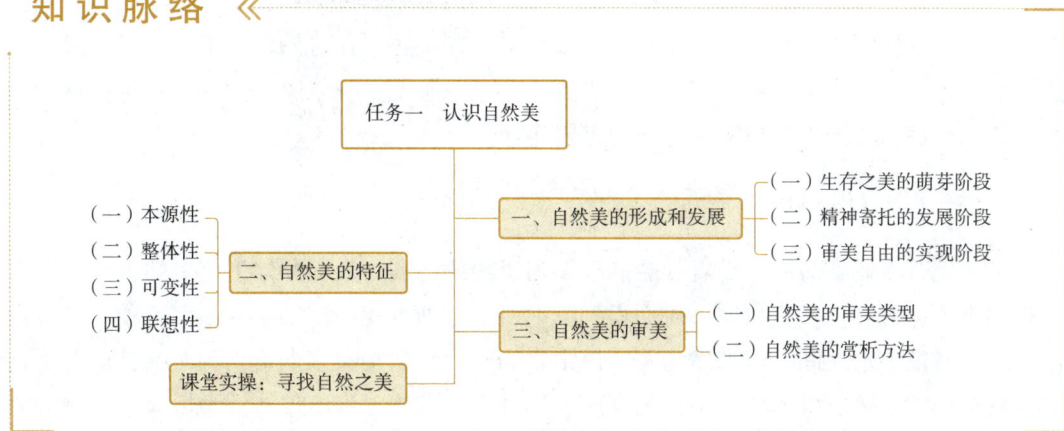

一、自然美的形成和发展

自然美是蕴含于自然界万物之中的美学宝藏，其被发现、被欣赏的过程，实则是人类文明与自然世界交织共舞的壮丽史诗。从原始社会的懵懂初探，到现代社会的深刻领悟，自然美与人类社会的发展紧密相连，共同绘制出一幅幅绚烂多彩的历史画卷。

（一）　生存之美的萌芽阶段

在远古的洪荒时代，自然界的每次恩赐都直接关系到人类的生死存亡。宽阔的江河，对于原始先民而言，并非今人所见的壮丽景观，而是他们必须克服的生存障碍；崇山峻岭间，隐藏着无数危机，却也蕴藏着维持生命的宝贵资源。如马克思所说："自然界起初是作为一种完全异己的、有无限威力的和不可制服的力量与人类对立的，人们同自然界的关系完全像动物同自然界的关系一样，人们就像牲畜一样慑服于自然界。"以狩猎为生的远古先民，他们眼中的美，往往与生存息息相关。例如，在非洲的某些部落中，猎人们会将捕获的猛兽皮毛披挂在身，这不仅是身份与力量的象征，更是对自然界生命力的一种崇拜与肯定。同样，在史前艺术中，不难发现大量以动物为主题的壁画与雕塑，这些作品不仅展现了先民们的艺术才华，更深刻地反映了他们对自然界的依赖与敬畏。在这一阶段，自然美是实用与生存的完美结合，也是人类在严酷环境中求生的智慧与勇气的体现。

（二）　精神寄托的发展阶段

随着农业革命的到来，人类社会逐渐进入了一个相对稳定的发展时期。生产力的提高和社会结构的复杂化，使人们开始有更多的时间和精力去思考自然与人的关系。在这一背景下，自然美逐渐被赋予了更多的文化内涵和道德寓意。在中国古代，儒家、道家思想强调"天人合一"，认为自然万物皆具有道德属性，可以与人之品德相类比。如孔子所言："知者乐水，仁者乐山。"① 他以水的灵动与山的稳重来比喻智者与仁者的品质，体现了古人对自然之美的深刻洞察与高尚追求。同时，道家哲学也主张"道法自然"，认为自然之美是宇宙间最纯粹、最本真的存在，是人类精神生活的源泉。例如，在唐代诗人王维的诗作中，人们常常能感受到他对自然山水的无限热爱与深刻感悟，他的诗歌不仅描绘了自然之美，更寄托了他对人生、对宇宙的深刻思考。在这一阶段，自然美成为人类精神生活的寄托，是人类追求道德完善与精神升华的重要途径。

（三）　审美自由的实现阶段

进入魏晋南北朝时期，随着社会的动荡与思想的解放，人们开始追求更加自由、更加纯粹的审美体验。自然美在这一时期得到了前所未有的重视与推崇。众多文人雅士纷纷走出书斋，寄情山水之间，以自然为友，以山水为师。南朝画家宗炳提出的"畅神说"更是将自然美的审美体验推向了一个新的高度。他认为，自然山水不仅能够愉悦人心、陶冶情操，更能激发人的灵感与创造力。在他的画作中，人们仿佛能看到山川的灵秀、水流的清澈，以及草木的生机盎然。这些作品不仅展现了自然之美的无穷魅力，更传达了画家对自然、对生命的无限热爱与敬畏。随着唐代诗画的繁荣与宋代山水画的兴起，自然美成为中国文化艺术的重要主题之一。无数文人墨客通过自己的笔触与心灵，将自然之美转化为永恒的艺术珍品，流传至今。在这一阶段，自然美不再是道德的象征或实用的工具，而是成为人类追求精神自由与审美愉悦的重要源泉。

总之，自然美的形成与发展是人类文明与自然世界相互交融、相互促进的必然结果。从致用阶段的生存之美到比德阶段的精神寄托，再到畅神阶段的审美自由，每个阶段都见证了人类审美观念的成熟与变化，以及人与自然关系的变迁。随着科技的进步和全球化的加速自然美的审美范围与层次还将不断拓展与提升。例如，现代科技使人们能够深入探索海洋的奥秘、攀登世界屋脊、遨游宇宙太空，这些曾经遥不可及的领域如今都成为人类审美的新对象。同时，环保意识的觉醒也促使人们更加珍惜自然之美，努力保护生态环境，实现人与自然的和谐共生。在未来，自然美将继续成为连接人类过去、现在与未来的桥梁，共同书写人类文明与自然和谐共生的美好篇章。

---

① 出处是《论语·雍也篇》。原文为："子曰：'知者乐水，仁者乐山；知者动，仁者静；知者乐，仁者寿。'"这句话的意思是，聪明的人爱好水，有仁心的人爱好山；聪明的人好动，有仁心的人好静；聪明的人快乐，有仁心的人长寿。

二、自然美的特征

在自然界广袤无垠的疆域中，自然美以其独特的方式无处不在地展现着自身。这种美既体现在无生命的无机物质中，又体现在充满生命力的动植物群体中，从微观层面的生物细胞到宏观层面的宇宙天体，均呈现出丰富多样、变幻莫测的审美形态。自然美的形成既基于自然景物和自然现象本身的固有属性，也深受人类社会实践活动的影响。其主要特性可归纳为以下四点。

（一）　本源性

自然美源于自然事物和自然现象的本质属性。其产生、发展和变化均遵循自然法则，不受人为意志的左右。正是这些自然属性，如色彩、形态、声响、线条等，直接作用于人的感官，构成了人们对自然美的初步感知。这些直观的因素在人的审美体验中占据了基础性地位，是自然美得以存在和发展的物质基础。例如，渭南华山的雄伟与珠穆朗玛峰（图3-1）的壮美，太湖的绮丽与青海湖的辽阔，兰花的清幽与牡丹（图3-2）的艳丽，均源于它们各自独特的自然属性。

图 3-1　珠穆朗玛峰

图 3-2　牡丹

所以，自然美具有其独特的本源性，这种本源性不仅体现在自然事物和自然现象本身的固有属性上，也体现在它们与人类审美活动的紧密联系中。通过对自然美的深入分析和理解，可以更好地把握自然美的本质和特征，进一步丰富和提升人们的审美体验。

（二）　整体性

自然美的整体性特征，首先体现在相邻物质性因素之间的相互作用上。如山川之美，不仅包含天地的壮丽、风雨的变幻，还囊括每一滴泉水的清澈、每一块石头的独特。在欣赏山水时，不应局限于山水本身，仅仅关注山的高度、水的流速，而应从更宽广的视角出发，欣赏包括花草树木在内的整体山水景观，深刻体验山水多向度、多层次的审美价值。

（三）　可变性

自然美并非单一、固定不变的存在，而是受到多种因素的交织影响，包括气候、时空、节气、周围事物，以及人的审美距离和角度等。这种多变性使自然美呈现出丰富多彩的形态，正如古人所言，"横看成岭侧成峰，远近高低各不同"。冬季的严霜固然萧瑟，但终将迎来春日的明媚与鲜艳；盛夏的翠绿也会随着秋雨的洗礼而逐渐凋零。人们在时光的轮转中，可以领略到四季变换所带来的独特美感。

月亮作为夜空中的主角，其形态也随阴晴圆缺而展现出不同的美感，引发人们不同的情感体验。自然美感的呈现往往与周围事物紧密相关，正如古人所言，"山得水而活，得草木而华，得烟云而秀媚"（图 3-3）。孤山之美虽有其独特之处，但与水、草、木、云、烟等相互映衬、融合时，更能展现其整体之美。

图 3-3　山水如画的风景

自然美的易变性还体现在同一自然事物或现象在不同情境下的美丑转化。例如，黄河的浩瀚水势在可控范围内呈现为雄浑之美，一旦泛滥决堤则成为危害人民的严重水患。蝗虫以其鲜艳的色彩和修长的体态在外观上或许具有吸引力，但一旦聚集成灾，其破坏性则使人们对其美感产生怀疑。这些例证表明，自然美并非静态恒常，而是在多重因素的交织作用下呈现出丰富多样的景观。

（四）　联想性

自然景物之所以能够触动人们的美感，往往是因为它们能够引发人们的丰富联想。事实上，联想的丰富程度与美感的强烈程度成正比，显示出自然生态美的深厚人文底蕴及其与人类精神世界的紧密联系。以《桂林山水》为例，文中生动地描绘了桂林山水的独特魅力："桂林的山峰独特而奇异，它们像老人、巨象、骆驼一般崛起，形态各异，罗列有致；它们又如同翠绿的屏障、新生的竹笋，色彩亮丽，倒映在清澈的水中；而且，桂林的山峰还带有一种惊险之美，峭壁危立，怪石嶙峋，仿佛一不小心就可能倾倒。"通过这样的描绘，作者巧妙地将桂林的山峰比作"老人""巨象""骆驼""屏障""竹笋"等形象，生动地再现了桂林山峰的多样化和色彩鲜艳，展现了其静态的美学特质。同时，文中还将漓江的水比作无瑕的翡翠，形容其清澈碧绿。这种丰富的想象和联想，使桂林山水在静态时如同一幅细腻的水墨画卷，动态时则仿佛演奏着一曲美妙的交响乐，使人的心灵得到极大的愉悦和宁静（图3-4）。

图3-4　桂林山水

　　此外，这种联想性还体现在人类审美的历史长河中。人们常常倾向于将自然生态之美与自身相联系，寻找其中的象征意义，将其作为人类社会的某种符号，从而使自然生态美富含人文色彩，进一步提升了其审美潜力。这一现象在古今中外的审美实践中均有所体现。哲学家车尔尼雪夫斯基[1]曾指出，自然美之所以存在，是因为它暗示了人类的生活，成为人们理解自身生活的一种方式。因此，许多自然现象被赋予了"公共象征"的意义，例如，玫瑰代表爱情，红豆寓意相思，秋海棠象征苦恋，并蒂莲表示夫妻情深，万年青代表友谊长存，紫荆象征兄弟团结，枣子寓意早生贵子，花生表示家族繁衍不断，石榴象征子孙满堂，萱草代表忘却忧愁，竹子象征正直不阿，荷花象征纯洁无瑕，菊花代表高洁品质，梅花象征坚韧不拔，橄榄枝表示和平愿望，而郁金香（图3-5）则寓意胜利的到来。

---

　　[1] 车尔尼雪夫斯基（1828—1889），俄罗斯哲学家、文学评论家、作家，革命民主主义者。他批判唯心主义，主张唯物主义，并关注农民革命。作品丰富，对俄罗斯文学和社会思想影响深远。

图 3-5　郁金香

三、自然美的审美

（一）　自然美的审美类型

自然美以其无比丰富多样、变幻莫测的形态和现象，赋予了人们多元而深沉的精神享受。无论是山川的壮丽、湖海的辽阔，还是花草的细腻、星空的浩渺，每种自然景象都以其独特的方式，触动着人们内心深处的情感。这种美不仅是视觉上的盛宴，更是一种能够引起人们情感共鸣的深刻体验。

在欣赏自然的过程中，人们首先通过感官直接接触到这些美景，如眼睛捕捉到色彩的斑斓，耳朵聆听到风声的轻吟，皮肤感受到阳光的温暖或雨水的清凉。这些直接的感官体验，构成了自然美的第一层次，让人在第一时间就能沉浸在自然的怀抱中。

然而，自然美的魅力远不止于此。当人们用心去感受这些自然景象时，心灵深处便会产生一种难以言喻的共鸣。这种共鸣或许是对生命力量的赞叹，或许是对宇宙奥秘的敬畏，又或许是对人与自然和谐共生的向往。这种深度体验构成了自然美的更深层次，它超越了感官的愉悦，触及人们的精神世界。

因此，人们在欣赏自然时，能够领略到广泛而深刻的审美愉悦。这种愉悦不仅来源于自然景象本身的美丽，更来源于人们与自然之间的互动和交融。在这个过程中，自然美以其多层次的结构，满足了人们从感官到心灵的全方位需求，成为一种无法替代的审美体验。

1. 视觉审美

自然景象以其外在美的多样性吸引着人们的目光。巍峨壮观的泰山、奇峰异石的黄山、纯净无瑕的玉龙雪山等，虽同为山峦，但因各自独特的形态给予观赏者截然不同的审美感受。水的形态同样多变，或平静如镜，或波涛汹涌，为人们带来迥异的视觉震撼。而色彩作为视觉欣赏的重要组成部分，其强烈的感官刺激更是让人难以忘怀。朝霞的橙红、沙漠的金黄、森林的苍翠、海洋的湛蓝……这些丰富的色彩将大自然装点得五彩斑斓，美不胜收。

以青海湖（图 3-6）为例，作为中国最大的湖泊，其美丽景色令人陶醉。湖水清澈见底，碧绿如玉，与周围的雪山、草原、沙漠等景观相映成趣。在不同的季节和光照条件下，青海湖还会呈现出不同的色彩和光影效果。湖面上波光粼粼仿佛是无数宝石在闪烁，让人不禁为之惊叹。湖畔的野花、远处的雪山和近处的牛羊都成为青海湖这幅美丽画卷的点睛之笔。这些自然景象共同构成了一幅完美的视觉盛宴，让人流连忘返。

图 3-6　清澈的青海湖

2. 听觉审美

声音作为自然界中的关键审美要素，其独特魅力在于能够直接触动人的心灵深处。"万籁此俱寂，但余钟磬音"，从山涧瀑布的奔腾喧嚣到林间清泉的潺潺细语，从晨风中枝叶的轻拂之声到夜晚虫鸣的幽远回响，这些自然之声不仅为世界增添了丰富的音律，更在无形中抚慰着人们的心灵。当这些悦耳的音符传入耳中，人们往往能够暂时忘却尘世的纷扰，沉浸于一种宁静而美好的境界，获得心灵的净化与升华。

例如庐山瀑布（图 3-7），其雄浑的水声不仅展现了自然的磅礴力量，更从听觉的角度为人们带来了独特的审美体验。瀑布之水从高崖倾泻而下，声如雷鸣，震撼人心。这种声音不仅是一种物理现象，更是一种情感的传达和心灵的触动。当人们站在瀑布前，聆听着水声轰鸣，仿佛能够感受到大自然的磅礴气势和无尽生机，从而获得深深的震撼和感动。

庐山瀑布的水声正是大自然赋予人们一种珍贵的听觉享受。它让人们在喧嚣的世界中找到了一个可以静心聆听、感受自然之美的地方。在这里，人们可以暂时放下生活的烦恼和压力，与大自然融为一体，享受那份宁静与美好。这种体验不仅是一种审美上的享受，更是心灵上的洗礼和升华。

图 3-7　庐山瀑布

3. 嗅觉感知及其他

在大自然的怀抱中，气味的芬芳如同无声的乐章，给人带来宁静与生机。新生的草坪散发出清新的青草香，大雨洗礼后的泥土弥漫着湿润的芬芳，而街道两旁的丁香花则以其淡雅的花香点缀着城市的空气。让人们设想，秋日的午后，雨后的清新尚未散去，青翠的树枝上，金黄的桂花如繁星点点，宛如一幅精美的画卷。桂花之香，清雅而馥郁，它随风飘散，弥漫在空气中，只需轻轻呼吸，便能感受到那来自大自然的馈赠，生命的气息在空气中弥漫，令人心旷神怡。作为中国著名的芳香之地，云南香格里拉（图 3-8）拥有丰富多样的野生芳香植物和独特的芳香群落。这里是大自然的调香师，凭借其得天独厚的自然环境和气候条件，香格里拉成为一个原生态的天然氧吧，同时，也是一个天然的和香之境。从常见的薰衣草、茉莉，到珍稀的沉香，漫步在香格里拉的山间小径，感受着山风的轻拂和溪水的潺潺，空气中弥漫着各种芳香分子，令人陶醉其中。这里，无疑是世间难得的香境，让人在大自然的怀抱中，感受到生命的美好与宁静。

在大自然的怀抱中，芬芳的气息仅是它魅力的一部分，而味觉的甘醇与触觉的细腻，同样为人们打开了感知世界的新窗口。例如，当你轻轻咬下一口刚从树上摘下的鲜红苹果，那清甜多汁的口感瞬间溢满口腔，带来满满的幸福感与满足感。这是大自然通过味觉给予人们直接而纯粹的快乐。触觉能让人们更加亲近自然。夏日里，当你赤足踏在细软的沙滩上，感受着阳光透过沙粒传递的温暖，海风轻轻拂过脚底，带来一丝丝凉爽；或是冬日中，雪花轻柔地落在掌心，那份冰凉与细腻，仿佛是大自然最温柔的触碰。这些触觉体验使人们的心灵得到了前所未有的放松与平静。

图 3-8 云南香格里拉普达措国家公园

4. 心理感应

心境与自然共鸣，美感体验与享受，究其本质，乃是一种深层的心理感知，这种感知深刻影响着人们对自然的情感态度。当心境愉悦时，窗外鸟儿的啼鸣如同天籁之音，使人沉醉其中；当心境沉郁，同样的鸟鸣却可能成为搅扰思绪的噪声。更为神奇的是，自然本身也有能力转变人的心境。例如，在烦闷之际登高望远，一旦站在山巅，俯瞰山下壮丽景色，心胸便会豁然开朗，原先的忧郁情绪也会随之消散于无形。

论及自然与心境的交融，"人间仙境"的九寨沟（图 3-9）堪称绝佳典范。九寨沟以其独特的自然风光和丰富的生态多样性，吸引了无数游客的目光。这里是珍稀动植物的乐园，清澈的溪流、翠绿的森林、巍峨的山峦、斑斓的湖泊，构成了一幅幅壮美的画卷。站在这片原始的自然之中，人们仿佛能够感受到大自然的磅礴与神秘，体会到人类在自然面前的渺小与敬畏。

图 3-9　九寨沟之五花海

　　九寨沟的魅力不仅在于其外在的美景，更在于它所能带给人们的心灵震撼。在这里，人们可以放下尘世的纷扰，放空身心，与大自然融为一体。随着山风的轻拂、溪水的潺潺，人们仿佛能够听到大自然的呼吸和心跳，感受到生命的节奏和韵律。在那一刻，所有的俗事纷争都似乎变得微不足道，唯有平静与温暖萦绕心头。这种心理感受正是九寨沟这片土地所独有的魅力所在，也是它吸引无数游客前来探访的原因。

　　九寨沟以其独特的自然风光和深邃的文化内涵，成为人们追求心灵宁静与和谐的理想之地。在这里，人们可以真正地感受到自然与心灵的交融与共鸣，体验到生命的美好与真谛。

📖 美育小讨论

　　你认为在欣赏自然美的过程中，视觉欣赏、听觉陶醉、嗅觉感知及其他、心理感应这四个方面哪个更为重要？为什么？它们之间是否存在相互关联和促进作用？

　　在旅行中，如何能够更好地结合这四个方面来欣赏自然美？是否有一些具体的技巧和策略可以帮助人们更加全面地感受自然之美？例如，在游览森林时，如何同时利用视觉、听觉、嗅觉和心理感应来感受森林的静谧和生机？

（二）　自然美的赏析方法

　　大自然是一座无尽的宝库，其中蕴含着丰富多样的事物和景象，这些无不激发着人类内心深处对美的追求和向往。从波澜壮阔的海洋到巍峨壮丽的山川，从静谧深邃的森林到绚丽多彩的草原，大自然以其独特的魅力，为人们提供了广阔无垠的审美空间和多样化的审美对象。那么，如何更为深入地体验和品味自然之美呢？

1. 巧用审美策略，领略自然美

自然美具有显著的易变性，这决定了人们只能在特定的时间和地点捕捉到其独特的风貌。因此，许多自然景观都有其最佳的观赏时期和观赏点。即使是同一处景观，随着时间和观赏方式的变化，也会展现出迥然不同的美学价值。

自然美具有显著的易变性，这种特质为人们欣赏其美丽带来了独特而迷人的挑战。正是因为自然的这种变化无常，人们只能在特定的时间和地点捕捉到其独特的风貌，这要求人们在追求美的过程中不仅需要具有敏锐的感知能力，还需要具备灵活的策略和规划。塞罕坝国家森林公园位于河北承德围场县北部，是清代皇家猎苑"木兰围场"的一部分。该公园总面积为9.4万公顷，森林覆盖率高达75.2%，拥有浩瀚的林海、广袤的草原和清澈的高原湖泊，这里不但是动植物的天堂，也是避暑度假的胜地。塞罕坝国家森林公园以其独特的自然景观和丰富的历史文化，吸引着无数游客前来探寻自然之美，体验历史的厚重。不同季节也会呈现不同的风景。如图3-10、图3-11所示为不同季节的塞罕坝国家森林公园。

许多自然景观都有其最佳的观赏时期，这些时期通常是自然元素最为和谐、色彩最为鲜明、景象最为壮观的时刻。除时间的因素外，观赏点的选择也至关重要。不同的观赏点会使人们看到景观的不同面貌。有时，一个微小的视角变化就能带来截然不同的视觉体验。即使是同一处景观，随着时间和观赏方式的变化，也会展现出迥然不同的美学价值。这是因为自然美的易变性不仅体现在其外在形态上，更体现在其内在气质和韵味上。

图3-10　夏天的塞罕坝国家森林公园

图3-11　秋天的塞罕坝国家森林公园

（1）捕捉最佳观赏时机。正如明代文人袁宏道所言："赏花有地有时，不得其时而漫然命客，皆为唐突。"许多自然美景的出现都伴随着特定的时间条件，如朝霞暮霭、月色星辰、日出日落等，都需要精确把握时机，才能捕捉到那稍纵即逝的美丽。以杭州西湖的"平湖秋月"为例，每年的中秋之夜，当皓月当空，湖光秋月交相辉映，构成了一幅宁静而唯美的画面，吸引了无数游客前来观赏。

再如，新疆的喀纳斯湖（图3-12）以其深邃的湖水、壮丽的雪山和原始森林而闻名。在秋季，湖畔的树木披上了金黄的衣裳，与远处洁白的雪山形成了鲜明的对比。然而，想要欣赏到喀纳斯湖最美的秋景，需要选择在清晨或傍晚时分。此时，阳光斜照在湖面上，湖水呈现出一种神秘的蓝绿色调，与周围的景色交相辉映，构成了一幅如梦如幻的画面。游客可以乘坐游船在湖上荡漾，感受大自然的神奇魅力。

图 3-12 喀纳斯湖风光

上述例子都说明了自然美景的易变性特征，以及选择最佳观赏时机的重要性。只有把握好时机，才能欣赏到自然之美的独特之处。

（2）挑选最佳观赏位置。对于同一自然景观，不同的观赏位置会带来截然不同的视觉体验。为了获得最佳的审美效果，需要综合考虑透视关系、纵深关系、视野范围等因素，调整人与景物之间的距离、方位、角度等。以桂林的象鼻山公园（图 3-13）为例，当游客站在特定的位置时，可以清晰地看到一座形似巨象的山峰屹立在江畔，象鼻深入江中吸水，形象生动而富有诗意。然而，如果游客站在其他位置，可能就无法欣赏到这一奇特的景象了。

图 3-13 桂林象鼻山公园

除象鼻山公园外，还可以观赏湖南张家界的天门山（图3-14）。天门山因其独特的喀斯特地貌和险峻的山势而著称于世。游客在乘坐缆车穿越天门洞时，可以俯瞰到整个山谷的壮丽景色，感受到大自然的磅礴气势。而站在天门山顶部，更是可以俯瞰到群山连绵、云海翻涌的壮观景象，仿佛置身于仙境之中。这种通过调整观赏位置来捕捉最佳景观的方式，不仅让人们更深该地体悟自然之美，也使人们对大自然的鬼斧神工有了更加深刻的认识。

图 3-14　张家界天门山

（3）采取最佳观赏方式。在欣赏自然景观时，选择恰当的观赏方式至关重要，这包括动态与静态的抉择，以及仰视与俯视的考量，均需要因地制宜。对于景点众多且呈带状分布的景区，推荐采用步行、乘车或乘船等动态方式，以确保能够全面领略各个景点的独特魅力，避免遗漏；而在面对较为固定的景物或特定景点时，则宜采取静态观赏方式，深入品味其独特韵味，避免走马观花、浮光掠影。

如要在秦皇岛观赏海上日出（图3-15），选定最佳观测点后，静候红日初升，是最佳的静态审美方式。尽管等待可能漫长，但每一刻的景象都独具特色。当天空与大海交织成一幅和谐画卷，红日最终跃出海面，洒下金色光辉，那一刻的壮丽景象，是大自然对耐心等待者的慷慨馈赠。

桂林山水以其独特魅力被誉为"甲天下"，其中漓江更是世界上规模最大、风景最美的岩溶山水游览区。唐代诗人韩愈曾以"江作青罗带，山如碧玉簪"的诗句赞美漓江的自然风光。晴天时，青峰倒影于碧水之中；阴天则云雾缭绕，增添朦胧之美；雨天则烟雨朦胧，如梦似幻。尤其是从桂林至阳朔的江段，被誉为"百里画廊"，沿途碧水萦回，奇峰倒影，深潭、飞瀑点缀其间，构成一幅绚丽多彩的画卷。乘坐竹筏泛游漓江，仿佛置身于连绵不绝的山水画廊之中，动态地领略桂林山水的精髓与灵魂，感受"一山一水一诗题"的韵味和"船上青山顶上行"的诗意。

图 3-15　秦皇岛海上日出

2. 运用审美想象，塑造意境美

审美想象是大脑对既有事物进行创造性加工，进而形成新颖艺术形象的心理过程。这种想象不仅基于客观事物的存在，还依赖于审美主体在知识、认知与情感等方面的深厚积累。自然形态的美是审美的基础阶段，但更高层次的美在于审美主体能够将个人情感与认知融入自然景象，创造出独特的意境美。

在领略自然美的过程中，联想与想象扮演着举足轻重的角色。要提升对自然的审美能力，审美主体需要结合个人经历与体会，不断学习和实践，灵活运用联想与想象，以捕捉自然美的核心特征，深化情感体验，进而实现情感的升华。

（1）联想。联想是心理活动的一种，它基于某一人或事物，引发对其他相关人或事物的思考。在欣赏自然时，人们常以自然景观的外在形态为起点，通过大脑的加工形成形态或抽象的联系，从而满足感官、心理与情感上的审美需求。如杜甫的诗句所述："天上浮云如白衣，斯须改变如苍狗。"诗人通过观察白云的变幻，联想到白衣与苍狗的形象，这即联想的典型体现。个人对颜色的偏好也常伴随着联想，如红色让人联想到太阳、火焰，产生温暖与热烈的情感；蓝色则使人联想到天空与大海，引发博大与沉稳的感触。

例如，以水质碧绿、林木葱郁、生物多样闻名的九寨沟（图 3-16），能使人联想到自然之奇、清幽与祥和、传说与风情、观光与探险及环境保育等诸多方面。这些联想不仅彰显了九寨沟的非凡韵味，也映射出人们对于大自然奥秘和民族文化的向往与尊崇。

（2）想象。想象是人类心智的瑰宝，是在感知材料的基础上，通过大脑的加工与再造，创造出全新形象的心理过程。想象具有鲜明的个性特征，是每个人独特的心理体验。唐代诗人李白曾在诗中写道："相看两不厌，唯有敬亭山。"通过物我交融的视角，李白赋予了敬亭山以人的情感，展现了他对自然美的深刻理解和独特想象。同样，当人们面对形似人形的山峰时，往往会根据自身的经验和情感，将其想象成不同的人物形象，进而编织出丰富多彩的故事，为山峰之美增添无限魅力。

图 3-16　九寨沟

　　想象能力在艺术家和其他创作者中尤为突出，他们的作品往往充满了超乎寻常的想象和创意。如北宋诗人宋祁在《玉楼春·春景》中，以"红杏枝头春意闹"一句，生动描绘了春天的生机与活力，仿佛春天化身为有形的使者，在枝头嬉戏打闹。诗人徐志摩在《再别康桥》中，则将剑桥康河河畔的柳树想象成夕阳中的新娘，将榆荫下的潭水描绘成天上的彩虹，营造出清新明丽的意境。散文家朱自清则运用通感的手法，将荷塘中并不均匀的月色想象成"梵婀玲上奏着的名曲"，传递出轻松闲适的情感（图 3-17）。这些作品正是凭借作者丰富的想象力，成为文学史上的不朽之作。

图 3-17　荷塘月色

联想与想象是营造意境美的重要工具。意境是主观情感与客观景象相互交融、物我两忘的艺术境界。在审美过程中，当审美主体与客观景物达到情理统一、形神兼备时，便会产生"举杯邀明月，对影成三人"的感慨。再如《红楼梦》中的林黛玉，通过花的飞谢凋零联想到自己身世飘零和终将逝去的命运，创作出《葬花吟》这一凄清忧愁的佳作，感染了无数读者。

课堂实操 　寻找自然之美

大学美育课堂实践实操活动设计之自然之境：探索、感知与创意表达

活动目标

（1）增进学生对自然美的感知能力：通过亲身体验，让学生深刻感受到自然之美，理解人与自然之间的紧密联系。

（2）培养多元艺术表达能力：鼓励学生运用插画、文学、音乐等多种艺术形式，将自然之美转化为个人作品，表达对自然的独特感受和理解。

（3）促进跨学科思考与融合：通过不同艺术形式的实践，促进学生跨学科知识的融合，提升综合素养。

活动准备

（1）地点选择：选择一个景色优美的自然公园或自然保护区作为采风地点，确保学生能在安全的环境中亲近自然。

（2）分组与工具准备。

1）将学生分为插画组、文学组、音乐组（可根据实际情况调整组别），每组配备相应的指导教师。

2）插画组准备画材（水彩、素描纸、彩色铅笔等）、写生板；文学组准备笔记本、笔；音乐组可携带便携式录音设备，用于捕捉自然声音灵感。

（3）理论预习：活动前一周，通过线上或线下讲座形式，介绍阿加特·埃弗曼、恩斯特·海克尔、梭罗、列维－斯特劳斯等艺术家的创作背景及作品特点，激发学生的创作灵感。

活动流程

第一天：自然采风与素材收集。

（1）开幕式：简短介绍活动目的、流程及安全注意事项。

（2）分组采风。

1）插画组：在指定区域内进行写生，重点捕捉光影变化、植物形态、动物生态等细节。

2）文学组：漫步于自然中，记录所见所感，收集自然的声音、气味等感官体验，作为创作素材。

3）音乐组：利用录音设备记录自然环境中的声音（如鸟鸣、风声、水流声），同时感受自然界的节奏与旋律。

第二天：创作与表达。

（1）创作指导：各组指导教师引导学生将采风所得转化为艺术作品。

（2）插画组：指导学生运用色彩、线条表现自然之美，可尝试模仿大师风格进行创作。

（3）文学组：鼓励学生运用比喻、拟人等修辞手法，将自然景象与个人情感相融合，撰写散文或诗歌。

（4）音乐组：引导学生分析自然声音的节奏与旋律，尝试创作简短的自然主题旋律或配乐。

（5）创作实践：学生独立或小组合作完成作品创作。

第三天：作品展示与分享。

作品展览：在校园内设立展览区，展示学生的插画、文学作品及音乐小样（可通过音响播放）。

分享交流

（1）每组选派代表分享创作过程中的心得体会，讲述作品背后的故事。

（2）邀请校内外艺术专家进行点评，给予学生专业反馈与建议。

（3）闭幕式：总结活动成果，颁发优秀作品奖，鼓励学生持续关注自然、热爱生活、用艺术表达自我。

活动后续

（1）建立线上社群，持续分享学生的自然观察日记、创作心得及后续艺术作品，促进持续学习与交流。

（2）组织"自然之语"主题讲座或工作坊，邀请更多艺术家、环保人士参与，拓宽学生视野，深化对人与自然关系的理解。

任务二　自然美的表现

自然之美，无处不在，其表现形式多样而丰富，总能以独特的姿态触动人心。

山水之美，是大自然最生动的笔触。洪泽湖浩渺无边，阳光下湖面波光粼粼，风起时浪涛翻涌，尽显雄浑壮阔；太湖温婉灵秀，悠悠湖水倒映着岸边垂柳与粉墙黛瓦，薄雾轻笼，宛如一幅淡雅的水墨画；花果山奇峰罗列、怪石嶙峋，云雾缭绕间若隐若现，尽显奇峻之姿。

气象之美，变幻莫测。清晨，晨曦初露，金色阳光穿透薄雾，为大地披上温暖纱衣；正午，烈日高悬，炽热光芒普照万物；傍晚，夕阳西下，天边被染成绚丽的橘红色，晚霞漫天；夜幕降临，繁星点点、月光如水，静谧而美好，每一帧画面都散发着独特魅力。

星空之美，浩瀚无垠。夜幕笼罩时，银河如璀璨丝带横跨天际，无数星辰闪烁，宛如镶嵌在黑幕上的宝石。仰望天际，对自然的敬畏之情油然而生。

生物之美，藏于万物生长的勃勃生机。春日百花竞放，夏日绿树成荫，秋日硕果累累，冬日万物蛰伏。每一种生命都以独特方式诠释着自然的奇迹与美好。

知识脉络 《

```
                    任务二  自然美的表现

        二、山水之美                一、气象之美

                                   三、星空之美

        四、生物之美                                  （一）洪泽湖赏析
                                   五、江苏自然之美 ── （二）太湖赏析
                                                      （三）花果山赏析
    课堂实操：分享家乡自然之美
                                   【中华美育】

        【审美鉴赏】
                                   实践活动：发现自然美
```

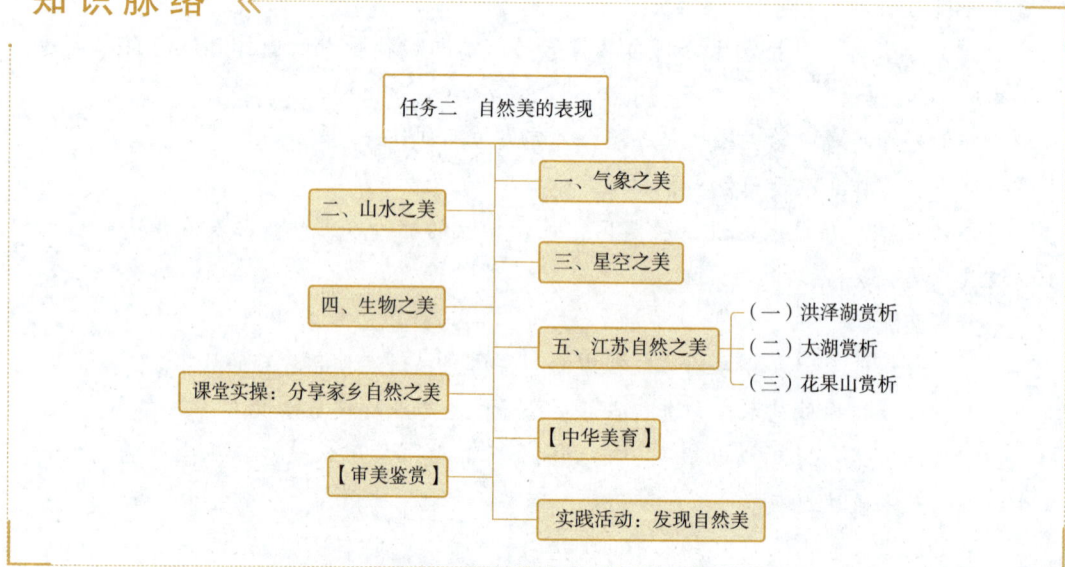

在我国传统文化中，"顺物自然，而无容私"是庄子所倡导的一种生存哲学，强调人与自然的和谐共生。人们身处自然之中，感受着自然界的呼吸起伏、潮起潮落、日升月落及四季更迭，从中体会到自身节律与宇宙韵律的共鸣，认识到万物皆需遵循的宇宙法则。

中国人对自然美的感知与体验，不仅早于西方，且尤为敏锐。这一特质在中国古代的山水诗画中得到了淋漓尽致的展现，它们不仅记录了人们亲近自然的审美态度，还彰显了大自然无与伦比的壮丽及神奇。谢灵运的"池塘生春草，园柳变鸣禽"便是对这一情怀的生动写照。

从山水诗到山水画，顺应自然、崇尚自然的审美理念贯穿始终。宋代画家郭熙的《早春图》便是一幅佳作，它运用独特的技法描绘了早春时节山峦叠翠、万物复苏的景象，画面中林木繁茂、瀑布潺潺、楼宇隐现，洋溢着勃勃生机。郭熙在其画论《林泉高致》中深刻阐述了人对自然的审美追求与向往，进一步强化了这种顺应自然的审美意识。

一、气象之美

大千世界，气象万千，自然界的各种现象，从风云变幻、昼夜更迭，到四季轮转、气

候变迁，均以其独特的方式吸引着人类的目光。"空山新雨后，天气晚来秋"，这句诗句描绘了秋日山间雨后的清新宁静；"千里黄云白日曛，北风吹雁雪纷纷"，则生动地刻画了冬日里漫天飞雪的凛冽景象。这些自然现象不仅构成了人们日常生活的背景，更成为诗人笔下的灵感之源，随着情感的起伏，被赋予了温暖、清冷、热闹或寂寥的审美意蕴。

以黄山云海（图3-18）为例，这一壮丽景观常在春、秋两季出现，当云雾缭绕在群山之间，仿佛将山川披上了洁白的纱幔。黄山云海又称为"海到尽头天是岸，山登绝顶我为峰"，是空气中水汽在特定气候条件下凝结而成的壮丽画卷。云海的形成需要适当的湿度、温度及地形条件，因此，其出现更显珍贵与难得。当云海涌现时，群山若隐若现，仿佛置身于仙境之中，吸引了无数摄影爱好者和游客前来观赏。这一自然奇观将山川的雄伟与云雾的柔美完美结合，形成了一幅幅令人叹为观止的画卷。

图 3-18　夕阳下的黄山云海

二、山水之美

在漫长的地质历史长河中，地球历经沧桑，孕育出丰富多彩的地质地貌景观，构筑了壮丽而多元的山水画卷。其中，既有"巍峨峰峦，齐鲁之青未了"的壮丽山岳，又有"水势磅礴，如银河倾泻"的壮观瀑布；既有"东临碣石，以观沧海"，描绘大海吞吐日月、包蕴万千的壮丽景象（图3-19），又有河南老君山汇聚了峭壁悬崖、奇峰怪石、湍急飞瀑与深邃幽谷，呈现出别样的自然之美。云南的泸沽湖被群山环抱，湖水碧绿如玉，宛如一首静谧的诗篇；而在敦煌的大漠之中，山泉共存，沙水相依，展现出苍凉与广袤并存的独特风情……这些壮丽山河不仅是大自然的杰作，更激发着古今无数游人的山水情怀，使之陶醉其中，流连忘返。

图 3-19　碣石山所东临的渤海

以贵州的黄果树瀑布（图 3-20）为例，其位于群山之间，高悬的瀑布高达数十米，水流从悬崖峭壁上倾泻而下，犹如银河从九天之上倾泻而下，形成了一道壮观的水帘。水声轰鸣，震耳欲聋，仿佛大自然的乐章在此奏响，令人心潮澎湃。在阳光的照射下，瀑布溅起的水花闪烁着晶莹的光芒，如同钻石般耀眼夺目。

图 3-20　黄果树瀑布

瀑布背后的山峦层峦叠嶂，绿意盎然，树木葱茏，仿佛是大自然的绿色屏障。这些山峦与白色的水帘相映成趣，形成了一幅绝美的对比画面。山峦的沉稳与瀑布的灵动相互呼应，构成了一幅和谐而壮丽的自然画卷。黄果树瀑布不仅是贵州的标志性景点，更是中国乃至世界著名的瀑布之一。它以磅礴的气势、秀美的景色和独特的地理位置吸引着八方来客。站在瀑布前，人们可以感受到大自然的神奇魅力和无穷力量，被它的壮丽景色所震撼和征服。无论是远观还是近看，黄果树瀑布都能给人留下深刻的印象。它不仅让人们领略到了大自然的神奇和美丽，也让人们更加珍惜和爱护自然环境。在这里，人们可以放下繁忙的生活，静下心来感受大自然的恩赐，享受一份宁静和恬淡。

众所周知，人类赖以生存的地球是太阳系八大行星之一，它围绕着太阳公转，同时自转产生昼夜交替。地球在太阳系中的位置适中，得益于太阳的光和热，孕育了丰富的生命，成为宇宙中唯一已知存在生命的天体，与太阳息息相关。

而这其中，也蕴含着无限的星空之美。太阳系的美在于其无比广阔的宇宙空间和其内各个天体的多样性与和谐共存。首先，太阳作为太阳系的中心，其炽热的火焰和巨大的能量赋予了整个系统生命与活力。它不仅是太阳系的能量源泉，更以其独特的魅力吸引着人们无尽的想象和探索。

太阳系中的行星、卫星、小行星、彗星等天体各自展现着独特的美（图 3-21）。它们以不同的轨道和速度在太阳周围运动，构成了一幅动态的、壮丽的画卷。其中，地球的蓝色海洋和绿色植被、火星的红色沙丘和峡谷、金星浓密的云层等都是太阳系内独特的风景。

图 3-21　太阳系中的行星

"苍穹何广？星辰何繁？日月何以悬？星罗棋布之序何所循？"两千多年前的屈原[①]在《天问》中提出了对宇宙存在与运作机制的诸多疑问，这体现了自古以来人类对宇宙无尽的好奇与不懈的追求。从古老的后羿射日、嫦娥奔月的神话，到"宇宙无垠，人如太仓一粟"的哲学思考，再到"银河迢迢界秋昊，碧沙两岸生瑶草"的诗意描绘，无不折射出中国古人面对浩瀚星空的非凡想象力与深沉的美学情怀。随着科技的飞速进步，宇宙之壮丽与广阔愈发向人们展露无遗。

---

① 屈原（前 340—前 278），战国楚国人，著名诗人、政治家。其作品《离骚》等开创楚辞体，被誉为"楚辞之祖"。

四、生物之美

如果没有生物，地球将沦为一片荒芜，失去生命的喧嚣。千姿百态的植物、种类繁多的动物及虽细微却至关重要的微生物，共同编织出自然世界的绚丽画卷，赋予其勃勃生机。

例如，人的体态美是自然赋予与个体修养相结合的直观展现。它不仅局限于五官的精致或身材的匀称，更是一种和谐共生、富有生命力的美学表达。

人类作为地球上最具智慧的存在，其对美的追求根植于意识之中。人体之美能给人以美的享受，是自然美不可或缺的一部分。

人体的形态结构和机能活动之间的和谐配合，以及人体造型的优美和创造的肢体动作，都展现了一种神奇的、几近完美的自然和谐美。这种美是人类经过千百万年的进化所形成的，且这一进化过程仍在继续，人体之美永无止境，只有更好，没有最好。正如塔索所言，美是自然的作品，体现在四肢五官的恰当比例、适宜的身材和令人愉悦的色泽上。

自人类诞生之初，人之美便在人的意识中萌生，并随着时间慢慢成长。例如，在原始社会中，部落首领通常由身体强健、反应迅捷且意志坚韧者担任，因其不仅彰显了生存美学典范，更具备引领部落存续发展的核心能力。

此外，花卉与树木等植物不仅是自然的瑰宝，更是人类文化与生活的重要组成。它们的色彩、形态与香气不仅是美的象征，更承载着丰富的历史与文化。例如，牡丹以其雍容华贵之姿成为城市之美的象征；银杏树以其独特的金黄叶色，装点着城市的秋日画卷。这些植物不仅是城市形象的标志，更体现了人与自然和谐共生的理念。

动物世界中的走兽飞禽（图3-22、图3-23）、游鱼爬虫，形态各异，习性独特，与植物、微生物等生物共同构建了自然美的审美对象。它们作为生物链中不可或缺的一环，维持着自然界的平衡。然而，随着气候变化、人类活动的干扰和环境污染的加剧，越来越多的物种面临着生存的威胁。因此，尊重自然、顺应自然，关爱并保护大自然中的每个生灵，既是对自然的敬畏，也是为了人类的明天。

图 3-22　狮子

图 3-23 雄鹰

五、江苏自然之美

（一） 洪泽湖赏析

洪泽湖（图 3-24）横跨江苏省淮安市、宿迁两市，既是一片自然风光旖旎的湖泊，更是积淀深厚历史文化与独特审美意蕴的生态人文空间。

图 3-24 洪泽湖

洪泽湖的自然风光令人陶醉。湖面波光粼粼，水天一色，仿佛一幅巨大的画卷在眼前缓缓展开。湖中的小岛星罗棋布，绿树成荫，鸟语花香，构成了一个个美丽的生态小岛。这些岛屿与周围的湿地、滩涂等自然景观相互映衬，共同构成了一个和谐统一的生态系统。

洪泽湖的生态环境极为优越，是众多野生动植物的家园。湖中鱼类资源丰富，各种鱼类在水中自由游弋，构成了一幅生机勃勃的水下世界。此外，洪泽湖还是众多候鸟迁徙的重要停歇地，每年春、秋两季，数以万计的候鸟在此驻足停歇，为这片湖泊增添了无尽的生机与活力。

洪泽湖的湖岸线曲折蜿蜒，绿树成荫，花香扑鼻。游客们既可以沿着湖岸漫步，感受大自然的宁静与和谐，也可以乘船游湖，领略湖光山色的美丽与壮观。在这里，人们可以放下尘世的喧嚣与烦恼，与大自然融为一体，享受一份宁静与安逸。

在审美赏析方面，洪泽湖不仅展现了自然之美，还蕴含了深厚的人文情怀。无论是古代的诗词歌赋，还是近代的革命历史，都赋予了洪泽湖独特的文化内涵和审美价值。这些文化元素与洪泽湖的自然景观相互交织、相得益彰，形成了一道道独特的风景线。

（二） 太湖赏析

太湖（图 3-25）是中国五大淡水湖之一，位于长江三角洲的南缘，横跨江苏、浙江两省。它北临江苏无锡，南濒浙江湖州，西依江苏常州、宜兴，东近江苏苏州，由江苏省进行行政管辖。太湖湖泊面积广阔，达到 2 427.8 平方千米，水域面积为 2 338.1 平方千米，湖岸线全长为 393.2 千米。其地处亚热带，气候温和湿润，属季风气候。太湖河港纵横，河口众多，水系丰富，有主要进出河流 50 余条，平均年出湖径流量为 75 亿立方米，蓄水量为 44 亿立方米。太湖岛屿众多，自然风光优美，是著名的旅游胜地。

图 3-25 秀美太湖

太湖蕴含着丰富的历史文化底蕴和独特的审美价值。以下是对太湖的赏析及审美价值的探讨。

太湖湖泊面积广阔，达到 2 427.8 平方千米，水域面积为 2 338.1 平方千米，拥有众多岛屿，如西山岛、东山岛等，这些岛屿与湖光山色相映成趣，构成了一幅幅美丽的画卷。

太湖周边山峦起伏，绿树成荫，与湖水交相辉映，形成了独特的山水景观。在四季变换中，太湖的景色更是各具特色，春有百花争艳，夏有绿荫蔽日，秋有红叶满山，冬有雪景如画。

太湖的水面平静如镜，倒映着蓝天白云和青山绿树，仿佛一幅精致的水墨画。而当风起时，湖面波光粼粼，与远处的山峦形成强烈的对比，展现出一种动态的美感。

（三）　花果山赏析

花果山（图3-26）被认为是《西游记》中孙悟空的故乡，自古以来便是文人墨客笔下的宠儿。其不仅承载着丰富的地质历史，更融合了深厚的文化底蕴与独特的审美价值。

图 3-26　花果山

花果山的历史文化价值首先体现在其作为《西游记》重要背景地的地位上。明代文学家吴承恩在《西游记》中，将花果山描绘得如梦如幻，赋予了它浓厚的神话色彩。这部古典名著不仅在中国文学史上占有重要地位，也深深影响了中国乃至世界的文化认知。花果山因此成为中国传统文化中不可或缺的一部分，吸引了无数游客前来探访，感受那份神秘与奇幻。

除文学背景外，花果山还承载着丰富的地质历史。它是云台山脉的主峰，也是江苏省诸山的最高峰。这里的自然景观令人叹为观止，层峦叠嶂的山峰、海蚀洞穴和崩塌地质遗迹等，为研究地壳升降、海平面变化提供了宝贵的自然课堂。这些地质遗迹见证了地球亿万年的沧桑巨变，也为人们提供了探索自然、了解地球历史的绝佳机会。

此外，花果山还与中国历史上的许多文人墨客结下了不解之缘。李白、苏轼等古代文学巨匠都曾在此留下诗篇，赞美其壮美的景色。这些诗篇不仅丰富了花果山的文化内涵，也为后人提供了欣赏自然美景、感受人文情怀的宝贵资源。

花果山的审美价值首先体现在其自然景观的壮丽与神秘上。这里的山峰巍峨挺拔，云雾缭绕，仿佛一幅动人的画卷在眼前徐徐展开。水帘洞、玉女峰等著名景点更是让人流连忘返。水帘洞内的瀑布如银河倒挂，气势磅礴；玉女峰则以其秀丽的景色和悠久的历史成为游客们争相攀登的目标。这些自然景观不仅让人感受到大自然的鬼斧神工，也激发了人们对美的向往和追求。

除自然景观外，花果山的文化景观同样值得称道。这里的古建筑、碑刻、雕塑等文化遗产不仅展示了古代工匠们的精湛技艺，也反映了中国古代文化的博大精深。这些文化景观与自然景观相互映衬，共同构成了一个和谐统一的美学体系。

在审美赏析方面，花果山还提供了丰富的艺术体验。游客可以在这里欣赏到中国传统山水画、诗词歌赋等艺术形式的表现，感受中华文化的独特魅力。同时，花果山也是摄影爱好者的天堂，他们用镜头捕捉下这里的美丽瞬间，将花果山的自然美景和人文情怀定格为永恒。

课堂实操　**分享家乡自然之美**

课程实操设计：家乡自然之美分享会

课程目标

（1）文化传承：通过分享家乡自然之美，加深学生对中国传统文化中自然美的理解与认同。

（2）审美提升：引导学生运用所学美学理论，发现并欣赏家乡自然景观的独特魅力。

（3）表达能力：锻炼学生的口头表达能力和创意思维，通过多样化的形式展现家乡之美。

（4）团队协作：促进学生之间的交流与合作，共同完成分享会的筹备与展示。

课前准备

（1）分组：将学生分成若干小组，每组4～6人，确保来自不同地域背景的学生能够混合搭配，促进文化交流。

（2）资料收集：各组需要提前调研并收集关于自己家乡自然风光的图片、视频、文献资料、传说故事等。

（3）美学理论回顾：简要回顾自然之美的审美特征，如和谐、意境、生态美等，并引导学生思考如何将这些理论应用于家乡景观的赏析中。

课堂实操流程

1. 开场引入（10分钟）

（1）教师致辞：介绍本次分享会的意义与目的，激发学生对家乡自然之美的热爱与探索欲。

（2）热身活动："一分钟家乡印象"快问快答，每组派代表用一句话描述家乡最具代表性的自然景观，活跃课堂气氛。

2. 分组准备（30分钟）

（1）小组讨论：各组成员围绕"家乡自然之美"的主题，结合所收集的资料，讨论并确定分享内容的重点、亮点及呈现形式（如PPT、视频、手绘地图、诗歌朗诵、短剧等）。

（2）创意策划：鼓励创新，各组可根据家乡特色设计独特的展示环节，如模拟导游、现场作画、音乐伴奏等。

3. 分享展示（60分钟）

（1）轮流展示：每组按顺序上台展示，每组展示时间控制在8～10分钟。在展示过程中，其他组成员需认真观看并记录亮点与感想。

（2）互动环节：每组展示结束后，设置问答或讨论时间，邀请其他组成员提问或分享相似体验，增进相互了解和友谊。

4. 专家点评与观众投票（20分钟）

（1）专家点评：邀请教师对各组的展示进行点评，从内容质量、创意表现、团队协作等方面给予肯定和建议。

（2）观众投票：采用匿名投票方式，选出"最具创意奖""最佳表现奖""最感人故事奖"等奖项，增强活动的趣味性和参与感。

5. 总结反馈（10分钟）

（1）学生反馈：邀请几位学生代表分享参与本次分享会的感受与收获。

（2）教师总结：总结本次活动的亮点与不足，强调自然之美与传统文化的关系，鼓励学生持续关注并传承家乡的文化遗产。

课后作业

（1）个人反思报告：每位学生撰写一篇短文，反思自己在分享会中的表现与收获，以及未来如何更好地将美学理论应用于实际生活中。

（2）家乡文化推广计划：鼓励学生设计一份家乡自然风光的宣传方案或旅游线路，为家乡的文化旅游事业贡献自己的力量。

"镜界·生命"——生物多样性观察与美丽中国叙事实践

思政主题融合

将生物观察与"绿水青山就是金山银山"的生态文明理念结合，通过记录本土物种的生存智慧，引导学生理解生物多样性保护与国家可持续发展的内在联系，激发青年参与构建人与自然生命共同体的使命感。

实施框架

1. 前置学习：解码生命密码中的中国智慧

解读《生物多样性公约》第十五次缔约方大会（COP15）中国主场外交成果，理解"生态文明"纳入联合国发展体系的国家贡献。

赏析《诗经》《山海经》中"关关雎鸠""精卫填海"等生物意象，体会中华文明"天人合一"的生态观。

学习科学观察法：动物行为记录表设计、红外相机布设原理（模拟）。

新媒体技能：短视频脚本创作、自然摄影构图技巧。

2. 实践任务：城市荒野里的生命剧场

（1）现场观察（以城市动物园／湿地公园为例）。

1）目标物种：选择本土旗舰物种（如大熊猫、朱鹮）及城市适应型动物（如松鼠、喜鹊）。

2）生态位观察：绘制物种栖息微环境示意图。

3）行为注解：记录求偶、育雏等生命仪式。

4）人文访谈：采集饲养员／游客的生态认知口述史。

（2）自媒体矩阵。

1）抖音／B站：制作"动物职场图鉴"短视频（拟态：竹节虫的生存智慧；建筑：河狸的水坝工程）。

2）小红书：发起"城市生物链"摄影挑战，标注本地物种分布地图。

3）微信公众号：撰写"动物公民"观察手记，探讨动物福利与城市生态伦理。

3. 思辨升华

从生命共同体到人类命运共同体。

议题碰撞

"圈养保护是否违背自然天性？"（动物伦理与种群延续的辩证）

"网红动物IP如何平衡科普与商业化？"（生态传播的破圈挑战）

理论链接

引入习近平生态文明思想中"敬畏自然、尊重自然、顺应自然、保护自然"的论述。

对比《物种起源》进化论与《齐民要术》古农书中的生态智慧。

星空之美的审美鉴赏

在无垠的宇宙剧场中，星空以亘古的韵律演绎着自然美的终极诗篇。当暮色浸染天际，第一颗星辰悄然浮现，人类便开始了对星空的永恒凝望。这种审美体验超越了视觉的表层感知，直指心灵深处的哲学思考与诗意想象。

星轨摄影作品《星耀老子圣象》以灵宝函谷关为背景，数百张30秒曝光的照片叠加出同心圆星轨，北极星如定海神针般稳固在天空的轴心。这不仅是光学原理的具象呈现，更是人类对宇宙秩序的浪漫诠释。在画面中，星轨的弧线与地面古建筑的直线形成诗意对话，昭示着天地之间的神秘关联。类似的《黄河星空》作品里，银河倾泻在九曲黄河之上，自然之水的流动与星辰的永恒形成时空对话，展现出动静相宜的宇宙美学。

从美学角度看，星空具有三重审美维度：其一为秩序之美，星座的排列组合遵循着引力法则，猎户座腰带三星与参宿四构成的冬季大三角，恰似神笔勾勒的几何图案；其二为动态之美，在流星雨划破夜空的瞬间，将视觉的偶然性转化为心灵的必然性，正如《海边的星空》中，退潮时走进海水拍摄星空的创意，使观者产生"伸手可捞星辰"的魔幻体验；其三为意境之美，当《寺河苹果星空》将果园的丰收与银河的璀璨叠合，劳动的诗学与宇宙的诗意产生奇妙共振，这种天人合一的审美境界，正是中华文明"观天象以察时变"智慧的美学升华。

在技术理性主导的当代，星空审美更具疗愈价值。西藏林芝公尊德姆农庄的《沙丘上的猎户座》拍摄者，在零下低温中守候数小时，只为捕捉流星与星座共舞的刹那。这种"等待美学"恰似禅宗公案，提醒人们超越即时满足，在延迟奖赏中体会存在的深意。云南西双版纳《萤火之森》里，肉眼可见的银河比相机成像更震撼，暗示着科技无法完全替代肉身感官的审美体验，人类仍需保持对自然奇观的敬畏与想象。

星空之美不仅是物理现象，更是人类精神的镜像。当我们在城市光污染中逐渐失去星空的记忆，这些影像成为唤醒集体无意识的触发器。它们提醒着我们：审美鉴赏不应止于风格流派的分析，而要深入探索自然美如何承载人类对超越性存在的永恒追问。这种追问，正是审美教育在数字化时代的重要使命。

实践活动　发现自然美

班级实践活动设计：自然之光·创意之旅：
一周江苏自然美探索与展现

活动主题

"一周光影绘江苏，班级共绘自然美"——探索与展现江苏自然风光。

活动目标

（1）增强审美能力：通过实践活动，提升学生对自然美的感知与欣赏能力。

（2）技能实践：运用摄影、绘画及短视频制作技能，记录并展现江苏的自然风光。

（3）团队协作：促进班级内部的沟通与协作，共同完成创作任务。

（4）趣味性：确保活动内容丰富多样，增加学生的参与兴趣与积极性。

活动周期

一周（周一至周五，每天安排不同内容）。

活动内容安排

第一天：启动仪式与技能培训。

（1）上午：举行活动启动仪式，明确活动目的、流程与要求。邀请专业教师进行摄影、绘画及短视频制作的基础技能培训。

（2）下午：分组讨论，确定各小组的创作主题与计划，如植物、动物、山川、湖泊等。

第二天：实地采风（摄影篇）。

（1）全天：各小组前往选定的自然景点进行实地采风，拍摄自然风光照片。鼓励创意构图，捕捉独特瞬间。

（2）晚上：小组内部分享拍摄成果，讨论选片与后期的处理思路。

第三天：实地采风（绘画篇）。

（1）上午：部分小组继续摄影采风，另一部分小组则前往另一景点进行绘画写生，捕捉自然之美于画布之上。

（2）下午：两组交换活动，确保每位学生都能体验摄影与绘画的乐趣。

（3）晚上：绘画小组展示初步作品，交流创作心得。

第四天：短视频创作。

（1）全天：各小组利用前两天采集的素材，结合现场拍摄的新内容，制作短视频。内容可包括自然风光介绍、创作过程记录、团队趣事等。

（2）晚上：观看并讨论各小组的短视频初稿，提出改进意见。

第五天：后期处理与整合。

（1）上午：各小组对照片、绘画作品及短视频进行后期处理，提升作品质量。

（2）下午：班级集合，各小组展示最终作品，包括照片展、绘画展及短视频播放。邀请教师与同学进行点评与投票。

第六天：成果展示与分享。

（1）上午：准备成果展示会，布置展览场地。

（2）下午：举办"发现自然美"成果展示会，邀请校内外嘉宾、师生及家长参观。各小组轮流介绍作品背后的故事与创作过程。

（3）晚上：通过学校官网、社交媒体等平台发布活动精彩瞬间与优秀作品，扩大影响力。

第七天：总结与表彰。

（1）上午：班级召开总结会议，每位学生分享活动感想与收获。

（2）下午：根据作品质量、创意及团队协作情况，评选出"最佳摄影奖""最佳绘画奖""最佳短视频奖"及"最佳团队奖"，并进行表彰。

注意事项

（1）确保活动安全，提前进行安全教育，准备必要的防护用品。

（2）考虑到天气因素，制订备选方案，确保活动顺利进行。

（3）鼓励学生发挥创意，不拘泥于传统形式，展现个性与特色。

（4）加强班级内部的沟通与协作，确保每位学生都能积极参与并有所收获。

项目三　自然美量化指标评价

任务编号	维度	评价指标	满分	具体内容	得分
任务一	理论知识	自然美的形成和发展理解	20	学生对自然美形成和发展过程的理解深度与准确性	
		自然美的特征掌握	20	学生能否准确描述并理解自然美的基本特征	
	审美能力	自然美的审美判断	20	学生通过案例分析或讨论展现出的自然美审美判断能力	
	课堂实操	人与自然关系探讨	20	学生在课堂实操中参与探讨人与自然关系的积极性与深度	
	素养融合	中华美育素养案例理解	20	学生对中华美育素养案例的理解及其与实际内容的关联度	
任务二	理论知识	自然美认知	20	学生对自然美概念的理解及具体实例的分析能力	
	地域特色	江苏自然之美认知	20	学生对苏州园林、扬州瘦西湖、无锡鼋头渚、太湖等江苏自然之美的了解程度	
	分享与表达	分享家乡自然之美	20	学生分享自己家乡自然之美的内容质量、创意及表达能力	
	审美鉴赏	相关作品鉴赏与讨论	40	学生在鉴赏与讨论相关自然美作品时的积极性、见解深度及交流能力	

社会美与社会实践的关系是非常直接、明显的，劳动和劳动产品的美直接来源于社会生产过程中，"按照美的规律来建造"的活动。人与人之间关系的美，也直接来源于人们的各种交往活动。

学习目标 《

知识目标

1. 熟悉社会美的形成和发展。

2. 了解社会美的特征。

能力目标

1. 能够掌握社会美的审美特征。

2. 学会运用社会美的审美视角发现、分析生活中的美，提升审美鉴赏能力。

素养目标

1. 理解人与社会的关系，以及社会美的核心内容。

2. 培养健康、积极、多元的社会审美意识，热爱生活，增强文化自信。

任务一 认识社会美

社会美与人类的社会实践活动紧密相连，密不可分。相较自然美与艺术美，社会美的范畴更为广泛且深远。那么，究竟何为社会美？简而言之，社会美也称为生活美，广泛涵盖了社会生活领域内的一切美好元素，包括社会事物、社会现象所展现的美，以及人类自身在社会生活中所体现出的各种美好品质与风貌。具体来说，社会美是指社会生活中的美，存在于社会生活的各个领域，它在美的各种形态中具有重要的意义。社会美主要包括生态美、道德美、饮食美、劳动美、科技美、服饰美等。

知识脉络 《

```
                        ┌─────────────────────┐
                        │  任务一  认识社会美  │
                        └──────────┬──────────┘
                                   │
                                   │              ┌─ （一）社会美的萌芽与初步形成
               ┌───────────────────┤   ┌──────────────────┐
（一）进步性   │                   ├───│ 一、社会美的形成和发展 ├─ （二）社会美的丰富与发展
（二）时代性   │ ┌──────────────┐  │   └──────────────────┘
（三）民族性 ──┼─│ 二、社会美的特征 │──┤              └─ （三）社会美的现代化转型
（四）阶级性   │ └──────────────┘  │   ┌──────────────┐
               │                   ├───│ 三、社会美的核心 │
               │ ┌──────────────┐  │   └──────────────┘
               └─│ 四、社会美的审美 │──┤
                 └──────────────┘  │   ┌────────────────────────────────┐
                                   └───│ 课堂实操：探讨人的外在美和内在美的关系 │
                                       └────────────────────────────────┘
```

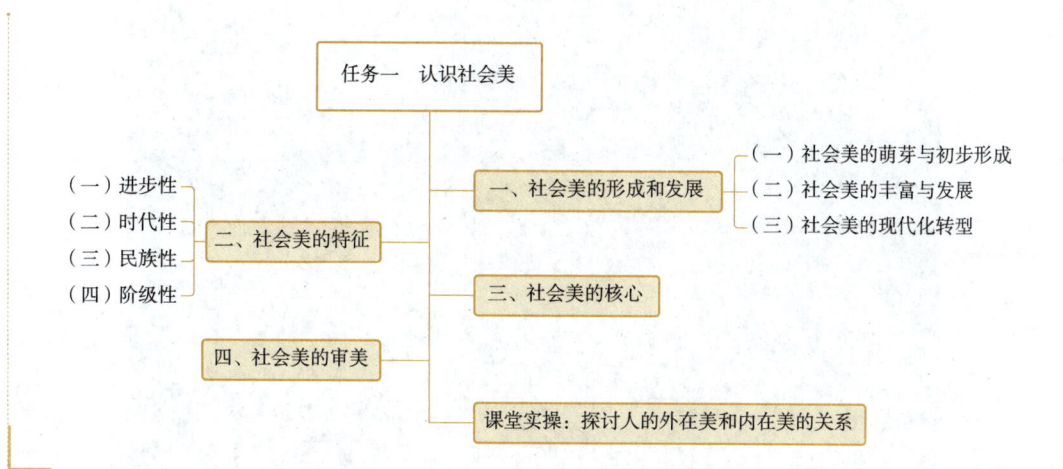

一、社会美的形成和发展

社会美深深扎根于人类的社会生产实践、社会斗争，以及日常点滴的社会生活之中。正是这些实践活动与生活方式，不断塑造并丰富着社会美的内涵与外延，使之成为反映人类社会进步与文明发展的一面镜子。社会美不仅体现了人类对美好生活的追求与向往，也见证了人类社会在历史长河中不断前行、不断超越的壮丽篇章。

（一）　社会美的萌芽与初步形成

在人类社会的早期阶段，社会美便已悄然萌芽。原始社会的狩猎采集、部落间的交流与冲突，这些看似简单的活动实则孕育了社会美的最初形态。人们通过共同的劳动实践，不仅创造了物质财富，更在合作与竞争中形成了初步的审美观念和社会规范。这些规范（如公平、勇敢、团结等）成为社会美的原始基因，为后续的社会美发展奠定了坚实的基础。以史前洞穴壁画为例，那些描绘狩猎场景、神秘图腾的壁画（图 4-1），不仅是原始人类记录生活的方式，还是他们表达审美情感、寄托精神追求的载体。这些壁画色彩鲜明、构图独特，展现了原始人类对于社会与生活的独特理解和感知。

（二）　社会美的丰富与发展

随着社会的进步和文明的发展，社会美的内涵与外延不断得到拓展及深化。农业革命的到来使人们开始定居生活，形成了更为复杂的社会结构和文化体系。此外，社会制度的完善、道德伦理的构建及人与人之间的温情互动都使社会美呈现出更加多元和丰富的面貌。

例如，中国古代的儒家思想强调"仁爱""礼制"，这些道德观念不仅规范了人们的行为举止，更促进了社会和谐与稳定。这种和谐稳定的社会环境，本身就是一种社会美的体现。

图 4-1　洞穴里的史前壁画

（三）　社会美的现代化转型

进入现代社会以来，随着社会生产力的飞速发展和全球化的深入推进，社会美更是迎来了前所未有的发展机遇。一方面，科技革命的浪潮不断推动着社会生产方式的变革，使人们能够创造出更加精美的物质产品和文化成果；另一方面，全球化的趋势使不同文化之间的交流与融合日益加深，社会美的表现形式也更加多样化和国际化。在这一背景下，社会美不仅注重个体的审美体验与情感表达，更强调人与自然、人与社会之间的和谐共生与可持续发展。例如，国际时装周上展示的服装设计，往往融合了多种文化元素和审美风格，展现了全球时尚文化的多样性和包容性。这种跨文化的美学交流不仅丰富了社会美的表现形式，也促进了人类审美意识的提升和拓展。

二、社会美的特征

社会之美并非仅限于个体的举止、行为、成就或业绩，它更深刻地体现在人类整体的发展进程、内在动力及其成果之中。社会美植根于以人为核心的社会生活，其鲜明的社会性特征，意味着它不可避免地带有时代性、民族性和阶级性的色彩。社会美的进步性是其最为关键的特点，不仅推动人类自身的健康成长，也促进社会整体的进步发展。

（一）　进步性

人类社会始终在不断进步与发展之中，个体在这一过程中不断提升与完善自我。社会美的进步性是其存在与发展的重要基础。一旦社会实践失去了进步性，它便失去了其健康与美好的属性，自然也就失去了美学价值。社会美的进步性既由社会进步的内在需求所决定，又由其质的规定性所决定。所以，必须严厉打击走私、贩毒、吸毒行为，反对恐怖主义、种族歧视、霸权主义、侵略战争，以及环境污染和生态破坏，因为人们渴望一个健康、进步的社会，而非充满邪恶的社会环境。这种对健康、进步社会的追求是全人类共同的愿望。

（二）　时代性

随着时间的推移，人类的社会实践活动不断扩展和深化，而且在不同的历史时期塑造了各自独特的社会标准、尺度和面貌。随着实践的演进，社会美也在持续地提升、变化和进步。在各个不同的时代背景下，人们的社会关系、生活方式及社会风俗和人情都呈现出明显的差异。相应地，人们的审美观念和审美情趣也随之发生着变化。因此，社会美在不同的历史时期有着不同的表现形式，人们对社会美的看法和评价也随之不同，社会美总是带有其时代的特色。

例如，在原始狩猎时代，人们可能认为裸露的身体和以树叶遮羞、文身和穿孔是美的象征。然而，随着社会的演进和时代的发展，这些在古代被认为美的事物，在现代人眼中可能被视为落后、无知甚至野蛮，不再是美的表现。这些变化清晰地表明，社会美具有鲜明的时代特征，它随着时代的变迁而不断演变和更新。

（三）　民族性

各民族因其独特的历史背景、文化传统、社会习俗和道德观念形成了各自独特的民族特性和民族精神，这些因素共同塑造了每个民族独特的审美视角和审美情趣。在社会美的表现上，不同民族的差异性造就了多样化的审美形态和评价标准。

在服饰方面，不同民族之间的差异尤为明显，如阿拉伯人的长袍和头巾、欧洲人的燕尾服、朝鲜人的长裙和船形鞋、中国人的中山装和旗袍等，这些都是各自民族审美情趣的直观体现。这些服饰不仅反映了不同民族的审美偏好，也承载了各自的文化和传统。

尽管在全球化的背景下，不同国家和民族之间的交流日益频繁，相互之间的联系也日益紧密，但社会美的民族性并不会因为这些交流而消失。相反，这种多样性的存在丰富了世界文化的内涵，使每个民族的审美特色得以保留和传承，成为各自文化身份的重要组成部分。

（四）　阶级性

在存在阶级划分的社会结构中，阶级性构成了个体社会属性的一个关键方面。各个阶级基于不同的利益诉求、立场观点、情感倾向及审美理想和审美情趣，形成了各自独特的社会美的认知和评价体系。因此，从各自阶级的利益出发，对美的理解、评价，对人的思想、品德和行为的看法，以及对人际关系的见解，都可能存在显著差异，有时甚至完全对立。例如，历史上的烽火戏诸侯反映了为取悦美人褒姒而不惜动用边防手段的荒诞行为。在古罗马时期，贵族和奴隶主们迫使奴隶参与残酷的角斗，以此为乐。这种娱乐方式对于角斗士和广大奴隶来说，无疑是一种深深的恐惧，是憎恶和仇恨的源泉。

而在中国当下的社会中，那些为了保卫国家、维护社会主义建设而英勇献身的战士们，那些为了保护国家财产和他人生命安全而与犯罪分子搏斗甚至牺牲的人们，以及那些为了救助落水儿童而不幸遇难的英雄们，都是全社会所公认的具有最高尚品德和最美丽精神的人。他们的行为和精神体现了社会对美的最高评价和追求。

三、社会美的核心

社会美的核心是人之美。作为社会的核心主体，人类通过有意识的创造性劳动，孕育了社会的物质与精神财富。社会美无疑是人类智慧的结晶，是人的创造性劳动的产物。从中国的长城、故宫，到埃及的金字塔，再到欧洲的哥特式建筑，每项宏伟工程都是人类智慧的体现，是人类征服自然、改造自然、推动社会变革的实践成果。

在这些实践中，人类的力量得到了充分的发挥和展现。人们在认识到自身实践力量的崇高与伟大时，产生了一种愉悦的情感。这种情感是对人类力量的积极肯定，使人类的劳动活动本身具有了审美价值。在劳动成果中，凝结了人的力量，物化了人的审美心理因素，按照美的规律完善着自身。

人类在自由、有意识、有目的地进行生产劳动是根据自己对事物认识的内在尺度，把握事物的客观规律，进行自由创造的过程。这一过程将人的最高智慧、才能和力量显现出来，丰富了社会的物质和精神财富，满足了人自身的物质与精神需求。使整个社会更加美好，也使人类的生活更加符合自身的审美理想，推动生活向人们期望的方向发展。

社会美的人之美包括外在美和内在美两个方面。外在美指的是人的语言行动和仪表；内在美也称为心灵美或精神美，涵盖了理想、性格、品格、情感、学识和修养等方面。外在美与内在美的和谐统一，即构成美的理想境界。这是社会美的最高形态，也是现实美的最高形态。

例如，一位艺术家在创作一幅画作时，不仅追求画面的色彩、构图等外在美，还注重作品所传达的情感、思想等内在美。同样，一位科学家在进行研究时，其外在的试验设计和操作的精确性体现了外在美，而其对科学真理的不懈追求和对知识的贡献则体现了内在美。这种外在美与内在美的结合不仅提升了个体的价值，也为社会带来了更深层次的美。

人的外在之美是一种直观的形式美，而内心深处所蕴含的远大理想、高尚情操与深邃智慧，则构成了独特的内在品质美。这种美深深植根于人的精神世界，通过思想道德、言谈举止及个性特征等方面面得以展现。每个人都是宇宙间独一无二的存在，拥有自由的灵魂，故而精神之美的展现也千姿百态，尽管如此，它终归会顺应社会进步的总体趋势向前发展。精神美，简而言之，即思想之美、性格之美、品格之美与情操之美的综合体现。

外在美一目了然，为视觉所直接捕捉；而精神之美，则如深藏不露的瑰宝，需要通过温婉的言语、雅致的行动等外在行为间接展现，是内在修养赋予外在的光辉。在两者之间，内在的精神与心灵之美，其价值远超外在形态的华丽，因为"人美心未必美，心美人则更美"这一古训，精准地揭示了这一真谛。内在美往往借助外在形式得以彰显，通过言行举止传达其深层的思想道德、性格品质，进而弥补外在的不足，使整体更为和谐完满。

"气质"便是内在精神美的最佳注脚。它非先天赋予，而是后天在社会交往的磨砺中，在成功与失败的洗礼下，逐渐培育而成的。精神美即心灵美是社会构成的基础，其影响力远超外在形貌的变迁，它与社会的命运紧密相连，共同推动着历史的车轮滚滚向前。

人作为社会大集体的一分子，其精神风貌的优劣直接关系到社会的发展方向。积极向上的精神之美，能够引领社会风气，提升民众的人文素养，进而改善生活质量；反之，自私自利、道德沦丧的行为，则是对社会精神的玷污。真正的精神之美能够激励个人为社会进步贡献力量，如那些大公无私、勤勉奋进的楷模，他们的心灵与品行闪耀着美的光芒。

人的精神力量不仅能够指导并规范自身行为，使之符合法律、法规与道德规范，更能净化社会风气，美化生活环境。在健康的思想、正直的性格与纯洁的精神指引下，社会将呈现出一派生机盎然、积极向上的景象，不断迈向更加完善的未来。因此，提升个人及社会的精神之美，是推动社会进步、构建和谐社会的关键所在。

四、社会美的审美

社会美的审美包含多维度、深层次的内容。它深刻地反映了人类社会的丰富性与复杂性。

（1）多元化：社会美之所以展现出多元化的面貌，是因为它根植于一个多元共存的社会结构中。这种多元化不仅体现在审美主体的多样性上，即不同个体因性格、经历、教育背景的差异而拥有独特的审美视角和情感倾向，更体现在审美对象的广泛性上，从日常生活的琐碎细节到宏大社会事件的壮丽图景，从乡村的宁静祥和到都市的繁华喧嚣，无一不成为社会美的组成部分。此外，地域文化的多样性也为社会美增添了独特色彩，不同地域的风俗习惯和建筑风格共同构成了多元而丰富的社会美画卷。

（2）实用性：社会美与艺术美在审美追求上的一大区别在于其实用性。艺术美往往追求超越现实的纯粹美感，而社会美则更加注重与人们实际生活的紧密联系。在社会美中，人们不仅欣赏事物的外在形式美，更看重其内在的功能性和实用性。例如，一个设计合理的家居环境，不仅美观大方，还能提升居住者的生活品质；一项高效便捷的公共服务，不仅解决了实际问题，也体现了社会进步带来的美感。这种实用性使社会生活美更加贴近人心，成为人们生活中不可或缺的一部分。

（3）社会性：社会美的社会性体现在它深刻反映了人与人之间的关系，以及社会环境与社会制度对个体审美体验的影响。在社会生活中，人们通过交往、合作、竞争等方式形成复杂的社会关系网络，这些关系网络中的互动与冲突，构成了社会美的重要内容。同时，社会环境和社会制度作为人们共同生活的框架，其公正性、合理性、和谐性等因素，也会直接影响到人们的审美感受。因此，社会美不仅是个体审美情感的表达，更是社会整体风貌和文明程度的体现。

（4）文化性：社会美作为文化传承的载体，承载着历史与文化的厚重。不同文化传统中的社会生活美，往往蕴含着各自独特的价值观念、审美标准和艺术风格。这些文化传统通过世代相传，不断影响着人们的审美观念和审美实践。同时，社会生活美也是文化创新的重要源泉。在传承的基础上，人们不断吸收新的审美元素和审美理念，创造出更加丰富多彩的社会生活美。这种文化传承与创新的过程不仅丰富了人们的审美体验，也推动了社会文化的繁荣发展。

课堂实操 ╱ **探讨人的外在美和内在美的关系**

课堂实操设计：镜中自我与心灵花园：探索人的外在美与内在美

教学目标

（1）使学生理解人的外在美与内在美的定义及其相互关系。

（2）通过实践活动，增进学生对自我及他人内外在美的认知与评价能力。

（3）引导学生树立正确的审美观，重视内在美的培养。

教学准备

（1）材料准备：镜子、彩色便笺纸、笔、多媒体设备（播放背景音乐及展示PPT）。

（2）环境布置：教室中央设置一个"自我反思区"，四周布置成"心灵花园"的氛围，用绿植、花卉装饰，营造轻松愉悦的氛围。

（3）分组安排：将学生分成若干小组，每组为4～6人，并选出一人担任组长。

教学流程

1. 导入阶段（5分钟）

（1）教师引言：以一段关于"美"的哲理性引言开始，如"美，不仅在于外表，更在于那不可见的灵魂深处。"引出今日主题——人的外在美与内在美的关系。

（2）观看短片：播放一段简短的视频，展示不同行业、年龄、外貌的人们，通过他们的言行举止展现各自的内在美。

2. 理论讲解（10分钟）

（1）定义阐述：简要回顾并明确外在美（如行为、语言、仪表）与内在美（如品德、学识、情感）的定义。

（2）关系探讨：通过PPT展示，引导学生理解两者相互依存、相互促进的关系，强调内在美是外在美持久魅力的源泉。

3.实践活动（30分钟）

环节一：镜中自我。

个人反思：每位学生到"自我反思区"前，手持镜子，静心观察自己的外貌，并思考："我认为我的外在美体现在哪里？有哪些是我希望改进的？"然后在彩色便签纸上写下自己的想法，粘贴在教室一侧的"外在美之树"上。

环节二：心灵独白。

（1）小组分享：回到小组，每位学生轮流分享自己的内在美特质，如善良、勇敢、坚持等，并举例说明。小组内成员相互倾听，给予正面反馈。

（2）制作"心灵之花"：每组成员共同设计并制作一朵代表本组"内在美之花"，花瓣上写上组员的内在美特质，放置于"心灵花园"中。

环节三：内外兼修。

（1）小组讨论：结合前两个环节，讨论"如何在外在表现中更好地展现内在美？"鼓励学生提出具体可行的建议，如通过微笑、礼貌待人、积极学习等方式。

（2）情景模拟：选取一两个场景（如公共场所的礼貌交流、面对挑战的积极态度），小组内成员进行角色扮演，展示如何在日常生活中融合内外美。

4.总结分享（15分钟）

（1）个人感悟：邀请几位学生分享本次活动的感受，特别是对外在美与内在美关系的新认识。

（2）教师总结：强调内在美的重要性，鼓励学生在日常生活中不断修炼内心，同时注重外在形象的得体与和谐，做到内外兼修，成为真正有魅力的人。

（3）集体合影：在"心灵花园"前合影留念，作为本次课程的美好记忆。

5.课后作业

（1）自我提升计划：要求学生制订一份个人内外美提升计划，包括短期目标和长期目标，以及如何实施的具体步骤。

（2）观察日记：连续一周记录自己或身边人的内外美瞬间，下周课堂上分享。

通过这样的课堂实操，不仅能够让学生深刻理解人的外在美与内在美的关系，还能激发他们自我反思与成长的动力，培养积极向上的审美观。

任务二　社会美的表现

社会美在多个方面得以展现，其中道德美体现在人们高尚的品德与行为中，促进社会的和谐与进步；饮食美通过丰富多样的美食文化，展现了人们对生活的热爱与享受；服饰美则通过五彩斑斓、匠心独运的服装设计与搭配，不仅体现了个人审美与身份的表达，还承载着文化传承与时代风尚，让人们在穿着中感受到艺术的魅力与文化的韵味，丰富了社会的文化景观；劳动美则体现在各行各业劳动者辛勤耕耘的身影上，他们的汗水与智慧共同构建了社会的繁荣；科技美则是现代文明进步的象征，以创新的科技产品和成果，不断改变着人类的生活方式和世界面貌；生态美是人类与自然和谐共生的最终向往。以上六者共同构成了多彩的社会美画卷。

知识脉络 《

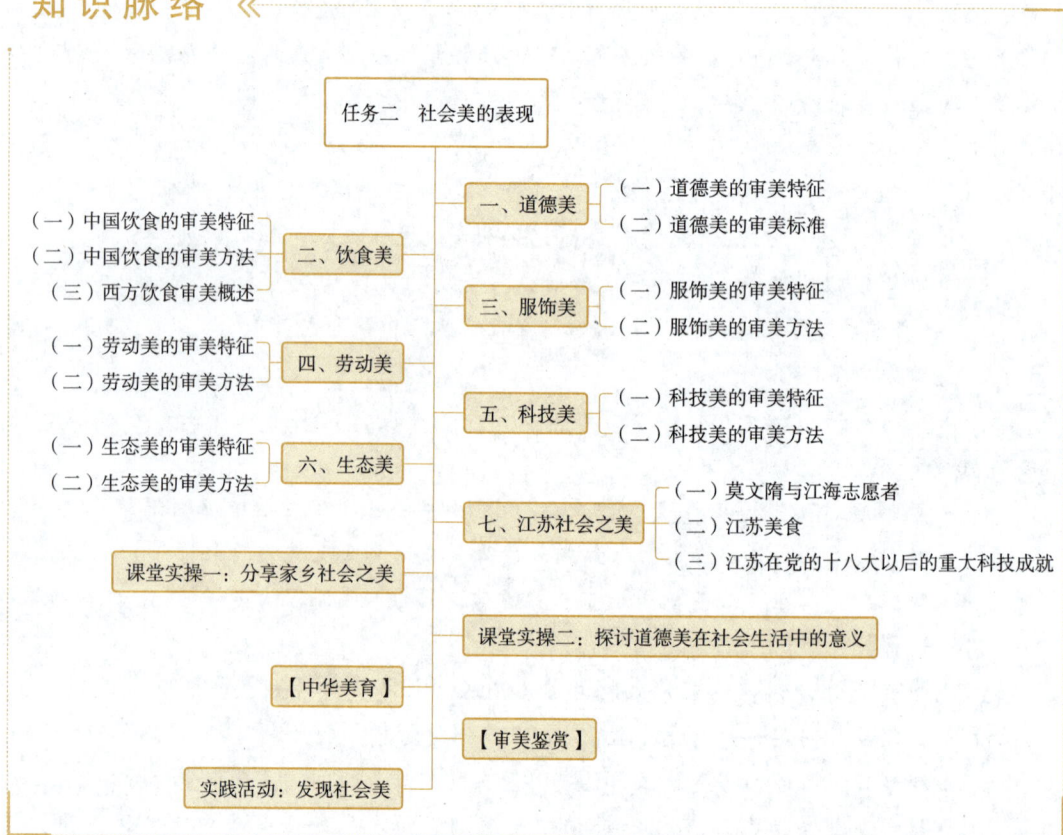

一、道德美

　　道德美作为美学与伦理学的结合体，具有独有的特征和审美标准。它不仅是个人修养的重要内容，也是社会文明进步的重要标志。

（一）　道德美的审美特征

　　道德美是美学与伦理学交融的产物，具有独有的特征，这些特征不仅体现在个体心灵的修养上，还渗透于社会文化的各个层面。

1. 内在与外在的统一

道德美首先体现在人的内在品质与外在行为的和谐统一上。在中国传统文化中，尤其强调"内圣外王"的理想人格，即内在道德修养达到至高境界，外在行为则自然而然地体现出高尚的道德风范。这种统一不仅是个人修养的目标，还是社会道德风尚的根本。道德美通过人的言行举止、仪态风貌等外在表现，折射出内心深处的善良与美好。

2. 情感与理性的交融

道德美是情感与理性相互作用的产物。审美活动往往伴随着强烈的情感体验，如愉悦、崇敬、爱慕等，这些情感促使人们向往并追求美好事物。同时，道德判断则需要理性的参与，通过逻辑推理、价值判断等方式，对行为是否符合道德规范进行评判。道德美正是将这两种看似对立的元素巧妙地融合在一起，使人们在感性的审美体验中，也能感受到理性的道德力量。

3. 超越性与现实性的并存

道德美具有超越现实的精神追求，它引导人们超越眼前的物质利益，追求更为高尚的精神境界。然而，道德美并非脱离现实的空想，而是深深植根于现实生活之中。它要求人们在日常行为中践行道德规范，将道德理想转化为实际行动。这种超越性与现实性的并存，使道德美既具有崇高的精神价值，又具有现实的可操作性。

4. 普遍性与特殊性的结合

道德美具有普遍性的价值标准，如诚信、仁爱、公正等，这些原则适用于所有人类社会。同时，道德美也体现出鲜明的文化特色和民族差异，不同文化背景下的人们对道德美的理解和追求各不同。因此，道德美是普遍性与特殊性的有机结合，既体现了人类共同的精神追求，又展现了丰富多彩的文化多样性。

（二）　道德美的审美标准

道德美的审美标准是评价道德行为是否达到美学高度的重要依据。这些标准既体现了对道德行为的内在要求，也关注其外在表现形式的美感。

1. 真诚与善良

真诚与善良是道德美最基本的审美标准。真诚要求人们在言行中保持内心的真实与坦诚，不虚伪、不造作；善良强调对他人的关爱与帮助，以仁爱之心待人接物。只有真诚与善良的心灵，才能孕育出高尚的道德情操，进而展现出道德美的光辉。

2. 和谐与秩序

和谐与秩序是道德美的重要审美标准。和谐体现在人与人、人与自然、人与社会的相互关系中，要求人们在行为上相互尊重、相互理解、相互支持；秩序则强调社会生活的规范性和有序性，要求人们遵守法律法规、道德规范等社会准则。和谐与秩序共同构成了道德美的社会基础，使人们在有序的社会环境中享受美好的生活。

3. 崇高与优美

崇高与优美是道德美在审美层次上的重要表现。崇高体现在道德行为的高尚与伟大上，如舍生取义、见义勇为等壮举；优美侧重于道德行为在形式上的和谐与完美，如举止优雅、言辞得体等。崇高与优美相互补充、相互映衬，共同构成了道德美的丰富内涵和多彩风貌。

4. 情感共鸣与心灵净化

情感共鸣与心灵净化是道德美在审美体验上的重要标准。道德美能够激发人们的情感共鸣，使人们在欣赏道德行为时产生强烈的情感反应；同时，它也能净化人们的心灵，引导人们追求更高尚的精神境界。这种情感共鸣与心灵净化的过程是道德美审美体验的核心所在，也是其独特魅力的源泉。

二、饮食美

（一） 中国饮食的审美特征

中国饮食经历了几千年的进化，已经由维持个体生命内化成为人们日常生活中的审美情趣、艺术理想和仪式感的表征。中国自古以来讲究"仪礼"，人们对于饮食文化的感知不仅有色、香、味的需要，更有了对名、器、境的追求，使其更有"味道"，更具深邃的审美意蕴。

中国饮食的审美特征主要体现在其历史悠久、文化底蕴深厚、地域特色鲜明、风味多样、注重情趣和美感及食医结合等方面。

中国饮食文化拥有长远的历史，深受阴阳五行哲学思想、儒家伦理道德观念、中医营养摄生学说等多种因素的影响，形成了博大精深的中国饮食文化。这种文化不仅体现在烹饪技艺上，还包括时代与技法、地域与经济、民族与宗教等多个方面的综合体现。例如，潮州菜作为粤菜系的代表之一，其烹饪技艺已被列入国家级非物质文化遗产代表性项目名录，充分展示了中国饮食文化的魅力和影响力。

中国饮食的地域特色非常鲜明，不同地区由于自然环境、气候条件、历史文化等因素的影响，形成了各具特色的地方菜系。例如，辽宁地区的饮食受到少数民族传统生活习惯的影响，呈现出多样化的口味嗜好；内蒙古地区的饮食则以羊肉、奶制品等为主要食材，烹饪方法以烤为主，强调原料的本味；西北地区的新疆由于大量居民信仰伊斯兰教，其饮食文化中融入了清真菜肴的特色。

中国传统饮食具有风味多样、按季而食、注重情趣、讲究美感和食医结合等特点，这些特点体现了中国人对饮食的高要求和对健康生活的追求。

此外，中国人的膳食结构也在不断变化中，近年来动物性食物的摄入量增加，慢性病的发生率直线上升，因此，中国营养学会推出了膳食指南，强调食物多样、谷类为主、吃动平衡、多吃蔬菜水果、适量摄入鱼、禽、蛋、肉类，以及少盐、少油、控糖、限酒等，以促进健康生活方式的形成。

（二）　中国饮食的审美方法

1. 色彩美

中国饮食的美学精髓之一在于其色彩斑斓，追求色、香、味的完美融合，这是评判佳肴的首要直观标准。色彩作为首要感官享受，鲜艳的菜色能瞬间激发食欲。自然食材如翠绿的油菜、紫甘蓝、金黄的玉米，赋予菜肴原始的生命力；天然色素与调味品的巧妙运用，如红烧肉加糖后的深红光泽（图4-2）等，以及烹饪过程中食材的自然变色，如虾、蟹蒸煮后的红艳，共同编织出一幅幅视觉盛宴。

图4-2　红烧肉

色彩搭配需要遵循艺术原则：同色系搭配，如"糟溜三白"的和谐统一；邻近色组合，如"肉末烧茄子"的温馨和谐；对比色碰撞，如"芙蓉鸡片"的红绿鲜明，每道菜都是对色彩美学的精妙诠释。

2. 香气美

香气是食物特有的语言，不仅令人愉悦，更能唤醒味蕾，激发食欲。香气源自食物本身，如稻谷的醇厚、麦芽的清新、薄荷的凉爽、红薯的甘甜、水果的芬芳；而烹饪过程则赋予了食物更多层次的香，如红烧肉的浓郁、清蒸鱼的淡雅、臭豆腐与螺蛳粉的独特异香、酱香鸭的醇厚鲜美，每种香气都是对味觉的深情呼唤。

3. 味道美

味道是中国饮食美学的核心。一道佳肴，即使色彩夺目、形态雅致，若味道不佳，便难以称为美食。味道可分为基本味与复合味。前者包括酸、甜、苦、辣、咸、香、鲜，各有其独特魅力与功效；后者是多种基本味的巧妙融合，如凉皮的酸甜交织、甜面酱的甜咸平衡、水煮鱼的香辣并蓄，每种味道都是对味蕾的极致挑逗。

4. 形态美

中国饮食不仅追求味觉享受，更注重视觉艺术的展现。餐厅用餐之所以区别于外卖，很大程度上在于其精致的摆盘艺术。厨师们通过精心布局，结合食材的均匀切割、形状统一，以及捏塑、雕刻、镶嵌等技艺，创造出形态各异的菜品。同时，利用雕花、水果、酱汁等装饰元素，如撒上芝麻、坚果碎、奶酪碎、圣女果等，进一步提升视觉美感。饮食的形态美是食物美感不可或缺的一部分，它遵循美的法则，为食客带来视觉与味觉的双重享受。

5. 名称美

中国人深谙含蓄与韵味之道，美食命名也不例外。一个好的美食名称不仅要音韵和谐，悦耳动听，更要能激发人们的想象力，使人在品尝美食的同时，联想到中国传统文化的深厚底蕴与独特魅力。

（1）以历史人物命名：西施舌、贵妃鸡、昭君鸭、貂蝉豆腐，这些菜肴以我国古代四大美女命名，寓意深远；东坡肉则借北宋文学家苏东坡之名，增添了几分文化气息；麻婆豆腐、狗不理包子，则分别源自清朝成都女老板与天津著名包子铺老板的名字，富有地方特色与故事性。

（2）主料＋配料命名：如冰梅凉瓜、松仁玉米，直接明了地展示了食材组合，便于食客理解。

（3）主料＋调料命名：红油抄手、蒜泥娃娃菜，通过调料名称的加入，使人对菜肴的风味有了初步印象。

（4）主料＋烹调方法命名：红烧狮子头、卤水鹅掌，揭示了菜肴的烹饪方式，引人垂涎。

（5）主料＋地名命名：北京炸酱面、四川辣子鸡，不仅展示了地方风味，还传递了浓厚的乡土情怀。

（6）虚名命名：如"在天愿作比翼鸟""凤凰台上凤凰游"等，这些名称源自诗词歌赋或民间传说，意境深远，艺术价值极高，让人在品尝美食的同时，也能感受到文化的熏陶。

6. 器具美

美食需配美器，餐具的选择同样讲究仪式感。美观干净的餐具（图4-3）能够衬托出食物的精致与美味，而普通的塑料饭盒则会让美食大打折扣。中式餐具历经千年演变，从陶器到瓷器，形态各异，风格多样。有的清秀大方；有的小巧玲珑；有的庄重典雅，富丽堂皇；繁复的纹样与色彩装饰更是争奇斗艳。例如，牡丹图样的餐具寓意生活富贵；缠枝纹餐具象征永远长青、连绵不断；国瓷红叶系列餐具水墨文采，尽显书香气息；景德镇"锦簇"系列则大气高贵，彰显艺术性与装饰性。美食与美器的完美结合，让每餐都充满仪式感与温馨。

图 4-3　餐具

7. 环境美

环境是影响人情绪的重要因素之一，就餐环境的好坏直接影响人们的食欲与心情。一个优雅、整洁的用餐环境能够让人在放松身心，享受美食的同时，也满足精神上的追求。暖色调如黄色、橙色能够激发食欲；而在炎热的夏季，冷淡的灯光或淡蓝色的桌布则能带来一丝清凉感。此外，简洁大方的装修风格、合适的餐桌高度与相邻餐桌间的距离也是营造良好就餐环境的关键。在这样的环境中用餐，不仅能够品尝到美味佳肴，更能感受到生活的美好与惬意。

（三）　西方饮食审美概述

西方饮食的特征主要体现在对原料的严格选择和烹饪方式的多样化上。在原料选择上，西方饮食注重食材的新鲜度和质量，常用的动物性原料如牛排、鸭脯、鸡柳等，基本上是净肉，且很少使用副产品。同时，西餐中的奶制品种类丰富，如鲜奶、奶油、黄油、奶酪等，这些原料为菜品增添了丰富的口感和营养价值。

在烹饪方式上，西方饮食注重烤、烘和烤制等技巧，如烤鸡、烤牛肉、烤鱼等，这些烹饪方式使菜品口感外焦里嫩，香气四溢。此外，西餐还讲究调味，调味品的种类繁多，能够根据不同的菜品和口味需求进行精细调配。

从审美的角度来看，西方饮食注重菜品的外观、口感和营养价值。西餐菜品通常色彩鲜艳，造型美观，给人以视觉上的享受。同时，西餐口感细腻，有层次，有变化，能够让人在品尝中感受到不同食材和调味料的完美融合。此外，西方饮食还强调菜品的营养价值，注重根据人体需求来安排菜品的营养成分，使人们在享受美食的同时能够保持身体健康。

三、服饰美

服饰美不仅关乎个体的外在形象，更是文化、艺术与个性的综合体现。

（一） 服饰美的审美特征

服饰美的审美特征，首先体现在其色彩搭配上。色彩是服饰的第一语言，不同的色彩组合能够传达出不同的情感与氛围。和谐的色彩搭配不仅能提升穿着者的气质，还能与周围环境形成视觉上的和谐统一，展现出服饰的整体美感。例如，经典的黑色与白色搭配，简洁大方，无论是正式场合还是休闲时光，都能展现出穿着者的优雅与从容。又如，蓝色与白色的组合如同蓝天白云般清新自然，给人以宁静与舒适的感觉。这些色彩搭配不仅彰显了穿着者的审美品位，更在无形中传递着一种积极向上的生活态度。

服饰的款式设计也是审美特征的重要一环。从简约到繁复，从复古到前卫，每种款式都如同一个故事，诉说着设计师的灵感与创意，承载着特定的设计理念与时代背景。例如，近年来流行的复古风，它以复古的图案、剪裁和配色，唤醒了人们对旧时光的怀念与向往。而前卫的设计则敢于突破传统，以独特的造型和材质，展现出穿着者的个性与不羁。这些款式设计不仅丰富了服饰美的内涵，更反映了穿着者的审美偏好和生活态度。

服饰的面料则是构成服饰美不可或缺的质感元素，它直接影响着穿着的舒适度与视觉体验。面料的选择既体现了服饰的功能性，又蕴含了深厚的审美价值。细腻柔软的丝绸，以其自然的光泽与流畅的垂坠感，赋予服饰以高贵与雅致，让人联想到温婉的江南水乡与悠远的古典文化。此外，高科技面料的运用更是将服饰的美学与实用性推向了新的高度。防水、透气、温控等功能的融入不仅满足了现代人对于户外运动或日常穿着的多元化需求，更以独特的科技感和未来感，为服饰增添了前卫与时尚的气息。这些面料的选择与应用不仅是对服饰质感的追求，更是对穿着者生活品质与审美追求的一种尊重与体现。

（二） 服饰美的审美方法

服饰美的审美方法，首先要求具备敏锐的观察力和感知力。观察服饰的质地、剪裁、图案等细节感受它们带来的触觉与视觉享受。质地多样的面料、精致的剪裁工艺、富有创意的图案设计都是构成服饰美的重要元素。同时，还需要具备一定的文化素养与审美能力，理解服饰背后的文化内涵与历史背景。不同的民族、地域、时代都有其独特的服饰风格，这些风格不仅体现了人们的审美追求，也反映了社会变迁与文化传承。

在欣赏服饰美时，还应注重服饰与穿着者个性的融合。服饰不仅是遮体保暖的工具，更是展现个人风格与魅力的载体。选择适合自己身形、肤色、气质的服饰，能够让人在举手投足间散发出独特的魅力。因此，在审美实践中，应鼓励个性表达，倡导服饰创新与多样性，让服饰美成为展现个体风采与文化自信的窗口。

中国服饰的发展历史悠久，从远古时期的兽皮树叶到后来的布帛衣裳，经历了漫长而丰富的演变。先秦时期，冕服制度的确立奠定了中国古代服饰的基础；秦汉时期，服饰制作日益讲究，色彩鲜艳，尤其是汉武帝时期开辟的"丝绸之路"，促进了服饰文化的交流与融合。

魏晋南北朝至隋唐，服饰风格逐渐开放，表现出鲜明的时代特征。宋代以后，服饰制作更加精巧。元代服饰则融合了汉族与蒙古族的特点。

明清时期，服饰制度更加完备；民国时期，中山装和旗袍成为中国的代表性装束。这些服饰不仅体现了不同朝代的文化特色，更融入了民族和地域的元素，成为中国传统文化的重要组成部分，展现了中华文明的博大精深与独特魅力。

四、劳动美

劳动在《现代汉语词典》里的解释为："人类创造物质或精神财富的活动。"劳动是人类社会生存和发展的基础，主要是指生产物质资料的过程，通常是指能够对外输出劳动量或劳动价值的人类运动。马克思认为，劳动是人类特定的、有意识的活动，它改变自然物质的状态以满足人类需要。劳动美是人们在劳动中形成或表现出来的美。

2020 年，教育部关于印发《大中小学劳动教育指导纲要（试行）》的通知[①]，针对职业院校提出了如下要求。

重点结合专业特点，增强职业荣誉感和责任感，提高职业劳动技能水平，培育积极向上的劳动精神和认真负责的劳动态度。组织学生：①持续开展日常生活劳动，自我管理生活，提高劳动自立自强的意识和能力；②定期开展校内外公益服务性劳动，做好校园环境秩序维护，运用专业技能为社会、为他人提供相关公益服务，培育社会公德，厚植爱国爱民的情怀；③依托实习实训，参与真实的生产劳动和服务性劳动，增强职业认同感和劳动自豪感，提升创意物化能力，培育不断探索、精益求精、追求卓越的工匠精神和爱岗敬业的劳动态度，坚信"三百六十行，行行出状元"，体认劳动不分贵贱，任何职业都很光荣，都能出彩。

---

① http://www.moe.gov.cn/srcsite/A26/jcj_kcjcgh/202007/t20200715_472808.html

（一） 劳动美的审美特征

劳动不仅是人类社会生活的最基本内容，也是展现人的自由、自觉的创造活动，以及才能、智慧、品格、意志、情感等本质力量的直接和集中体现。劳动美是社会美的基本内容。

不同时代的艺术家通过表现平凡普通的劳动者、刻画先进的劳模形象、描绘火热的劳动场景，展现了劳动美的多样性和深刻性是艺术作品中的劳动美。例如，雕塑"最美女教师——张丽莉"、油画"医生"、国画"劳动模范游园大会"等作品，都成为表现劳动美的经典之作。

1. 劳动环境

劳动环境美是劳动美的重要组成部分，它体现在工作场所的整洁有序、安全舒适，以及与自然环境的和谐共生中。一个优美的劳动环境能够激发劳动者的积极性和创造力，提升工作效率，同时，也展现出人类对于工作空间的美化追求和生态智慧。从绿意盎然的工厂园区到窗明几净的办公室，再到充满艺术气息的创意工坊，每处都透露出劳动环境的独特美感。

2. 劳动者

劳动者是劳动美的直接创造者和体现者。他们的形象、姿态、精神风貌及对待工作的态度，都是劳动美的重要表现形式。劳动者通过辛勤劳动，不仅创造了物质财富，更展现了坚韧不拔、勇于创新、无私奉献等美好品质。这些品质与劳动者的形象融为一体，构成了劳动美的核心。同时，劳动者在劳动过程中获得的成就感和满足感，也是劳动美给予他们的精神馈赠。

3. 劳动产品

劳动产品是劳动美的物化成果，它们不仅具有使用价值，还蕴含审美价值。从精美的手工艺品到高科技的电子产品，从丰收的农作物到壮观的建筑群落，每件劳动产品都是劳动者智慧和汗水的结晶。它们不仅满足了人们的物质需求，更以独特的造型、色彩、质感等艺术元素，丰富了人们的审美体验。劳动产品的美是劳动美在物质层面的直接展现。

4. 劳动工具

劳动工具是劳动者在劳动过程中使用的器具和设备，它们也是劳动美的重要组成部分。随着科技的进步和生产力的发展，劳动工具不断升级换代，从原始的石器、木器到现代的机器设备、智能机器人，每次变革都凝聚着人类的智慧和创造力。劳动工具的美不仅体现在其高效、便捷、安全的实用功能上，还体现在其精巧的设计、流畅的线条、和谐的色彩等艺术元素上。这些元素共同构成了劳动工具独特的审美价值。

5. 劳动过程

劳动过程美是劳动美在时间维度上的展现。它体现在劳动者在劳动过程中的协作配合、技能展示、情感交流等方面。在劳动过程中，劳动者各司其职、相互配合，共同完成任务；他们运用娴熟的技能和丰富的经验，创造出精美的产品；同时，劳动者之间的情感交流也构成了劳动过程中一道亮丽的风景线。劳动过程的美既是劳动者们团结协作、奋发向上的精神风貌的生动体现，也是劳动美在时间流逝中留下的永恒印记。

（二） 劳动美的审美方法

劳动美的审美方法具备动态多样的特点，它要求从多个维度去感知、理解和评价劳动中所蕴含的美。

1. 观察与感知

（1）细致观察：首先，需要仔细观察劳动过程中的各个环节，包括劳动者的动作、表情、姿态，以及劳动工具的使用、劳动环境的布置等。这些细节往往蕴含着丰富的美学元素，是构成劳动美的重要基础。

（2）感知体验：在观察的基础上，要通过感官去体验劳动带来的感受。例如，感受劳动者在劳动中展现出的力量与技巧，以及劳动环境所带来的舒适感或挑战感。这些体验将帮助人们更深入地理解劳动美的内涵。

2. 理解与解读

（1）理解劳动价值：劳动美不仅在于劳动成果的外在形态，更在于劳动所创造的价值。人们需要理解劳动对于社会进步、个人成长及文化传承的重要性，从而认识到劳动美的深远意义。

（2）解读文化内涵：劳动美往往与特定的文化背景紧密相连。不同的民族、地域和时代都有各自独特的劳动方式和审美观念。通过解读劳动中的文化内涵，人们可以更好地理解劳动美的独特性和多样性。

3. 评价与欣赏

（1）评价标准：在评价劳动美时，需要建立一套合理的评价标准。这些评价标准可以包括劳动成果的实用性、创新性、艺术性等，以及劳动者在劳动中展现的敬业精神、团队协作能力和创造力等。

（2）欣赏角度：欣赏劳动美需要多角度、全方位的视角，可以从劳动者的技艺水平、劳动工具的精美程度、劳动环境的和谐氛围等方面入手，同时，结合劳动成果的实际效果和社会价值进行综合评价。

4. 实践与体验

（1）参与劳动：亲身体验劳动是欣赏和理解劳动美的最佳途径。通过参与劳动，可以更加直观地感受到劳动的乐趣和挑战，从而更加深刻地认识到劳动美的真谛。例如，大学生可以积极报名社会实践、志愿者活动（图4-4）或创业训练等，通过亲身参与实践，了解社会需求和实际问题。

图 4-4　马拉松比赛供水站的大学生志愿者

（2）创作与表达：在欣赏劳动美的同时，也可以尝试通过绘画、摄影、文学等艺术形式来创作和表达自己对劳动美的理解和感悟，这不仅有助于提升审美水平，还能在创作中进一步挖掘和展现劳动美的魅力。

总之，劳动美的审美方法是一个综合性的过程，要求人们通过观察与感知、理解与解读、评价与欣赏，以及实践与体验等多个环节来全面认识和欣赏劳动中所蕴含的美。通过这些方法，可以更加深入地感受到劳动美的独特魅力，从而更加珍惜和尊重劳动的价值。

📖 美育小讨论

结合你观察到的身边工匠或劳模的实际例子，你认为在实际的学习工作和生活中，我们应该如何将劳模精神融入校园生活？例如在日常生活里，我们应如何以更高的标准要求自己，追求卓越？

五、科技美

（一）　科技美的审美特征

科技美包括科学美和技术美。两者既有区别又有联系，其审美特征也有差异和共性。科学美侧重人类的理性美，具有较强的抽象性；而技术美侧重器物的功能美，具有较强的可感知性。两者的共性主要体现在以下三个方面。

1. 时代性

科技美具有鲜明的时代特色，它随着科技的发展和时代的变迁而不断演变。在古代，人们崇尚的是"晨兴理荒秽，带月荷锄归"①的田园之美，那时的科技美更多地体现在农具的精巧和水利工程的宏伟上。而到了现代，随着科技的飞速发展，云计算、物联网、大数据等智慧农业的生产方式成为新的审美标准。这种"时空差"正是科技美时代性的生动体现。

以水利工程为例，春秋时期开凿的京杭大运河，不仅沟通了五大水系，更是连接了南北，促进了国家的统一和繁荣。这是当时科技水平的杰出代表，也是那个时代科技美的生动体现。而今天，南水北调工程以其庞大的规模和深远的影响，再次成为现代水利工程技术的杰出代表，展现了科技美在新时代的独特魅力。

同样，在通信技术领域，从最初的电报（图4-5）、电话，到今天的互联网、移动通信，每次技术的飞跃都带来了科技美的崭新变化。这些变化不仅使人们的生活更加便捷，也让人们在时代的变迁中领略到科技美的独特魅力。

图4-5　电报机

2. 综合性

科学技术的发展总是与先进生产力紧密相连，而跨学科、跨领域的特性也日益显著。这种趋势也反映在了科技美的综合性上。科技美不再是单一学科或领域的审美表现，而是多种学科和领域相互融合、相互渗透的结果。

以现代通信业为例，它的发展离不开半导体、集成电路、卫星通信、信息技术等多个领域的支持。一部智能手机，更是集成了材料学、人体工程学、美学等多个学科的智慧。这种跨学科、跨领域的融合不仅推动了科技的飞速发展，也丰富了科技美的内涵和表现形式。

智能建筑是另一个体现科技美综合性的典范（图4-6）。其不仅拥有先进的技术设备，如智能照明、智能安防、智能环境控制等，还注重用户的舒适体验，将技术与艺术完美融合。这种综合性的特征使智能建筑在功能和美学上都达到了新的高度。

---

①"晨兴理荒秽，带月荷锄归"出自东晋诗人陶渊明的《归园田居·其三》。这两句诗描述了一幅宁静而勤勉的田园生活画面。

图 4-6　创新智能建筑

　　例如，2022 年冬奥会标志性场馆"冰丝带"，它采用了世界上最先进的制冰技术和绿色科技，不仅满足了赛事的需求，还体现了科技美的综合性特征。从建筑外观到内部设施，从制冰技术到环保理念，"冰丝带"都充分展示了现代科技的综合魅力。

　　再以上海环球金融中心（图 4-7）为例，这座矗立于上海市浦东新区的摩天大楼，高达 492 米。它不仅以宏伟的外观和卓越的高度吸引着人们的目光，更以其先进的智能控制系统和强大的硬件设备著称。上海环球金融中心采用了 Schneider KNX 全数字分布式控制系统，实现了对照明、空调等电气设备的自动化和集中控制管理。该智能系统不仅提供了灵活多变的使用功能和效果，还有效延长了设备的使用寿命，达到了安全、节能、人性化和智能化的管理效果。此外，中心还配备了众多先进的硬件设备，包括多达 126 部电梯，以及每 12 层为一个完整、封闭的机电系统，确保了高效且稳定的运行环境。这些智能化的管理和硬件配置，使上海环球金融中心成为现代建筑科技的杰出代表。

图 4-7　上海环球金融中心

3. 简洁性

简洁性是科学理论和技术应用中的核心原则，贯穿了从基本原理到实际应用的全过程。这一原则要求人们在面对复杂多变的现象时，能够从中提炼出最本质、最简洁的规律，以便更准确地理解和把握事物的本质。同样，在技术应用领域，简洁性也体现为追求操作的简便、直接和高效，以满足人们日益增长的需求。

从奥卡姆剃刀原理——"如无必要，勿增实体"的哲学思想，到现代科学理论和技术应用的实践中，简洁性无处不在。奥卡姆剃刀原理鼓励人们在解释现象时，应选择最简单、最直接的理论或假设，避免引入不必要的复杂因素。这一原则在科学研究中得到了广泛的应用，无论是物理学中的牛顿运动定律，还是相对论中的质能方程，都以简洁而深刻的形式揭示了自然界的奥秘。

在现代科技产品中，简洁性同样成为一种审美追求和实用标准。以智能手机为例，随着科技的不断发展，手机的功能越来越丰富，但设计却越来越注重简洁和美观。从屏幕到界面，从图标到操作方式，都追求简洁大方、直观易懂。这种简洁性不仅提高了产品的使用效率，还让人们在享受科技带来的便利时，能够得到美的享受。

同样，在智能家居（图4-8）领域，简洁性也成为一种重要的设计原则。智能家居系统通过简单的操作就能实现对家居设备的控制和管理，使人们享受到科技带来的舒适和便捷。这种简洁性不仅体现了科技的进步和发展水平，也反映了人们对美好生活的追求和向往。

图 4-8　智能密码锁

4. 创新性

（1）科技美的创新在于其不断突破传统界限，将看似冰冷的技术转化为温暖人心的艺术。从智能手机到智能家居，再到虚拟现实、人工智能等前沿领域，每项科技的进步都是对美学边界的拓宽。它们不仅解决了实际问题，更以简洁流畅的线条、和谐统一的色彩搭配，以及智能化的交互体验，让科技产品本身成为一件件艺术品，展现了科技与美学的完美融合。

（2）科技美的创新在于其能够预见并引领未来审美趋势。随着科技的快速发展，人们对于美的追求也在不断变化。科技通过数据分析、用户反馈等手段，精准捕捉并预测未来审美走向，从而设计出更加符合时代需求的产品。这种基于大数据与人工智能的美学创新，不仅提升了产品的市场竞争力，更推动了整个社会审美水平的提升。

（3）科技美的创新体现在其跨界的融合能力上。科技与艺术、设计、文化等多个领域的深度融合，催生了众多新颖独特的美学形态。这些跨界融合的作品不仅展现了科技的力量与魅力，更赋予了传统美学新的生命力和表现力，为人类社会的文化发展注入了新的活力。

（二）　科技美的审美方法

1. 了解技术的原理

在欣赏科技美时，首要的是深入了解技术的原理。每项科技产品的背后都蕴含着复杂的科学知识和技术逻辑。通过学习和理解这些原理，能够更加深刻地体会到科技之美不仅在于其外在形态或功能实现，更在于其背后所展现的人类智慧与创造力的结晶。了解技术原理，能够让人们从更深层次上感受到科技产品的精妙与独特，从而更加全面地欣赏其美学价值。

2. 关注功能与形式美

科技产品的美往往体现在其功能与形式的和谐统一上。在审美过程中，应当同时关注产品的实用功能和外观设计。功能美指的是产品能够满足人们实际需求、解决实际问题的能力；形式美则是指产品外观的线条、色彩、材质等元素的组合所呈现出的美感。优秀的科技产品往往能够在保证功能强大的同时，通过精心的设计展现出独特的形式美。这种功能与形式的完美结合不仅提升了产品的使用体验，更赋予了其独特的审美价值。

3. 关注科技与社会发展的关系

科技美不仅局限于产品本身，更体现在其对社会发展的推动作用上。在审美过程中，应当将科技产品置于更广阔的社会背景中进行考察。科技作为推动社会进步的重要力量，其每次创新都深刻地影响着人类的生产方式、生活方式乃至思维方式。因此，在欣赏科技美时，应当关注科技产品如何促进社会进步、改善人类生活，以及它们对社会文化、伦理道德等方面的影响。通过这种从社会层面出发的审美视角，能够更加全面地认识到科技美的深远意义和价值所在。

六、生态美

生态美是人类社会与自然环境在紧密互动中形成的一种独特美感，它体现了人类社会实践活动的智慧与成果，也彰显了人类与自然和谐共生的理想。

（一） 生态美的审美特征

1. 和谐统一性

生态美强调人类社会与自然环境之间的和谐统一。在生态美的视角下，人类社会不再是自然环境的对立面，而是自然环境的一部分，两者相互依存、相互促进。

2. 社会实践的印记

生态美是人类社会实践活动的直接产物。无论是城市规划中的绿化建设，还是农业生产中的生态农业，都体现了人类在改造自然、利用自然的同时，也注重保护自然、恢复自然。

3. 可持续发展的理念

生态美体现了可持续发展的理念。它要求人类在追求经济利益的同时，也要关注生态环境的保护和恢复，以实现社会的长期稳定发展。

4. 多样性与整体性的融合

生态美展现了自然环境的多样性和人类社会的整体性之间的融合。在生态系统中，各种生物种群相互依存、相互制约，形成了一个复杂的整体。而人类社会也需要在保护生态环境的同时，实现经济、社会、文化的全面发展。

（二） 生态美的审美方法

1. 整体感知

在欣赏生态美时，要从整体的角度去感知和体验。要关注生态系统的整体结构和功能，以及人类社会与自然环境之间的相互作用和影响。

2. 动态观察

生态系统是一个动态变化的系统。在欣赏生态美时，要关注生态系统的动态变化过程，以及人类社会实践活动对生态系统的影响和改变。

3. 理性分析

在欣赏生态美时，要进行理性分析，并要深入了解生态系统的基本原理和规律，以及人类社会对生态环境的影响和破坏。同时，也要思考如何更好地保护生态环境、实现人类社会的可持续发展。

4.情感体验

生态美不仅是一种视觉上的美感，更是一种情感上的体验。在欣赏生态美时，要用心去感受大自然的神奇和美丽，以及人类社会与自然环境之间的和谐共生关系。这种情感体验有助于增强人们对生态环境的保护意识和责任感。

从人类希望与自然共生的美好愿景这一角度来分析生态美，可以发现其审美特征的特殊性。在欣赏生态美的过程中，可以采用整体感知、动态观察、理性分析、情感体验等多种方法，以更深入地理解和体验生态美的魅力。

> **💡 美育小贴士**
>
> 一些关于生态美的经典语录。
>
> 我希望，我们能够在农业文明、工业文明的基础上，探索生态文明的新时代。实现人与自然和谐共生，人与人和谐相处，人的身心和谐自洽，建立绿色低碳可持续的生产方式、生活方式和消费模式。
>
> ——解振华
>
> 幸福的首要条件之一乃是人与自然之间的联系不被割裂。
>
> ——列夫·托尔斯泰
>
> 一个人在大自然中的每次散步，其所得远远超过他所谋求之物。
>
> ——约翰·缪尔
>
> 大自然乃是我们审美的、智力的、认知的甚至精神的满足之关键所在。
>
> ——爱德华·威尔逊
>
> 研究自然，热爱自然，亲近自然，自然永远不会让你失望。
>
> ——弗兰克·劳埃德·赖特
>
> 我们被引导去想象各种各样的事物，比过去诗人和梦想家所想象的更不可思议。我认为大自然的想象力远超人类。
>
> ——理查德·费曼

七、江苏社会之美

（一） 莫文隋与江海志愿者

莫文隋，全国精神文明建设典型，其原型是以"莫文隋"（不要问我是谁）名义给贫困大学生汇款资助的原南通工学院副院长汤淳渊。"莫文隋"是江海大地涌现出来的扶危济困不留名的群体代表。1997年3月5日，南通市把"学雷锋日"同时定为"学莫文隋日"。

莫文隋"莫问谁"的谐音，正如当年寻找"莫文隋"活动中创作的歌曲《莫问我是谁》唱的那样："莫问我是谁，风雨中我是一把伞，干渴时我是一杯水……"莫文隋意在向雷锋同志学习，做好事、做善事，莫问我是谁。

1995 年 3 月下旬起，原南通工学院两位贫困学生先后收到署名"莫文隋"的陌生人的资助，这两位学生为了寻找帮助自己的好心人，按照汇款单上的地址到处打听，却没有着落。于是，他们向媒体求助。

1995 年 10 月，南通电视台、报纸、电台等新闻媒体发动广大市民帮助寻找，却依然找不到"莫文隋"的真人。而"莫文隋"却不断地变换着名字，以不存在的通信地址，继续着无偿资助。

拓 展 阅 读

江苏南通：爱心溯流而上，"莫文隋"基金花开雪域高原

雪豹、岩羊、棕熊出没三江源，"微笑天使"江豚畅游长江口……连日来，一场书画作品征集活动在位于长江源的青海省玉树市第四民族完全小学，以及位于长江尾的南通经济技术开发区的竹行小学火热进行。这场长江源与长江口的深情牵手，源自闻名全国的先进典型——南通"莫文隋"。6 年多来，"莫文隋"爱心基金在南通生根发芽、在雪域高原开花结果，谱写出一段长江头尾接力助学的佳话。

1. 缘起，诞生于病床边的爱心基金

"这笔爱心基金始于通城两位尽人皆知的精神文明典型人物，这是他们唯一的一次相遇。"2024 年 6 月 11 日，南通开发区慈善总会副秘书长姚卫民向记者讲述了"莫文隋"爱心基金的由来。

2018 年春节前，时任江海志愿者总站副站长的姚卫民带着"爱心年夜饭"慰问磨刀老人吴锦泉。在交谈中，吴锦泉提及，在南京开会时省领导向他提起南通有一位做好事不留名的老人"莫文隋"。姚卫民当时负责南通开发区的精神文明建设工作，与同住在南通开发区的汤淳渊脾性相投，是一对"忘年交"，而汤淳渊就是"莫文隋"的原型。他行事低调，鲜为人知。既然吴锦泉提到了这位英雄，姚卫民就把事实告诉给了吴锦泉。

2018 年 3 月 5 日，学雷锋纪念日那天，姚卫民应吴锦泉的要求，带着他去探望当时生病在床的汤淳渊。汤淳渊见到他们非常高兴，从枕下掏出一个信封递给姚卫民，说道："这里有 2 000 元慰问金，我退不回去，你帮我处理，我相信你。"

接过慰问金，姚卫民想了想，提议建立一个莫文隋爱心基金。吴锦泉当即赞同，表示自己也拿出 2 000 元。姚卫民心里一动，决定拿出 20 000 元，一共是 24 000 元作为种子基金。汤淳渊连说了三声"好"。

莫文隋爱心基金由此诞生。此后，每每提及此事，吴锦泉老人总是感慨，这是他第一次也是唯一一次见到"莫文隋"本人，"就这一次见面，做了一件好事"。

2. 接力，爱心人士争相援助雪域学子

爱心基金成立后，社会各界人士纷纷伸出援手，2019 年 3 月基金正式运作时，总金额已超过 20 万元。

这笔钱到底应该用在哪里？基金成员们经过深思熟虑，决定将第一笔资助金用于扶助青海玉树的困难学子。

在南通开发区和青海玉树的积极对接下，2019 年 8 月 9 日，双方慈善会正式签约，达成助学协议。莫文隋爱心基金对青海省玉树市第四民族完全小学等学校的困难小学生进行资助，直至孩子们小学毕业。

此时，汤淳渊老先生已离开人世，但"莫文隋"精神在雪域高原绽放。

卓尕拉增是最早受资助的孩子之一，如今已成为柴达木职业技术学院新生。她感慨地说："家里条件不好，兄弟姐妹六个，每年 600 元的资助对我的帮助太大了。"

莫文隋爱心基金不但为她带来了新衣服和文具，更让她感受到来自远方的关爱。

卓尕拉增的资助者沈季及其哥哥的爱心故事感人至深。

沈季在南通开发区工作，病逝后，哥哥以沈季的名义继续资助卓尕拉增，自己又另外资助了一名学生。面对采访，沈季的哥哥不愿透露姓名，他说："我们都是'莫文隋'。"

通过努力，卓尕拉增成为家里的第三个大学生。她通过勤工俭学，不但能挣到自己的学费，还能帮助患有糖尿病的母亲买药。直至此时，她还不知道，其资助者有这么一段爱心接力。

如今，莫文隋爱心基金的规模已突破 200 万元。青海玉树民族四完小党支部书记才仁松保介绍，6 年来，学校受资助的学生累计超过 300 人，受助金额逾 50 万元，其中已有 40 多人考入大专以上院校。

3. 奔赴，两地志愿者携手长江大保护

"助学是基金的主要任务，也是第一步。"姚卫民表示，希望携手更多爱心人士和志愿者，让莫文隋精神发扬光大。

2023 年 7 月，姚卫民等莫文隋志愿者自费再次来到青海玉树，送去助学助教爱心款，并在青海省玉树市第四民族完全小学建立莫文隋志愿服务驿站进行教学演讲，组织志愿者中的医务人员义诊。

同时，莫文隋志愿者们还增加"长江大保护，从源头开始"环保公益行动内容。在通天河岸滩、青海湖边……莫文隋志愿者们手拿垃圾袋和长钳捡拾垃圾，留下了环保公益的身影。

2024 年的"6·5 世界环境日"到来之际，南通开发区联合青海省玉树市第四民族完全小学，在两地开展"长江大保护"莫文隋志愿服务系列活动。

由南通开发区老洪港沿江 13 家单位选出的 40 余名骑行志愿者，在"全面推进美丽中国建设——长江大保护，我是行动者"藏汉两种文字的主题背景板上签名，以绿色低碳的方式，开展长江大保护打卡行动。

在玉树的活动中，才仁松保发起征集长江源头"保护母亲河，守护三江源"小学生美

术作品，由莫文隋爱心基金资助的121名藏族困难学生参与。学生们用稚嫩的笔触描绘自己的所见所闻，并期待着画作在南通展出时，能有机会亲自来南通走一走、看一看。

"一江水，两地情，江水顺流而下，爱心溯流而上。"才仁松保曾到南通参观学习，看到莫文隋爱心基金的捐资人中还有环卫工人，更是触动。去年开始，"莫文隋"爱心基金启动了对玉树困难教师的资助，每人每年2 400元。有了这笔钱，学校助教岗位吸引力提升，各学科教师缺口得到有效补充。

"爱心是场接力赛，南通教育之乡美名在外，希望能有更多机会多层面对接。"才仁松保形象地比喻，莫文隋爱心基金是第一棒，四完小也要增强自身"造血能力"，不负所托，跑得更稳更快，共同完成"育人"这场大赛。（本文作者单位：南通报业传媒集团）

（二）　江苏美食

饮食文化作为一个国家或地区的独特文化标识，深刻反映了当地人的生活方式、审美追求，以及对美好生活的向往。江苏菜是我国重要的饮食文化圈之一，不仅承载着悠久的历史传统，还不断吸纳创新元素，展现出丰富多彩的风貌。

江苏菜的历史渊源，其历史可追溯至宋代。当时的苏州、扬州等地区，凭借优越的地理环境和发达的水陆交通，加之居民生活的富足，孕育出独特的饮食文化。这些地区的烹饪技艺日益精湛，菜品种类繁多且口味独特，逐渐奠定了江苏菜的基本特征。

在历史的长河中，江苏菜不断吸纳外来文化的影响，融合了各地区的烹饪技艺。明清时期，江南地区的饮食文化更加兴盛，江苏菜也因此得到了进一步的丰富和完善。到了近代，随着社会的进步和交通的发展，江苏菜的影响力日益扩大，在中国饮食文化圈中具有举足轻重的地位。

江苏菜的特色与魅力体现在其独特的口味和精湛的烹饪技艺上。具体来说，江苏菜注重食材的新鲜与品质，得益于当地丰富的水产资源和发达的农业，为烹饪提供了优质的食材基础。同时，江苏菜追求色、香、味、形的完美结合，力求在视觉与味觉上达到和谐统一。此外，江苏菜的烹饪工艺也极为精湛，从刀工、火候控制到调味等各个环节都展现了高超的厨艺。更重要的是，江苏菜还注重营养与健康，追求清淡爽口的口感，使人在品尝美食的同时也能感受到健康的生活方式。

这些独特的特点共同塑造了江苏菜的魅力，使其在中国饮食文化圈中占据重要地位。

1. 南京盐水鸭

南京盐水鸭（图4-9），被誉为金陵菜系的代表，其历史可以追溯到2 500多年前。相传，早在春秋战国时期，今南京附近地区就已经开始养殖鸭子，而盐

图4-9　盐水鸭

水鸭的制作技艺也在此地逐渐发展起来。盐水鸭以其皮薄肉嫩、酥香嫩滑的口感闻名遐迩，更因其制作工艺的精湛而备受赞誉。在桂花盛开的季节，制作的盐水鸭更添一份桂花的清香，被誉为"桂花鸭"，其色香味俱佳，令人回味无穷。从大学美育的角度看，盐水鸭的制作过程如同艺术创作，每一步都需要精心雕琢，从选材、腌制、煮制到最后的切片装盘，都体现了对食材本真之美的极致追求。

2. 松鼠鳜鱼

松鼠鳜鱼又称为松鼠桂鱼，是苏帮菜系中的经典之作。这道菜以其形似松鼠、色泽金黄、外脆内嫩、酸甜可口的独特风味著称。在清代菜谱《调鼎集》中就有关于松鼠鳜鱼的记载。松鼠鳜鱼不仅展现了苏帮菜烹饪技艺的高超，还蕴含了丰富的想象力和创造力，是美食与艺术的完美结合。在大学美育的框架下，这道菜是对学生创新思维和审美能力的一次生动教育。

3. 扬州炒饭

扬州炒饭（图4-10）是扬州地区的特色美食，因其选料严谨、制作精细和色香味俱佳而广受赞誉。扬州炒饭选用优质米饭，搭配虾仁、火腿、鸡蛋等多种食材，炒制后饭粒松散、软硬适中，色彩调和，光泽饱满。扬州炒饭的历史可以追溯到隋唐时期，当时扬州是运河的重要枢纽，经济繁荣，饮食文化也十分发达。扬州炒饭就是在这样的背景下逐渐发展起来的，它不仅是一道美味佳肴，更是扬州人民对生活品质追求的象征。从美食审美的角度看，扬州炒饭的每粒米都仿佛是一件小小的艺术品，展现了均衡与和谐之美。

图 4-10　扬州炒饭

4. 无锡酱排骨

无锡酱排骨是无锡传统名菜，以色泽酱红、肉质酥烂、骨香浓郁、汁浓味鲜而闻名。这道菜的制作过程十分讲究，选用猪小排经过特制酱料腌制后慢炖而成，使排骨充分吸收汤汁中的营养和味道。无锡酱排骨的历史可以追溯到清朝，当时无锡的烹饪技艺已经非常发达，酱排骨就是在这样的背景下逐渐发展起来的。它不仅美味可口，还体现了无锡人民对食材的精挑细选和对烹饪技艺的精益求精。在大学美育的语境下，这道菜是对学生审美情趣和工匠精神的一次深刻启示。

5. 鸭血粉丝汤

鸭血粉丝汤是南京的传统名小吃，因汤鲜味美、爽滑可口且营养均衡而广受欢迎。这道汤品选用新鲜的鸭血、鸭肠、鸭肝等食材，搭配鸭汤和粉丝共同熬制而成。鸭血粉丝汤的历史可以追溯到明朝，当时南京的鸭业已经非常发达，人们开始尝试用鸭血和其他食材一起烹制汤品。经过几百年的发展，鸭血粉丝汤逐渐成为南京的特色美食之一。它不仅口感丰富多样，还蕴含了丰富的营养价值，是南京人民对美食与健康追求的完美体现。从美食审美的角度来看，鸭血粉丝汤的每一口都完美呈现了食材的本真之味，让人在品尝美食的同时，更能体会到生活的美好与和谐。

（三）　江苏在党的十八大以后的重大科技成就

党的十八大以来，作为全国唯一的科技体制综合改革试点城市所在的省份，江苏以习近平总书记重要讲话重要指示精神为指引，不断加大改革攻坚力度，激发创新主体活力，打通束缚新质生产力发展的堵点卡点，为培育新质生产力、塑造高质量发展新动能提供了坚实支撑。

在科技创新方面，江苏涌现出了一批具有自主知识产权和国际竞争力的创新型企业，如江苏某生物科技企业的人体器官芯片技术，不仅在国内首次实现了使用人体器官芯片数据研发新药并成功获批，还为药物研发和精准治疗提供了全新技术手段。此外，江苏还全力打造战略科技力量，组建了一批高能级平台，如苏州实验室、紫金山实验室等，为科技创新提供了强有力的支撑。

在科技成果转化方面，江苏持续优化科研管理和组织方式，如在全国率先提出"揭榜挂帅"科技攻关方式，构建了"企业界出题、科技界答题"的新机制，有效推动了科技成果的转化和应用。同时，江苏还成立了省技术产权交易市场、省科技资源统筹服务中心等平台机构，加大了科技成果转化政策供给力度，让更多"沉睡"的科研成果加速转化为现实生产力。

1. 蛟龙号：深海探索的科技之美与社会价值的完美融合

在浩瀚无垠的蓝色深海中，有一抹中国红格外引人注目。这抹红，来自我国自行设计、自主集成研制的中国第一艘深海载人潜水器——"蛟龙号"。它不仅是我国深海科技实力的象征，更是科技之美与社会价值完美融合的典范。

"蛟龙号"的诞生，凝聚了无数科研人员的心血与智慧。它历经十年的艰辛研制，终于在2012年6月成功完成了7 000米级载人作业潜水器的研制及海试任务。最大下潜深度达7 062米，这一数字不仅刷新了当时世界同类潜水器的下潜深度纪录，更展现了中国在深海探索领域的卓越成就。

从科技美的角度来看，"蛟龙号"无疑是一件精美的艺术品。它的设计精巧、结构复杂集成了众多高新技术。在深海中，它犹如一条灵活的蛟龙，自如地穿梭于黑暗与寂静之间，探索着未知的神秘世界。它的每次下潜，都是对深海科技的极限挑战，每次成功归来，都让人为之振奋和自豪。

而"蛟龙号"所展现的社会价值，更是让人深感震撼。它不仅提升了我国在国际深海探索领域的地位和影响力，更为我国海洋资源的勘探和开发提供了强有力的技术支持。在连续 5 年的试验性应用中，"蛟龙号"执行科考任务 152 次，其采集的生物、矿物样品数量之巨，相当于中国此前 20 年大洋科考采样量的总和。这些珍贵的样品为我国深海科学研究提供了宝贵的数据和资料，推动了我国深海科技的快速发展。

"蛟龙号"的成功不仅是一次科技上的突破，更是一次社会价值的实现。它让人们看到了科技创新的力量，也让人们感受到了科技之美与社会价值的完美结合。在未来的日子里，有理由相信，"蛟龙号"将继续在深海探索的道路上勇往直前，为人类的海洋事业贡献更多的智慧和力量。

2. 生物医药成果斐然

自党的十八大以来，江苏省在生物医药领域取得了显著成果。以苏州吴中区为例，该地举办了首届中国（苏州）太湖医药创新大会，彰显了其在生物医药产业的强劲实力。以苏州吴中区为例，该地已集聚了一批覆盖各领域的国内外生物医药行业龙头企业，形成了从研发、测试、生产到检验、销售的全产业链生态。

此外，江苏省中国医药城也异军突起，成为全国首个医药类国家高新区。这里围绕打造生物医药特色产业集群，精准施策、强链补链，抗体药、疫苗、诊断试剂及高端医疗器械等主导产业亮点频现。医药高新区共设立了多支国有基金，满足医药企业不同发展阶段的金融需求，并出台了一系列政策鼓励企业上市。同时，该地还全力服务企业，做好招才引智，加速人才汇聚，形成了多个梯度的人才支持体系。中国医药城的营商环境不断优化，创新成为园区发展的内生动力，与多家大院大所展开合作，搭建起多个公共技术服务平台，为企业提供全过程、全方位的贴心服务。

江苏省的生物医药产业集群成功跻身国家战略性新兴产业集群，不仅在全国范围形成示范效应，更在全球市场树立了品牌影响力。以苏州为例，该市正全力打造具有全球竞争力的生物医药产业地标。

课堂实操一　　分享家乡社会之美

探索家乡之美：分享与感知社会美的课堂实操

活动目标

（1）帮助学生理解和识别社会美的不同分类。

（2）培养学生的审美感知能力和表达能力。

（3）增进学生对家乡文化的认识和自豪感。

活动准备

（1）分组：将学生分成若干小组，每组4～5人。

（2）资料收集：每组选择家乡的一个方面（如自然景观、历史遗迹、民俗文化、特色美食等），收集相关图片、视频、文字资料。

（3）工具准备：确保教室有多媒体设备，或者学生自备手机、计算机以便展示。

活动流程

1.导入（5分钟）

（1）教师简短介绍社会美的概念和分类（如建筑美、人文美等）。

（2）阐述活动目的和规则。

2.分组准备（15分钟）

（1）各组内部讨论，确定展示的主题和内容。

（2）准备PPT、视频、海报等展示材料。

3.展示与分享（30分钟）

（1）每组轮流上台展示，时间控制在5分钟内。

（2）展示内容需要包括所选主题的介绍、为何认为它体现了社会美、具体的审美特征分析。

（3）鼓励使用多媒体和创意表达，如角色扮演、小剧场等，以增加趣味性。

4.互动与讨论（15分钟）

（1）展示结束后，开放提问和讨论环节。

（2）学生可以就其他组的展示提问，或分享自己对于该主题的不同见解。

（3）教师引导讨论，深化对社会美特征的理解。

5.总结与评价（5分钟）

（1）教师总结活动亮点，强调家乡社会美的多样性和价值。

（2）鼓励学生课后继续探索家乡之美，并尝试用所学知识进行审美分析。

（3）简短评价各组表现，以正面鼓励为主。

课后作业

要求每位学生写一篇短文，描述自己心中家乡最美的一处景致或文化现象，分析其社会美的体现及个人感受。

课堂实操二　探讨道德美在社会生活中的意义

课堂实操设计：探讨道德美在社会生活中的意义

活动目标

（1）通过分析江苏省道德模范的事例，理解道德美在社会生活中的具体体现。

（2）探讨道德美对社会、个人及文化传承的意义。

（3）培养学生的审美感知能力和社会责任感。

活动准备

（1）资料收集：收集江苏省道德模范（如邱海波、周维忠、赵亚夫、钱七虎等）的相关事迹和视频素材。

（2）分组：将学生分成若干小组，每组负责研究一个道德模范的事例。

（3）工具准备：确保教室有多媒体设备，或者学生自备手机、计算机以便展示。

活动流程

1. 导入（5分钟）

（1）教师简要介绍道德美的概念及其在社会生活中的重要性。

（2）播放一段简短的道德模范事迹视频，引发学生兴趣。

2. 分组研究（20分钟）

（1）各组领取研究任务，深入探讨所选道德模范的事迹、道德美的体现及其社会意义。

（2）准备PPT、海报等展示材料。

3. 展示与分享（30分钟）

（1）每组轮流上台展示，时间控制在5分钟内。

（2）展示内容需包括道德模范的事迹介绍，道德美的具体体现，其对社会、个人以及文化传承的意义分析。

（3）鼓励使用多媒体和创意表达，如角色扮演、情景剧等，以增加趣味性。

4. 互动与讨论（15分钟）

（1）展示结束后，开放提问和讨论环节。

（2）学生可以就其他组的展示提问，或分享自己对于道德美在社会生活中意义的看法。

（3）教师引导讨论，深化对道德美的理解。

5. 总结与评价（5分钟）

（1）教师总结活动亮点，强调道德美在社会生活中的重要性和价值。

（2）鼓励学生向道德模范学习，积极践行道德美。

（3）简短评价各组表现，以正面鼓励为主。

课后作业

要求每位学生写一篇短文，描述自己在家乡或生活中观察到的一个体现道德美的场景或事件，并分析其对社会、个人及文化传承的意义。

通过这样的实操活动，学生不仅能在实践中学习和应用道德美的理论知识，还能加深对道德模范和道德美的理解与热爱，同时提升团队合作和表达能力。

素养案例设计：社会美的探索与实践

案例背景

本案例旨在通过"社会美"的学习，引导学生深入理解社会美的内涵、特征，以及其在社会生活中的具体表现，特别是道德美的重要性，同时鼓励学生关注并分享自己家乡的社会之美，增强社会责任感和文化自信。

案例目标

（1）知识目标：使学生掌握社会美的基本概念、特征、核心及审美方法；了解道德美、饮食美、劳动美、科技美等社会美的具体表现。

（2）能力目标：培养学生的观察力、分析能力和表达能力，能够结合实例探讨社会美的意义和价值。

（3）情感目标：激发学生对社会美的热爱，增强社会责任感和道德意识，促进个人品德修养的提升。

案例内容

1. 理论讲授（30分钟）

引入话题：通过展示一组关于社会美的图片或视频，如美丽的自然风光、和谐的社会场景等，引导学生进入"社会美"的学习情境。

（1）社会美的形成和发展：简述社会美与人类文明进步的关系。

（2）社会美的特征：强调其客观性、时代性、多样性等特征。

（3）社会美的核心：指出真善美的统一是社会美的核心。

（4）社会美的审美：介绍如何从不同角度欣赏和评价社会美。

2. 课堂实操一：探讨人的外在美和内在美的关系（20分钟）

（1）分组讨论：将学生分为若干小组，每组围绕"人的外在美和内在美的关系"展开讨论，并准备简短发言。

（2）分享交流：各小组派代表分享讨论结果，教师总结点评，引导学生认识到内在美的重要性。

3. 课堂实操二：分享家乡社会之美（30分钟）

（1）准备阶段：提前布置任务，要求学生收集关于自己家乡社会之美的资料，可以是自然风光、人文景观、特色文化、道德模范等。

（2）展示分享：学生轮流上台，利用多媒体或实物展示家乡的社会之美，并讲述其背后的故事或意义。

（3）互动点评：其他同学和教师进行点评，增进对各地社会美的了解和尊重。

4. 课堂实操三：探讨道德美在社会生活中的意义（40分钟）

（1）案例分析：选取"莫文隋与江海志愿者""感动中国的石云根、张冬梅夫妇"

等江苏地区的道德模范事迹作为案例，分析道德美在社会生活中的具体体现和重要意义。

（2）小组讨论：学生分组讨论道德美对个人成长、社会和谐等方面的作用，并思考如何在日常生活中践行道德美。

（3）汇报总结：各小组汇报讨论成果，教师总结道德美的重要性，鼓励学生将道德美内化为自身品质，外化为实际行动。

案例总结

通过本次素养案例的学习和实践，学生不仅加深了对社会美及其各种表现形式的理解，还增强了社会责任感和道德意识。同时，通过分享家乡社会之美和探讨道德美的意义，学生更加珍惜和热爱自己的家乡与社会，为成为有道德、有文化、有技能的社会主义建设者和接班人奠定了坚实的基础。

审美鉴赏

在本项目中，探索江苏美食，尤其是泰州鱼汤面的色、香、味之美，不仅是对地方文化的深入了解，也是一场视觉、嗅觉与味觉的盛宴，是对生活美学的直接体验。

饮食美：泰州鱼汤面的色、香、味审美探索。

色之美：视觉的盛宴

泰州鱼汤面，首先以其独特的色泽吸引食客的目光。一碗热腾腾的鱼汤面上桌，那汤色奶白如乳，清澈透亮，仿佛晨曦中轻拂水面的薄雾，又似冬日初雪覆盖的静谧田野，给人以纯净、高雅之感。面条细滑柔韧，宛如银丝般轻轻铺展在汤面上，翠绿的葱花、金黄的姜丝点缀其间，色彩搭配和谐而生动，构成了一幅赏心悦目的画面。这样的视觉享受正是泰州鱼汤面色之美的最佳诠释。

香之韵：嗅觉的陶醉

当第一缕鱼汤的香气扑鼻而来，那是混合了小鲫鱼、鳝鱼骨、大猪骨等多种食材，经过长时间熬制而散发出的浓郁香气。这香气中既有鱼肉的鲜美，又有骨汤的醇厚，还夹杂着姜葱的辛香，层次分明，相互交融，形成了一种难以言喻的诱人韵味。它仿佛能穿透心灵，勾起人们对美食的无限向往，让人在品尝之前就已经沉醉在这份独特的香气之中。

味之绝：味觉的狂欢

当味蕾与泰州鱼汤面相遇，一场味觉的狂欢就此展开。先是一口浓汤，那汤底醇厚而不腻，鲜美中带着丝丝甘甜，仿佛能瞬间唤醒沉睡的味蕾，让人精神为之一振。随后，就着汤水吸一口细滑柔韧的面条，面条吸饱了汤汁，口感软绵又不失筋道，与汤底的鲜美相得益彰。再搭配上几碟精致的点心，如酥脆的烧饼、香甜的豆沙包等，更是将这一餐的味觉体验推向了极致。泰州鱼汤面的味之美不仅在于其本身的鲜美，更在于它所带来的那份满足与幸福，让人回味无穷。

课堂实操设计：发现社会美——镜头与画笔下的社会风情

课程目标

（1）引导学生通过摄影、绘画等艺术形式，深入观察并发现社会生活中的美。

（2）培养学生的审美感知能力、创新思维能力和艺术表达能力。

（3）加深学生对社会美范畴（道德美、饮食美、生活美、科技美）及其核心（人的美）的理解与体验。

课前准备

（1）分组与工具准备：将学生分为若干小组，每组4～5人，确保每组至少有一台相机（或具备拍照功能的智能手机）和绘画工具（如铅笔、水彩、素描本等）。

（2）主题引导：提前发布任务，让学生思考并讨论"社会美"的具体表现，特别是道德美、饮食美、生活美、科技美在日常生活中的实例。

（3）地点规划：根据学校所在地区的特点，选择几个具有代表性的地点作为拍摄和绘画的现场，如老街巷、科技园区、传统餐馆、社区公园等。

课堂流程

1. 导入阶段（10分钟）

（1）教师讲解：简要回顾社会美的范围、特征及核心，强调本次实操的目的和意义。

（2）小组讨论：各小组分享课前准备的关于社会美的讨论结果，激发全班同学的思考。

2. 技能分享（15分钟）

（1）摄影技巧：邀请有摄影经验的学生或教师简短介绍基本的摄影构图、光线运用等技巧。

（2）绘画基础：对于绘画工具的使用和基础绘画技巧进行简要说明，鼓励自由发挥。

3. 实地探索与创作（60分钟）

（1）分组行动：各小组根据事先规划的地点出发，进行实地探索。

（2）任务分配。

1）摄影组：负责捕捉能够体现社会美的瞬间，如老人微笑、孩子嬉戏、科技产品和谐融入生活等。

2）绘画组：选择一处场景进行速写或细致描绘，尝试通过画笔展现社会美的不同层面。

（3）互动交流：鼓励小组间相互观摩、交流创作思路，甚至可以尝试结合摄影与绘画元素进行创作。

4. 作品展示与分享（30分钟）

（1）作品展示：每个小组选派代表，通过投影仪或实物展示的方式，介绍他们的作品及创作背后的故事。

（2）师生点评：教师和其他学生对展示的作品进行点评，从构图、色彩、主题表达等方面给予反馈。

（3）主题升华：引导学生思考这些作品如何体现了社会美的不同方面，特别是人的美在其中的体现。

5. 总结与反思（10分钟）

（1）个人反思：学生写下本次活动的感受与收获，特别是对社会美有了哪些新的认识。

（2）集体总结：教师总结本次活动的亮点与不足，鼓励学生在日常生活中继续发现并创造美。

课后作业

要求学生选择家中或社区的一个角落，继续用摄影或绘画的方式记录并展现社会美，在下次课上进行分享。

项目四　社会美量化指标评价

任务编号	维度	评价指标	满分	具体内容	得分
任务一	知识掌握	社会美形成与发展理解	20	正确阐述社会美的历史演变、形成过程及主要影响因素	
		社会美特征识别	20	准确识别并列举至少三项社会美的特征	
		社会美核心理解	20	深入阐述社会美的核心要素及其重要性	
	审美能力	审美观点表达	20	在课堂实操中，清晰表达对人的外在美与内在美关系的见解	
	参与度	课堂参与	20	积极参与课堂讨论，贡献个人观点与见解	
任务二	知识掌握	道德美、饮食美、服饰美、劳动美、科技美、生态美的认知	20	分别对道德美、饮食美、服饰美、劳动美、科技美、生态美有清晰的理解和描述	

任务编号	维度	评价指标	满分	具体内容	得分
任务二	知识掌握	江苏社会之美案例分析	20	准确分析莫文隋与江海志愿者、石云根张冬梅夫妇、江苏美食、江苏科技成就等案例	
	实践能力	家乡社会之美分享	20	通过口头或书面形式，分享并展示家乡的社会之美	
		道德美意义探讨	20	在课堂实操中，深入探讨道德美在社会生活中的重要意义	
	素养能力	素养案例理解	10	正确理解并应用素养案例中的美育理念	
	审美鉴赏	作品鉴赏与讨论	10	参与相关作品鉴赏活动，积极讨论并发表审美见解	
实践活动	创新能力	展现方式创新	30	运用摄影、绘画等新颖手段展现社会之美，体现创意与独特性	
	审美能力	作品审美质量	30	作品能够准确捕捉并展现社会美的不同方面，具有较高的审美价值	
	实践操作	实践过程规范	20	实践活动中，操作规范，能按要求完成作品	
	团队协作	团队合作	20	在实践活动中，与团队成员有效沟通，共同完成任务	

项目五 | 艺术美

中国艺术家何以不满于纯客观的机械式的摹写？因为艺术意境不是一个单层的、平面的自然再现，而是一个境界层深的创构。从直观感相的摹写，到活跃生命的传达，再到最高灵境的启示，可以划分为三层次。蔡小石在《拜石山房词·序》里形容词里面的这三境层极为精妙："夫意以曲而善托，调以杳而弥深。始读之则万萼春深，百色妖露，积雪缟地，余霞绮天，一境也。（这是直观感相的渲染）再读之则烟涛瀳洞，霜飙飞摇，骏马下坂，泳鳞出水，又一境也。（这是活跃生命的传达）卒读之而皎皎明月，仙仙白云，鸿雁高翔，坠叶如雨，不知其何以冲然而澹，翛然而远也。（这是最高灵境的启示）"江顺贻评之曰："始境，情胜也；又境，气胜也；终境，格胜也。"

"情"是心灵对印象的直接反映，"气"是"生气远出"的生命，"格"是映射着人格的高尚格调。西洋艺术里面的印象主义、写实主义，相当于第一境层。浪漫主义倾向于生命音乐性的奔放表现，古典主义倾向于生命雕像式的清明启示，都相当于第二境层。至于象征主义、表现主义、后期印象派，它们的旨趣则在于第三境层。

所以，中国艺术意境的创成，既须得屈原的缠绵悱恻，又须得庄子的超旷空灵。缠绵悱恻，才能一往情深，深入万物的核心，所谓"得其环中"。超旷空灵，才能如镜中花，水中月，羚羊挂角，无迹可寻，所谓"超以象外"。色即是空，空即是色，色不异空，空不异色，这不但是盛唐人的诗境，也是宋元人的画境。

——宗白华《中国艺术意境之诞生》（节选）

学习目标 《

知识目标

1. 了解艺术美的特征和功能。
2. 熟悉造型、表演及江苏民间艺术的审美要素。

能力目标

1. 能够掌握艺术审美的思维方式。
2. 学会运用艺术美的审美视角分析主流艺术作品，提升审美鉴赏能力。

素养目标

1. 理解艺术美与生活的关系，以及各种艺术美的形态。
2. 理解中华美育传统，培养健康、积极的艺术审美意识，学会优雅生活。

任务一　认识艺术美

艺术丰富了人们的精神世界与生活体验。通过艺术，人们不仅能够为日常生活增添丰富的色彩与意义，还能在其中寻找心灵的共鸣与价值的实现。这种对艺术的向往与追求，根植于人类的天性之中。

艺术导论

知识脉络 《

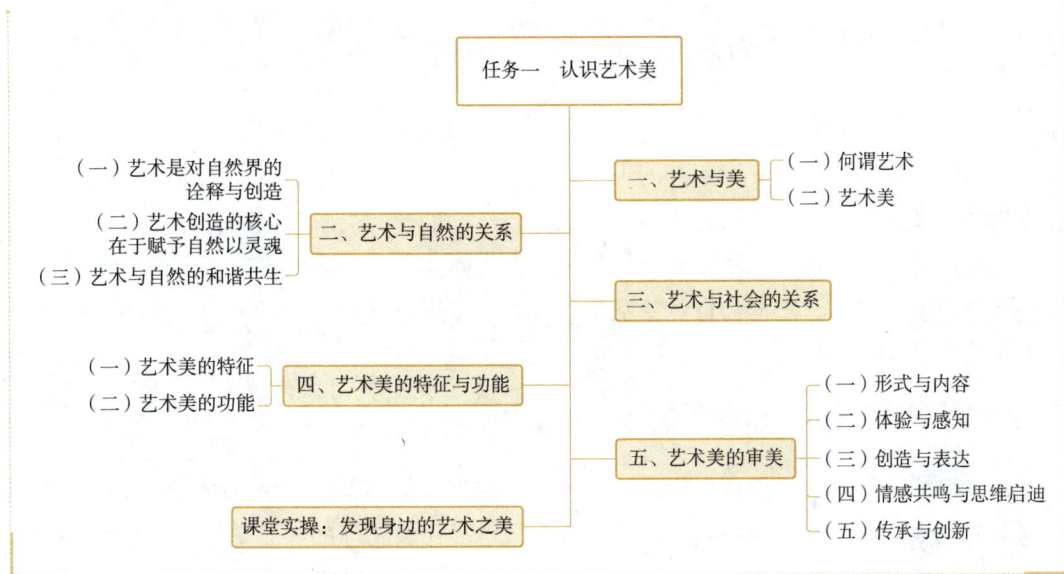

一、艺术与美

（一）　何谓艺术

艺术是人类利用技能创造出来的可供精神享受的产品，是人类情感与智慧的结晶，它以独特的形式和语言，探索人类存在的意义、表达深邃的思想情感、展现丰富的想象力与创造力。《辞海》中对艺术的解释：通过形象塑造来反映社会生活，表现作者思想感情的一种社会意识形态。因表现手段和方式不同，通常可分为表演艺术（音乐、舞蹈）、造型艺术（绘画、雕塑）、语言艺术（文学）和综合艺术（戏剧、电影）。

每种艺术形式都有其独特的魅力和表现手法，共同构成了人类丰富多彩的艺术世界。艺术不仅是美的创造，更是心灵的对话，它让人们在欣赏与创作中感受到生命的律动与世界的多彩。

（二）　艺术美

艺术美是艺术作品所呈现出的独特审美价值。它不同于自然美或社会美，而是经过艺术家精心构思、巧妙安排后创造出的超越现实的美的形态。艺术美具有高度的概括性、典型性和理想性，能够集中展现人类共同的审美追求和价值取向。在艺术作品中，艺术家通过色彩、线条、节奏、旋律等艺术语言，将自然美、社会美进行提炼、加工和升华，创造出既源于生活又高于生活的艺术形象，给人以强烈的审美感受和心灵震撼。艺术美不仅满足了人们的审美需求，更激发了人们对美好生活的向往和追求，促进了人类精神世界的丰富和发展。

二、艺术与自然的关系

艺术与自然之间存在着密不可分的关系。艺术往往从自然中汲取灵感，无论是壮丽的山川、细腻的草木，还是变幻莫测的天象，都成为艺术家创作的源泉。艺术家通过观察和感受自然，将其转化为独特的艺术形式，展现自然的韵律与美感。同时，艺术也反作用于自然，通过艺术的表现与诠释，人们更加深刻地理解和欣赏自然的魅力，进而更加珍惜和保护自然环境。因此，艺术与自然相互依存、相互促进，共同构成了人类丰富多彩的文化与生态景观。

（一）　艺术是对自然界的诠释与创造

艺术根植于自然，却超越自然，要求艺术家深刻洞察并驾驭自然，进而将客观世界转化为蕴含主体情感与创意的作品。具体来说，自然界作为感性的物质实体，在艺术创作的熔炉中，需要经历一场蜕变，从直观的感性形态升华为承载理念的艺术审美形态。在这一过程中，艺术家借助多样化的艺术媒介，将自然之物转化为富有象征意义的符号性存在，使艺术作品从内核到外观均焕然一新，取自自然而超越自然。

（二）　艺术创造的核心在于赋予自然以灵魂

艺术创造的核心在于赋予自然以灵魂，即展现符合特定主题概念的特征，而非简单复制自然表象。自然本身缺乏深层寓意，不具备明确的主题概念；艺术则通过艺术家的精心雕琢与情感注入，将自然元素转化为蕴含独特精神主旨的意象，彰显艺术美的价值。正如黑格尔所言，"艺术品应'浑身现出这种普遍性'"，即体现人的历史、社会存在及其背后的"客观精神"或"普遍精神"。

（三）　艺术与自然的和谐共生

艺术虽非自然之直接再现，但需保持与自然的和谐共生。黑格尔指出，艺术的真实不在于机械地模仿自然的外在形态，而在于实现外在表现与内在意蕴的和谐统一，使作品能够真实而自然地展现其内在精神。这意味着，在艺术创作中，既要忠实于自然，又要灵活运用艺术法则，避免主观情感的泛滥，以免破坏作品的自然流畅与真实感。艺术家应追求一种"自然而然"的艺术境界，使作品在遵循自然规律的同时，达到内在与外在的完美融合，从而抵达艺术之美的巅峰。

三、艺术与社会的关系

艺术与社会之间存在着深刻而复杂的互动关系，这种关系体现在多个方面。

（1）艺术反映社会现实：艺术是社会生活的镜像，它通过绘画、雕塑、音乐、舞蹈、戏剧、电影等多种形式，反映社会的政治、经济、文化等各个方面。艺术作品通过揭示社会现象、传递群体情感、表达时代思想，成为人们认知社会的重要窗口。

（2）社会影响艺术创作：社会的政治、经济、文化环境对艺术创作产生深远影响。艺术家的创作灵感往往来源于社会生活，他们的思想情感、审美情趣都受到社会环境的影响。同时，社会的变革和发展也为艺术创作提供了新的素材和主题，推动了艺术形式的创新和发展。

（3）艺术推动社会进步：艺术不仅是社会的反映，更是社会进步的催化剂。艺术家通过艺术作品揭示社会问题、批判社会不公、弘扬社会正义，从而引发公众对重要议题的关注和讨论。此外，艺术还能够提高国民的精神素质，培养人们的审美能力和创造力，为社会的全面发展提供精神动力。

（4）艺术促进文化交流：艺术是文化的重要载体，它通过独特的艺术语言和表现形式，传递着不同文化的精髓和特色。在全球化背景下，艺术成为各国文化交流的重要桥梁，促进了不同文化之间的理解和尊重，推动了人类文明的多样性和繁荣。

（5）艺术与经济的关系：艺术产业是社会经济的重要组成部分。随着人们精神文化需求的日益增长，艺术产业得到了快速发展，成为推动经济增长的重要力量。同时，艺术产业也为社会创造了大量就业机会，促进了社会经济的繁荣和稳定。

四、艺术美的特征与功能

（一）　艺术美的特征

1. 多样性

艺术美的多样性是其璀璨夺目的核心特质之一。它跨越了绘画、雕塑、音乐、舞蹈、戏剧等多元领域，每种形式都如同星辰般独特，在艺术的夜空中熠熠生辉。以梵高的《星空》（图5-1）为例，那旋转的蓝色与黄色交织，通过浓烈的色彩和狂放的线条，展现了视觉上的极致震撼，让人仿佛置身于在梦幻而深邃的宇宙之中。而贝多芬的《命运交响曲》激昂的音调与紧凑的节奏，则如同命运的敲门声，直击人心，传递出强烈的听觉美感，令人动容。至于舞蹈，杨丽萍的《孔雀舞》以优雅的舞姿和流畅的舞步，展现了舞者身体的灵动与力量，将自然界的韵律与人类的情感完美融合。

图 5-1 梵高《星空》

2. 创造性

艺术美之所以独特，更在于其无法复制的创造性。每位艺术家都是自己心灵世界的探索者，他们以自己的视角和感受为笔，勾勒出独一无二的艺术图景。毕加索的《格尔尼卡》便是对这一点的生动诠释，他用破碎的形体和混乱的色彩，表达了战争的残酷与人性的挣扎，展现出一种前所未有的艺术风格和语言。

3. 表现性

艺术美拥有强大的表现性，它能够跨越时空的界限，将艺术家的思想、情感和体验直接传递给观众。莫奈的《睡莲》（图 5-2）系列，通过柔和的色彩和细腻的笔触，描绘出光影在水面上跳动的瞬间，让人感受到一种宁静而深远的美，仿佛能听见水波的轻吟。肖邦的《夜曲》则以其优美的旋律和深邃的情感，让人沉醉于夜的温柔与寂寞之中，体验着作曲家内心的细腻与敏感。

图 5-2 莫奈《睡莲》

4. 情感性

艺术美更是情感共鸣的桥梁，它能够穿透心灵的壁垒，触动人们最柔软的部分。莎士比亚的《罗密欧与朱丽叶》以其凄美的爱情悲剧震撼了无数观众，让人深刻体悟到爱情的力量与牺牲的崇高。而巴金的《家》则通过对旧社会家庭制度的深刻剖析，唤起了人们对自由与平等的渴望，激发了人们内心深处的共鸣。

5. 思想性

艺术美还蕴含着深刻的思想性。它不仅是美的展示，还是思想的火花，更是智慧的结晶。达·芬奇的《蒙娜丽莎》以其神秘的微笑和深邃的眼神，引发了无数人对人性、美与真理的思考。柴可夫斯基的《天鹅湖》（图 5-3）则通过优美的舞蹈和动人的音乐，探讨了爱与恨、善与恶、生命与死亡等永恒的主题。

图 5-3　柴可夫斯基的《天鹅湖》

因此，艺术美以其多样性、独创性、表现力、情感共鸣和思想性等特点，成为人类文明宝库中不可或缺的一部分。它不仅是感官的盛宴，更是心灵的洗礼，思想的启迪，文化的传承。在艺术的海洋中遨游，人们能够更加深刻地认识自己，理解世界，感受生命的无限美好。

（二）　艺术美的功能

艺术美是人类审美意识的精髓，深刻影响着人们的精神世界。在多元化的审美活动中，艺术美扮演着基础且关键的角色，成为连接人心与美的桥梁。随着现代社会文化水平的持续提升，艺术愈发受到人们的青睐与追求。艺术美的功能可以从以下四个维度来理解。

1. 情感需求的满足与升华

艺术最显著的功能之一，在于它能够激发并传达深邃的情感。在艺术作品中，情感不仅是构成元素，更是推动力量。人类情感天生具有表达的渴望，而艺术提供了最为适宜的表达途径与释放空间。艺术以合目的性与合规律性的方式，有序地引导情感的流露，将人的心灵引入一场仪式化的体验之旅。通过情感的宣泄与共鸣，艺术促进了情感系统、认知系统与意志系统的和谐统一。无论是艺术创作还是艺术欣赏，都离不开情感的深度介入。以《红楼梦》第二十三回为例，林黛玉在聆听缠绵诗句时，其内心的压抑情感被艺术的力量所触动，进而得以释放与宣泄，展现了艺术在情感满足与升华方面的巨大潜力。

2. 人格建构与个性塑造的催化剂

艺术美具有塑造人格、培育个性的重要作用。其不仅能够震撼人心、陶冶性情，还能引导欣赏者追求更加美好的人格境界。艺术作品通过细腻刻画个体性格的演变，展现丰富多样的灵魂面貌，并以理想化的人格模式为观众树立榜样，引导其心灵向更高尚的精神境界迈进。同时，艺术对社会生活的深刻描绘，促使人们反思自我，进行人格的自我完善与提升。正如俄罗斯思想家车尔尼雪夫斯基所言，艺术是"人的生活教科书"，它以其独特的魅力，促进人格的净化与升华。例如，梵高的《向日葵》（图5-4）通过强烈的色彩对比和粗厚的笔触，表现了向日葵这一植物的生命力和原始冲动，同时，也传达了梵高对于生活的热爱与执着。

图 5-4　梵高《向日葵》

3. 启迪智慧之门

艺术在感性的维度上激发、提升并发展着人们的感知敏锐度、想象力、直观洞察力与创造力。作为社会生活的镜像与艺术家情感的抒发，艺术深深植根于社会历史的长河之中。杰出的艺术作品通过塑造典型的艺术形象，不仅真实映照出社会生活的本质与规律，还预示了社会发展的轨迹。观众在欣赏这些作品时，往往能够洞悉历史与人生的真谛，增强观察与理解生活的能力。巴尔扎克在《人间喜剧》中的宏大叙事，便是这一论断的生动注脚，他深刻剖析了19世纪法国社会的金钱至上风气与资产阶级的崛起，其作品被恩格斯誉为法国社会历史的现实主义编年史，其教育意义远超专业学者之著述。由此可见，艺术在启迪智慧、揭示生活本质方面的独特价值，是其他社会科学所难以比拟的。艺术以其无限的想象力与敏锐的直觉，突破了知识框架的束缚，跨越时空界限，以鲜活意象与深厚情感，弥补了抽象与理性思维的局限，激发了人类精神生产的无限可能。艺术还是灵感的源泉，爱因斯坦便曾坦言其科学成就受益于音乐的启迪。此外，艺术还激发了人们对真理的渴望与创造的冲动。

4. 提高审美能力

艺术是人类审美活动的巅峰形态，其美学价值无可替代。艺术美不仅是美的极致展现，更是推动审美文化发展的核心力量。人类审美意识的成熟与审美心理结构的构建，离不开艺术精神的滋养与艺术实践的熏陶。艺术美在培养审美态度方面发挥着关键作用，这种态度并非天生，而是经由艺术教育与艺术鉴赏逐渐塑造而成的。研究表明，儿童在成长过程中，需要通过艺术教育方能学会以审美的眼光审视艺术作品，进而将这份态度融入日常生活，使生活充满艺术气息。

艺术美是提升审美能力的关键。审美能力包括审美知觉力、审美想象力与审美领悟力，这些能力虽受遗传影响，但更需后天的艺术滋养方能充分发展。艺术美通过激发审美体验，唤醒并发展这些潜在能力。马克思认为，艺术能够创造出懂得欣赏美的公众。在欣赏艺术的过程中，审美想象得以驰骋，艺术内涵逐步被领悟，审美能力也随之提升。

五、艺术美的审美

艺术美是人们对于艺术作品的审美体验和感受，超越了日常生活的琐碎和平凡，给人们带来了独特的情感和思考。艺术美的魅力在于多样性和复杂性，它可以从不同的角度被理解和欣赏。

（一）　形式与内容

艺术之美，犹如双面镜，既映照出外在的绚烂多姿，也透露出内在的深邃情感。形式美是艺术作品的直观展现，囊括了线条的流畅与张力、色彩的丰富与和谐、形状的独特与象征、构图的巧妙与平衡，它们共同编织成一幅幅视觉盛宴，让人在第一眼便能感受到美的冲击与震撼。形式美不仅是艺术作品的基础，更是引导观众深入探索其内在世界的门户。

内容美则是艺术作品的灵魂深处，它承载着艺术家对世界的独特见解、深刻情感与崇高思想。通过艺术作品的主题、情节、人物等元素，内容美触动着每个观众的心弦，引发共鸣，激发思考。它如同一条隐形的纽带，连接创作者与观者，让人们在情感的海洋里遨游，在思想的天空中翱翔。

（二）　体验与感知

艺术美是一场关于审美与感知的奇妙旅行。审美是个体对艺术作品的主观反应，融合了个人经历、文化背景、情感状态等多重因素，使每次观赏都成为一次独一无二的体验。它促使人们跳出日常的框架，以全新的视角审视世界，感受艺术带来的独特魅力。

感知则是这场旅行的起点。通过视觉、听觉、触觉等多种感官的参与，人们得以近距离接触艺术作品，捕捉其细微之处，感受其独特韵味。感知的敏锐度与深度直接影响着对艺术作品的初步印象与后续理解，为审美体验奠定了坚实的基础。

（三）　创造与表达

　　艺术美是艺术家创造与表达的结晶。创造是艺术家灵感的火花与技巧的碰撞，他们运用独特的想象力与精湛的技艺，将无形的思想转化为有形的艺术作品。在这个过程中，艺术家的个性与风格得以彰显，艺术作品也因此而具有了独特的生命力。

　　表达则是艺术家与观众之间的桥梁。通过艺术作品，艺术家传达自己的情感、思想与观点，邀请观众一同走进他们的内心世界，感受他们对世界的观察与思考。这种表达不仅丰富了艺术作品的内涵，也促进了人与人之间的理解和沟通。

（四）　情感共鸣与思维启迪

　　艺术美具有强大的情感共鸣与思维启迪能力。艺术作品能够直击人心，唤起人们内心深处的情感共鸣。无论是喜悦、悲伤还是震撼，艺术都能以独特的方式触动情感神经，让人们在共鸣中感受到生命的温度与力量。

　　艺术作品则像一把钥匙，打开了一个全新的思考空间。它们激发想象力与创造力，引导人们跳出常规的思维框架，以全新的视角审视世界。在艺术的启迪下，人们的思维得以拓展深化，对于生活与世界的理解也变得更加丰富和深刻。

（五）　传承与创新

　　艺术美在传承与创新中不断前行。

　　（1）传承是对传统审美观念与文化传统的尊重与继承。艺术家从先辈的作品中汲取灵感与智慧，将优秀的传统元素融入自己的创作中，使艺术作品具有了深厚的历史与文化底蕴。

　　（2）创新是艺术发展的不竭动力。艺术家们敢于突破传统束缚，勇于尝试新的表现手法与创作理念，为艺术作品注入了新的活力与生命力。

　　在传承与创新的交融中，艺术美得以不断升华与发展，展现出更加多元与包容的面貌。

课堂实操　　发现身边的艺术之美

大学美育课堂实操设计：发现身边的艺术之美

教学目标

　　（1）知识目标：使学生理解艺术之美的广泛性和多样性，认识到艺术不仅存在于美术馆和画廊，更融入日常生活的方方面面。

　　（2）技能目标：培养学生观察生活、发现美的能力，学会从不同角度审视和欣赏身边的艺术元素。

　　（3）情感与态度目标：激发学生对美的热爱和追求，提升审美情趣，培养积极向上的生活态度。

教学准备

（1）教具准备：多媒体课件、相机或手机（用于记录发现的艺术之美）、艺术书籍或图片资料。

（2）预习任务：要求学生提前观察校园或家附近的环境，思考哪些地方或物品可能蕴含艺术之美。

教学过程

1. 导入新课（约5分钟）

（1）情境创设：播放一段展现日常生活中艺术元素的短视频，如街头涂鸦、建筑装饰、自然风光等，引导学生进入发现美的情境。

（2）提出问题：视频中哪些场景或物品让你感受到了艺术之美？为什么？

2. 理论讲解（约10分钟）

（1）定义艺术之美：简要介绍艺术之美的概念，强调其广泛性和多样性。

（2）分析艺术元素：讲解线条、色彩、形状、构图等基本艺术元素在日常生活中的应用和表现。

3. 实践探索（约30分钟）

（1）分组活动：将学生分为若干个小组，每组分配一个探索区域（如校园内的某个角落、附近的公园、商业街等）。

（2）任务布置：要求各组学生使用相机或手机拍摄具有艺术美感的场景或物品，并尝试从艺术元素的角度进行分析和解读。

（3）现场指导：教师随同各组进行巡视，提供必要的指导和帮助，鼓励学生大胆发现、勇于表达。

4. 分享交流（约15分钟）

（1）小组展示：各组派代表上台展示他们发现的艺术之美，分享观察过程、艺术元素分析及感受。

（2）互动点评：其他同学和教师进行点评，鼓励正面反馈和建设性意见。

5. 总结提升（约10分钟）

（1）总结要点：回顾本任务所学内容，强调发现身边艺术之美的重要性和方法。

（2）情感升华：引导学生思考艺术之美对个人生活的影响，鼓励他们在日常生活中持续发现和欣赏美。

（3）布置作业：要求学生课后继续观察生活，记录并分享更多发现的艺术之美。

教学反思

（1）关注学生在实践探索中的参与度和积极性，及时调整教学策略以激发其兴趣。

（2）强调审美体验的多样性和个性化，尊重学生的独特感受和理解。

（3）鼓励学生将所学应用于实际生活中，提升审美情趣和生活品质。

任务二　艺术美的范畴

艺术美主要通过色彩、线条、形状、节奏、旋律等艺术语言，构建出超越现实的意境与情感世界。绘画以斑斓的色彩和灵动的笔触，展现自然之美与内心情感的交织；雕塑以立体的形态，凝固动态于瞬间，赋予无生命物质以灵魂；音乐则以旋律的起伏、节奏的跳跃，编织出情感的河流，直击人心最柔软的部分。此外，舞蹈、戏剧、电影等艺术形式更是通过身体的律动、情节的铺陈、光影的变幻，综合展现了艺术美的无限魅力，让观众在视觉、听觉乃至心灵的全方位体验中，感受到美的力量与震撼。

知识脉络 《

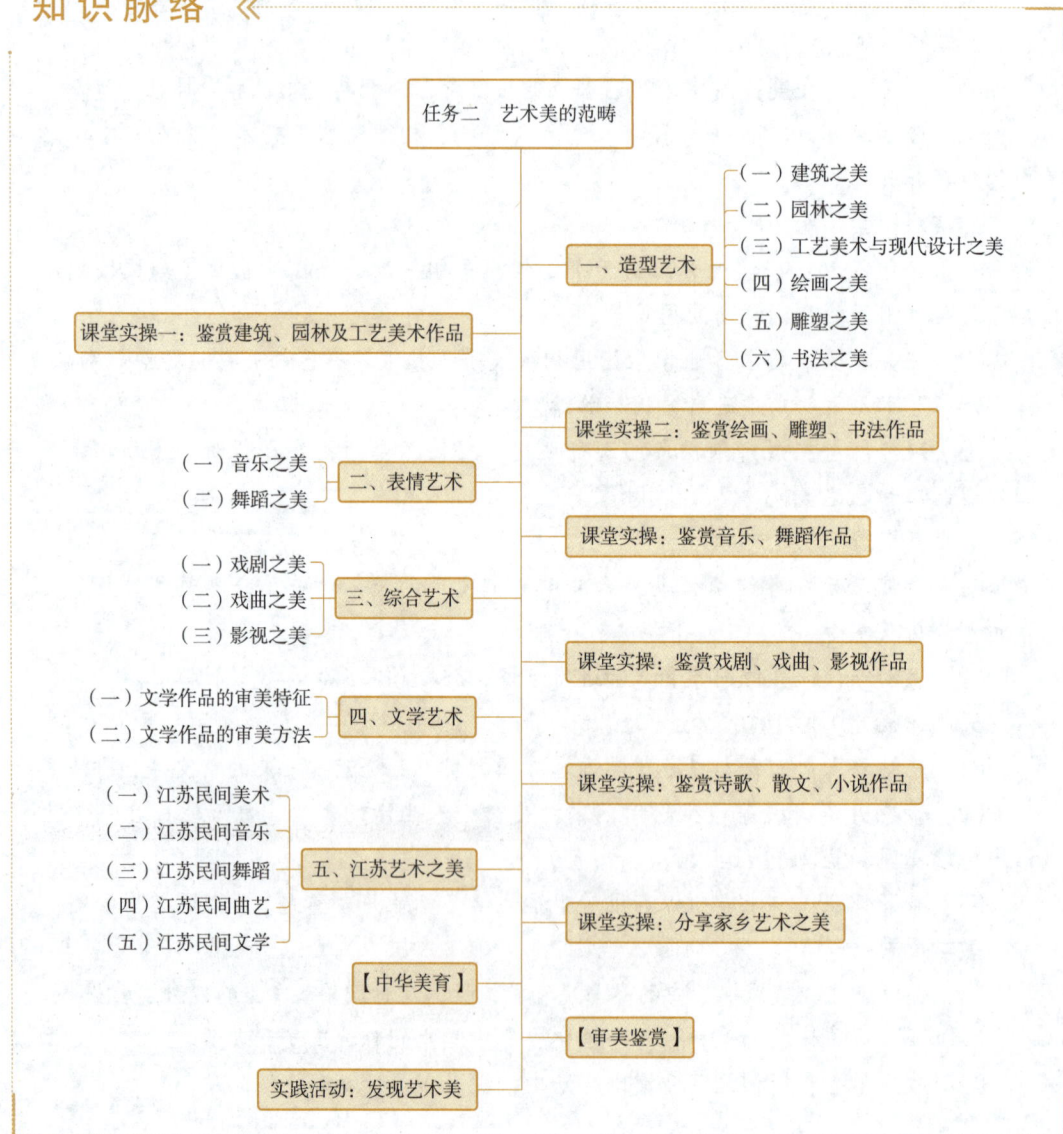

一、造型艺术

（一） 建筑之美

建筑艺术是人类文明的瑰宝，其审美特征丰富多样，跨越功能、材料、时代与艺术形式。无论是民用建筑、工业建筑，还是公共、宗教、宫殿陵墓、纪念性、园林建筑及建筑小品，每种类型都蕴含着独特的审美价值。

1. 建筑美的审美特征

（1）形式美。建筑艺术所展现的形式美具体体现在建筑物的整体轮廓与各部分之间的比例、体量、色彩、装饰，以及与周围环境的和谐统一上。建筑造型必须遵循形式美的法则，如多样与统一、平衡与对称、对比与比例、节奏与韵律等，通过这些法则，建筑思想的主题得以象征性地表达，引发欣赏者的无限想象与共鸣。

（2）文化美。建筑作为文化的载体，其美在于能够反映和传承一个民族或地区的历史、宗教、哲学等文化内涵。建筑不仅是砖石和木材的堆砌，更是文化精神的物化表现。例如，中国的古建筑（如故宫、颐和园等）通过其独特的木构架结构、斗拱飞檐、雕梁画栋等元素，展现了中华民族的传统文化和审美情趣。而西方的哥特式建筑，如巴黎圣母院，其高耸的尖塔、精美的玫瑰窗和丰富的雕塑装饰，则体现了中世纪欧洲宗教文化的深厚底蕴。

（3）实用美。建筑艺术的实用美在于其满足人们日常生活和生产活动的需求。建筑不仅要美观，还要实用，这是建筑艺术的基本原则之一。优秀的建筑设计既能够充分满足功能需求，又能完美兼顾美学价值与空间度，从而显著提升使用者的生活品质。例如，现代住宅设计注重采光、通风和节能，同时融入艺术元素，使居住空间既实用又充满艺术气息。商业建筑（如购物中心、办公楼等）则通过合理的空间布局和装饰设计，营造出舒适、便捷的购物或工作环境。

（4）意境美。建筑艺术还追求意境之美。这种美取决于艺术家的审美体验、情趣和理想，是情与景的高度统一。建筑的意境通过建筑艺术语言来创造，如北京故宫突出帝王的权力和威严，象征着皇权的神圣和至高无上；中国古典园林则追求自然情趣和诗情画意，意境深远含蓄。

2. 建筑美的赏析方法

欣赏建筑艺术是一场深入而多维的审美之旅。其要求从以下三个关键维度进行探索和理解。

（1）需要了解和掌握形式美法则。建筑艺术是造型艺术的一种，其美的规律在具体表现上就是形式美法则。在欣赏建筑艺术时，应细细品味构成建筑形象的每个元素，即空间、形体、色彩、质感、光线、阴影和环境等。同时，要体会建筑师如何巧妙地运用比例、尺度、韵律、均衡和对比等形式美法则来表达主题。为了更加深入地掌握这些法则，可以学习一些基本的构图理论，并在日常生活中注意观察和分析。此外，欣赏绘画、图案、雕塑和工艺美术作品也有助于加深对建筑艺术形式美的理解。

（2）欣赏建筑艺术需要具备一些建筑学的知识。建筑艺术的美不仅体现在其艺术造型上，还体现在生活美和技术美之中。因此，了解建筑学的相关知识对于欣赏建筑艺术至关重要。例如，中国古代建筑中的斗拱技术就是古代木结构建筑的一大特色。如果不了解斗拱的知识，就很难欣赏到古代木构建筑的独特魅力，也就无法真正进入建筑美的艺术殿堂。

（3）需要发掘作品的文化内涵。建筑艺术是民族和时代文化的物化表现，它深深地植根于一定的文化土壤之中。因此，欣赏建筑艺术必须结合其文化背景进行。例如，古埃及文化能够孕育出沉重而巨大的金字塔（图 5-5）和卡纳克神庙（图 5-6），而不可能产生明朗愉快的帕特农神庙；欧洲中世纪晚期的社会文化变革催生了哥特式教堂的出现；在中国封建社会晚期，封建宗法礼制的强化与北京城及其宫殿的布局和风格紧密相连。这些例子都说明了建筑艺术的文化内涵对于欣赏和理解的重要性。因此，在欣赏建筑艺术时，必须了解建筑艺术史和人类文化史，并结合历史、民族史、思想史、宗教史及文学、美术、音乐、地理和民俗等知识来加深对建筑艺术文化内涵的发掘与理解。只有这样，才能对建筑艺术有更深的感受和更全面的理解。

图 5-5　古埃及金字塔

图 5-6　卡纳克神庙

（二）　园林之美

园林美是指按照审美理念设计和布局的，统筹山川河流、自然风景、花草树木、宅院建筑等于一体的，体现自然美、社会美和艺术美统一的园林艺术，其本质在于人与自然的和谐共生。园林美的构成包括地形美、水体美、植物美、建筑美和艺术美等要素之美。大型园林的设计和建造是国家综合实力发展的象征。从中国和西方园林美的发展历史来看，东西方园林体系各有优势，相互借鉴，在当代城市公园、国家自然公园等发展中发挥着重要的作用。

1. 园林美的构成

园林美构筑了一个令人心旷神怡的美学空间，将时间之流转与空间之广阔融为一体，人居与自然和谐共生，展现出无尽的魅力。

园林之美是自然界之壮丽、社会之和谐与艺术之精粹的完美融合。其创造过程可概括为选址精妙、山水布局、建筑营造和花木点缀四大环节。园林之美具体可细分为地形、水体、植物、建筑及艺术等多个维度的美感展现。

地形之美源自对山川地势的精心挑选，古今园林皆以依山傍水为优。自然园林力求山林、湖泊、平原三者兼备，地势起伏，水体蜿蜒，林木葱郁，繁花点点，稍加雕琢即成佳境。《园冶》有云："园基不拘方向，地势自有高低；涉门成趣，得景随形。"汪菊渊先生也强调因地制宜，构园需合自然之势，如圆明园（图5-7）借西山之水，成万园之典范。园林布局应随地形起伏，景致相因，终达多样而统一之美。

图5-7　圆明园复原图

水体之美则环绕或穿梭于园林之中，青山绿水相映成趣，自古以来便是美景之所在。园林水体多源自天然，略加人工雕琢，如颐和园昆明湖、杭州西湖等，更以湖中筑岛，岛中映湖，构建多层次水景。相较之下，西方园林水体多呈几何形态，位于中轴或庭院中心，如凡尔赛宫前十字池，尽显规整之美，常伴以喷泉增其动态韵律。

植物之美在于园林中植被的层次丰富与季节更迭的变换。无繁花绿树，园林便失其生机。园林之美在于让人随时随地亲近自然，心灵得以在花红柳绿间栖息。古典园林之所以闻名遐迩，名花古木功不可没，如承德避暑山庄之松风梨花，拙政园之玉兰芬芳，皆为人称道。园林树木，尤爱古树名木，而垂柳、松柏、黄杨等也广植其间，竹子更受国人青睐。在四季变换中，花卉果木展现无尽魅力，引人驻足。

建筑之美体现在园林中的宫殿、楼阁、亭台、桥廊等各式建筑。依位置不同，建筑分为"堂正型"供居住与工作，"偏副型"则专供赏玩。后者又依形态分为"层高型"与"依水型"，各展风姿。皇家园林与私家园林皆以宫殿厅堂为核心，如阿房宫、圆明园等，而灵台、铜雀台、黄鹤楼等也是游人必访的名胜。

艺术之美则蕴藏于园林建筑内外的雕塑、绘画、书法及文学等装饰之中。皇家园林尤重奢华装饰，以彰显权势与财富。中国园林装饰繁复多样，从屋脊神兽到梁柱彩绘，无一不精；西方园林则以浮雕、雕塑、喷泉及艺术品装饰见长。园林不仅是自然的缩影，更是艺术的殿堂，珍藏着人类文化的瑰宝。

2. 中国园林美的审美特征

（1）崇尚自然之韵：中国园林艺术的核心在于对自然之美的极致追求，力求山水、植被与建筑等元素的和谐共生，仿佛是大自然在人间的精致缩影。通过精妙的手法模仿自然景致，营造出一种超脱尘嚣、意境悠远的园林空间，使人仿佛置身于山水画卷之中，感受那份宁静与和谐。

（2）蕴含深邃意境：与西方园林追求直观视觉冲击不同，中国园林美更注重含蓄之美与意蕴的传达。通过精心设计的布局与构思，引导游人在漫步间逐步领略园林的深层含义，激发内心的情感共鸣与深刻思考，使园林成为心灵的栖息地与思想的源泉。

（3）彰显人文精神：中国园林不仅是自然美景的展示，还是文化、哲学与艺术的高度融合体。园林中常融入诗词歌赋、历史典故与哲学思考，以景寓情，以物言志，深刻反映了对人生哲理、社会变迁及宇宙奥秘的独到见解，展现了中华民族深厚的人文底蕴与精神追求。

（4）绘就诗画之境：中国园林的布局与设计深受中国古典诗词及绘画的影响，通过巧妙的景观布置与意境营造，将园林空间转化为一幅幅流动的画卷，充满了诗情画意。游人置身其间，仿佛步入了一个个生动的诗画世界，感受着那份超脱世俗的雅致与韵味。

（5）构建层次空间：在空间布局上，中国园林讲究层次分明、错落有致。利用山石、水体、植被与建筑等元素的巧妙组合，创造出深远而丰富的空间层次，使园林在视觉上呈现出一种立体而多变的美感。这种空间布局不仅增强了园林的观赏性，也赋予了其更加深远的意境与内涵。

（6）追求细节之美：在园林的设计与建造过程中，中国园林艺术对细节的处理达到了极致。从山石的精心挑选与摆放、植物的巧妙搭配与修剪到建筑的精细构造与装饰，无不体现出一种精益求精、追求完美的艺术精神。这种对细节的关注与追求，使中国园林在整体上呈现出一种精致、华美而又和谐统一的艺术风格。

（三）　工艺美术与现代设计之美

1. 工艺美术的审美特征

对工艺美术的审美应在观察材料、色彩、造型、装饰的同时，从工艺美术作品整体的角度进行美术审美价值探讨。通过感受整体工艺美术作品所要传达的思想内涵，领悟设计的真实目的。由于工艺美术作品的创作均基于一定的客观环境，因此，在工艺美术作品审美时应充分结合设计作品气氛、环境基调等观察工艺美术本身与环境的配比关系，从而鉴赏工艺美术整体艺术性。由此可见，若想在工艺美术的审美中升华自身审美能力及感受工艺美术艺术魅力，应从整体与部分两个方面提高自身欣赏能力，最终感受到工艺美术的艺术之美。工艺美术部分审美主要包括以下四个部分。

（1）材料。材料作为工艺美术创造设计的基础物质形式，使人们对材料的鉴别与认知成为分析工艺美术作品创造工艺审美性的先决条件。在充分了解材料特性的基础上，分析工艺美术所选用材料如何与作品意图相契合，以及如何精准地展现作品的艺术特征，这些对工艺美术与材料运用之间关系的深入探索，有助于鉴赏材料在工艺美术中所展现的审美价值，并进一步提升公众的工艺美术鉴赏力。艺术表现力的无限性使从珍贵如玉石珠宝到平凡如沙石，从稀有如金丝楠阴沉木到日常可见的松柏杨柳，皆有可能成为工艺美术的创作材料。关键在于这些材料是否能与工艺美术的主题相契合，有效传达作品的艺术价值与审美意趣，同时，符合工艺美术的美学特征，展现其内在的美学本质。如此，即使是最不起眼的沙石，也能在工艺美术的领域中，绽放出与宝石相媲美的璀璨光芒。

（2）色彩。色彩是一种直观而丰富的视觉体验，它要求通过双眼捕捉并传递至大脑，从而构建起对色彩的认知。在工艺美术的创作殿堂里，为了深刻诠释作品的主题与灵魂，设计者巧妙地运用多姿多彩的色彩语言，为作品披上一层绚丽的艺术外衣。以盛极一时的唐三彩为例，它不仅以其生动传神的造型令人叹为观止，更因巧妙融合了黄、绿、褐三大基本釉色，并巧妙添加金属氧化物，呈现出色彩斑斓、光彩夺目的艺术效果。唐三彩不仅映照出唐代社会的繁荣昌盛与贵族的奢华生活，更通过描绘人物百态、牧畜家禽等多样题材，生动再现了那个时代人们的精神面貌与生活情趣。因此，对工艺美术中色彩的细致鉴赏与深刻审美，不仅能够帮助人们深入挖掘作品背后所蕴含的丰富内涵与文化积淀，还能使人们在色彩的海洋中感受到与创作者心灵的共鸣，体验色彩所激发的精神力量与情感共鸣。

（3）造型。随着时代的变迁，工艺美术的造型设计亦步亦趋，既坚守着传统优秀造型手法的精髓，又不断吸纳时代的新元素，进行创新探索，使工艺美术的造型日益丰富多元。中国民间工艺美术在造型上独具匠心，诸如"女做腰、男做胸"的谚语，强调了在塑造人物时应注重性别特征的细微差别，通过鲜明的造型手法展现作品的严谨与精细；"一手遮半脸，二手全不见"则是对人体比例塑造的独到见解，而"若想笑，眉眼吊，若要哭，眉眼坠"更是深刻揭示了面部肌肉变化与人物表情之间的紧密联系。这些民间工艺美术造型看似简约，实则蕴含了工艺造型对气势、严谨性及韵律美的不懈追求，通过简洁大力的造型语言，让人感受到工艺作品中所蕴含的生动与和谐之美。

（4）装饰。鉴于中国工艺美术悠久的发展历程，每个时代都孕育出了独特的装饰风格。因此，深入领略工艺美术作品的审美魅力，需要先对其背后的历史、文化及社会背景有所了解，以洞察不同装饰元素在不同工艺美术作品中的独特意义。以刺绣（图5-8）为例，刺绣家的精湛针法展现了"匀、细、活"的艺术境界，更通过细腻的图案设计、巧妙的虚实结合与曲直对比等装饰手法，赋予了绣画以生命力和趣味性，充分展示了装饰在工艺美术中的点睛之效，提升了作品的艺术层次与鉴赏价值。然而，值得注意的是，装饰手法的运用需恰到好处，过度堆砌或滥用装饰元素只会削弱作品的整体效果，使其显得杂乱无章。因此，在鉴赏工艺美术作品时，应避免仅从装饰的复杂程度、装饰物的数量或装饰工艺的技术高低等单一维度出发，而应将装饰内容与作品整体风格相结合，重点考察装饰是否能有效传达设计的主旨与思想。

图 5-8 刺绣作品

2. 中国民间工艺美术的鉴赏方法

中国民间工艺美术是中华民族文化不可或缺的组成部分，承载了厚重的历史记忆与鲜明的民族风情，彰显了民众独特的审美追求与创造智慧。欣赏此类艺术作品，既是一场赏心悦目的美学体验，更是一次对民族文化基因的深度解码与精神认同的升华之旅。对于中国民间工艺美术作品，可以从以下角度来鉴赏。

（1）追溯文化根源：每件工艺品都是其所在文化土壤的结晶。深入了解该工艺品的历史背景、地域特色、制作工艺及文化象征意义，是领略其魅力的第一步。例如，中国剪纸在技艺精湛之余，更寄托了人们对幸福生活的美好祈愿。

（2）细品工艺精髓：民间工艺美术凝聚了匠人的智慧与汗水。细致观察其制作技艺，如编织的精巧、雕刻的细腻、刺绣的繁复，无不透露出匠人对美的极致追求与对细节的严格把控。

（3）感受美学韵味：作品往往蕴含丰富的地域美学与民族特色，色彩、形态、纹饰等元素的运用，共同构成了其独特的美学价值。在欣赏中，可细细品味这些元素带来的视觉享受与心灵触动。

（4）体验实用之美：许多民间工艺品兼具观赏与实用功能。通过实际使用或模拟体验，如触摸陶瓷的温润、感受竹编的坚韧，可更深刻地理解作品如何在实用中展现艺术，在艺术中融入生活。

（5）探索故事内涵：工艺作品中常蕴含丰富的民间故事与传说，挖掘这些故事背后的深层含义，有助于更全面地把握作品的情感色彩与文化底蕴。

（6）领悟生活哲学：每件工艺品都是匠人生活哲学的体现。通过作品，可以感受到匠人对自然的敬畏、对生活的热爱、对传统的坚守，这些哲学思考为人们提供了宝贵的精神滋养。

（7）融合现代审美：在欣赏传统工艺的同时，不妨尝试将其与现代审美观念相结合，探索传统与现代的和谐共生。这样的尝试不仅能赋予传统工艺新的生命力，也能在传承中创新，在创新中传承。

（四）　绘画之美

1. 绘画的审美特征

（1）形式之美。绘画的形式之美又细分为结构美和色彩美。

1）绘画的结构之美体现在画面的布局与构图上。一幅优秀的画作往往通过巧妙的构思和布局，将各个元素有机地组合在一起，形成和谐而富有张力的整体。画家运用线条、形状、空间等视觉元素，通过对比、平衡、节奏等手法，构建出既符合视觉逻辑又充满艺术感染力的画面结构。这种结构之美使画作在视觉上具有吸引力和冲击力，引导观者深入感受画作的内涵与意境。

2）色彩既是绘画中不可或缺的元素，也是表现画面情感和氛围的重要手段。色彩之美不仅在于色彩的丰富多样和鲜明对比，更在于色彩所传达的情感和意境。画家通过巧妙的色彩运用，营造出不同的视觉效果和情感体验。冷暖色调的对比、色彩明度的变化、色彩纯度的调配等都能为画面增添丰富的层次感和立体感。同时，色彩还能传递出画家的情感倾向和创作意图，使观者在欣赏画作的过程中产生共鸣和联想。

此外，《尔雅》曾言："画，形也。"美术的本质离不开人的眼睛与所见的"形"。形是绘画作品的灵魂，通过点、线、面三个基本元素赋予作品深刻的思想与想象。点、线、面是构成视觉世界的基础，从点到线，由线成面，再由多面塑造出立体之形。同一物体在不同视角下，展现出无限的创作可能性，这正是绘画艺术的独特魅力。

点，其大小与位置的差异，不仅塑造出具体的物象，更赋予画面一种独特的美感，为画面注入活力。例如，山水画中的点苔法便巧妙地运用各种形状的点，描绘出山石、坡地、苔藓等自然景观。

线则以其宽度与厚度的变化，传递出不同的情感与感染力，成为画面故事的重要载体。水平直线带来舒展与平静，垂直线展现挺拔与庄严，斜线富有动感与节奏，而曲线则传递出自由、活泼与愉悦的气息。线条在中国传统绘画中尤为重要，吴冠中认为，中国传统绘画的主要武器是线，用线构成画，用线营造深远与广阔。

面是点、线等元素与整个画面关系的总和，它丰富了画面的艺术空间感，展现了不同的艺术风貌，从视觉和分量上提升了画面的内涵。

点、线、面三者相互依存，共同构成了绘画的基本语言。通过画家的巧妙组合，这些元素形成了具象、意象、抽象三种主要绘画形态，使画面更加自然、生动，更具有表现力。它们不仅是画家表达事物本质的工具，更是传达其深刻洞见的媒介。

例如，《芙蓉锦鸡图》（图5-9）是北宋时期由皇帝宋徽宗赵佶亲笔绘制的杰作。赵佶在历史上虽以"丧国之君"著称，但他同样是中国美术史上一位卓越的绘画大师，为中国的美术事业留下了不可磨灭的贡献。他擅长工笔花鸟与仕女画，并且将其绘画经验系统总结，编撰了《宣和书谱》《宣和画谱》《宣和博古录》等美术史籍。此外，他还是一位书法家，独创了飘逸潇洒的"瘦金体"书法字体。

图5-9　宋徽宗赵佶《芙蓉锦鸡图》

该画作通过点、线、面的高水准融合，使作品整体诗意与画意相得益彰，共同营造出一种深邃的艺术氛围。画面中的锦鸡毛羽鲜艳，设色考究，每根羽毛都精心描绘，呈现出极致的华丽与细腻。芙蓉花的枝叶则俯仰有致，精妙入微，每片叶子都各具姿态，互不重叠，其轻重高下的质感令人赞叹。图下几枝菊花斜插而出，为画面增添了构图上的复杂感，同时渲染了金秋的浓郁气氛。

这幅画用笔精娴熟练，双钩设色细致入微，空间分割自然天成，充分展现了北宋宣和年间院体画的艺术水平。无论是锦鸡的生动描绘，还是芙蓉、菊花的精细刻画，都体现了宋徽宗高超的艺术造诣和深厚的文化底蕴。

（2）内容美。内容美是绘画作品的核心价值所在，它超越了形式的束缚，深入作品所描绘的主题与故事之中。一幅优秀的绘画作品，其内容往往丰富多彩，寓意深远，能够引发观者的深思与共鸣。无论是历史题材的宏大叙事，还是日常生活的小品描绘，画家们总能以独特的视角和精湛的技艺，将平凡或非凡的场景转化为不朽的艺术形象。

例如，宋代画家张择端的《清明上河图》，便以其细腻入微的笔触和宏大的场景布局，生动再现了北宋都城汴京（今河南开封）的繁荣景象。画中人物众多，形态各异，街道两旁店铺林立，车水马龙，展现了当时社会的经济繁荣和人民生活的丰富多彩。这幅作品不仅具有极高的艺术价值，更成为研究北宋历史文化的珍贵资料，其内容之美令人叹为观止。

又如，梵高的《向日葵》系列，虽然画面简单，仅由几朵向日葵和背景构成，但是其内容却蕴含着画家对生命、自然和艺术的深刻理解与热爱。每朵向日葵都像是画家内心的写照，热烈而奔放，充满了对生命的渴望和对美的追求。这种内容上的纯粹与深刻，使《向日葵》系列成为世界艺术史上的经典之作。

（3）情感之美。情感无疑是绘画作品的深层核心和永恒的活力之源。这种情感并非轻易可触，它深植于画家对自然世界的敬畏与好奇，对生活的细腻体验，对人生百态的深刻洞察，以及对社会变迁的敏锐感知之中。每个笔触、每滴颜料，都蕴藏着画家丰富的内心世界和无尽的情感表达。

情感之美虽无形无质，难以用言语准确描述，却能通过绘画这一艺术形式得以完美展现。画家运用巧妙的构图、独特的造型和丰富的色彩处理将无形的情感转化为可视的图像，给予观者强烈而独特的情感体验。在画家的笔下，色彩不仅是颜色的堆叠，更是情感的载体，传递着画家内心的喜怒哀乐。

例如，唐代著名画家吴道子，他的兰叶描①技艺堪称一绝。每一笔都灵动飘逸，如同真实的兰叶在微风中轻轻摇曳，不仅展现了画家高超的绘画技巧，更传递了他对自然、对生命、对艺术的深刻感悟和无限热爱。这种情感通过画面传递给每个观者，让人在欣赏作品的同时，也能感受到画家内在的精神力量（图5-10）。

一幅杰出的绘画作品就如同一个魅力四溢的人，拥有着独特的个性、偏好和深刻的情感。它不仅是一幅图像，更是一个充满情感和故事的世界。在这个世界里，观者可以随着画家的笔触和色彩，自由倘佯在画作所营造的情境中，感受画家所传递的情感和思绪。这种感受是如此真实而深刻，仿佛能够触及观者内心深处的某一部分，引发共鸣和感悟。

---

① 兰叶描与铁线描一样，是中国传统人物画勾勒法中又一大类，起初因形似兰叶而得名。兰叶描相传为画圣吴道子所创，因其所画人物衣褶有飞动飘逸之势，被后世誉为"吴带当风"。此画法用笔讲求提按顿挫的节奏变化，与唐代楷书的笔法相似。

图 5-10　吴道子《天王送子图》

因此，欣赏绘画作品不仅是一种视觉的享受，更是一种情感的交流和心灵的沟通。通过欣赏画作，观者可以感受到画家的内心世界和情感表达，也可以找到与自己内心深处的共鸣和联系。

（4）寓意美。寓意美是绘画作品超越表面形象，传达深层含义的能力。画家常常通过象征、隐喻等手法，将个人的思想、信仰、价值观等融入作品中，使作品具有更加丰富的内涵和深远的寓意。这种寓意美不仅让观者在欣赏画作时获得视觉上的享受，更能引发其对生活、对人性、对宇宙等深层次问题的思考。

例如，毕加索的《格尔尼卡》便是一幅充满寓意美的作品。这幅作品以西班牙内战期间德国轰炸格尔尼卡小镇为背景，通过夸张变形的形象、破碎的构图和灰暗的色调，表达了画家对战争残酷性的强烈控诉和对人类苦难的深切同情。画中的每个形象都充满了象征意味，如哭泣的女人、断臂的士兵等，都深刻地揭示了战争给人类带来的巨大痛苦和灾难。这幅作品不仅是一幅杰出的艺术作品，更是一篇无声的控诉书，其寓意之深刻令人震撼。

又如，中国宋代画家李唐的《采薇图》，通过描绘伯夷、叔齐不食周粟、采薇而食的故事，寓意了画家对气节、忠诚等高尚品德的赞美和追求。画中的两位主人公形象清瘦而坚毅，背景则是荒凉的山野和稀疏的草木，整个画面透露出一种清高脱俗、不与世俗同流合污的气息。这种寓意美不仅丰富了作品的内涵，也提升了作品的艺术价值。

2. 绘画的审美方法

绘画的审美方法主要有理解作品的立意和主题、感受作品的情趣和意境、了解作者和作品创作的时代背景，以及多欣赏好作品等方式。

（1）理解作品的立意和主题。艺术家通过作品展现他们对客观事物的独特认识和深刻情感。在中国画中，这种理念尤为突出，有着"意在笔先，画尽意在"的哲理。这意味着画家在创作之前已经有了明确的立意，而画作完成后，其意境仍能持续延伸，给予观者更多的想象空间。因此，在欣赏画作时，应该着重关注作品的立意，品味其中蕴含的深层含义。例如，一幅山水画可能通过细腻的笔触和丰富的色彩，表达出画家对大自然的敬畏与热爱，同时，也反映出其追求和谐与宁静的内心世界。

（2）感受作品的情趣和意境。感受美术作品的情趣和意境是欣赏过程中的重要一环。美的魅力在于它能够吸引人、感染人、鼓舞人。当面对一幅美术作品时，应该尽情地去享受它所创造的优美情趣和意境。这种美是和谐的，它在对立统一中求得和谐，让人在欣赏中感受到一种宁静与愉悦。例如，一幅描绘春天景色的油画，可能通过鲜艳的色彩和生动的构图，让人感受到春天的生机与活力，同时，也传递出画家对美好生活的向往和追求。以莫奈的《睡莲》为例，这幅画作通过细腻的笔触和柔和的色彩，描绘出了一片宁静的池塘景色。莫奈在创作这幅画时，运用了印象派的技法，将光线和色彩的变化表现得淋漓尽致。观者在欣赏这幅画作时，仿佛能够感受到池塘的宁静与和谐，以及画家对自然的热爱和敬畏之情。

（3）了解作者和作品创作的时代背景。美术作品往往是作者形象化的自传，是作者人生态度、审美价值的具体表现。因此，了解作者的生平经历、艺术风格及创作背景，有助于更好地理解作品所表达的主题和情感。同时，一幅绘画作品也总是一个时代生活的映射，它体现着一个时代的本质特征和文化内涵。如果能够了解作品所处的时代背景，就能更加深刻地体会到作品的精妙之处和创新之处。例如，在欣赏一幅描绘古代宫廷生活的画作时，了解当时的政治、经济、文化状况，以及宫廷生活的特点，就能更好地理解画家如何通过画面展现出宫廷的繁华与落寞。以毕加索的《格尔尼卡》为例，这幅画作描绘了西班牙内战期间的悲惨景象。毕加索在创作这幅画时，深受战争的影响，他的内心充满了对战争的厌恶和对和平的渴望。因此，他在作品中运用了立体主义的技法，将战争的残酷和痛苦表现得淋漓尽致。同时，这幅画作也反映了当时社会的动荡和不安，成为那个时代的标志性作品。

☀ 美育小贴士

有关绘画的经典论述赏析

夫画道之中，水墨最为上。肇自然之性，成造化之功。或咫尺之图，写千里之景。东西南北，宛尔目前；春夏秋冬，生于笔下。

——王维

味摩诘之诗，诗中有画；观摩诘之画，画中有诗。

——苏轼

画梅谓之写梅，画竹谓之写竹，画兰谓之写兰，何哉？盖花之至清者，画之当以意写，不再形似耳。

——汤垕

绘画完全是一门非常具体的艺术，它只能由对真实有形物的再现所构成，它运用物质性的语言，也就是看得见的事物。对绘画来说，从不会有抽象的、看不见的和不具形的素材。艺术想象就是去探索如何再现具体有形之物，从不会是去想象或创造那个事物本身。

——库尔贝

我始终想在色彩研究方面有所发明，利用两种补色的结合，它们的混合与它们的对比，类似色调的神秘颤动，表现两个爱人的爱；利用一种浅色调的光亮衬着一个深沉的背景，表现脑子里的思想；利用星星去表现希望；利用落日的光来表现人的热情。

——梵高

绘画自身的价值并不在于对事物的逼真描绘。我问自己，人们不能只画那些所看到的东西，而是首先必须画出对事物的认识。一幅画不但可以表现出现象，而且还可能表现出事物的观念。

——毕加索

（五） 雕塑之美

1.雕塑的审美特征

哲学家李泽厚曾总结："雕塑之精髓，在于其卓越地展现高度概括、理想化且纯粹的个性风貌与气概。"雕塑艺术的审美特征，可归纳为形体之美、材质之美、意蕴之美三大维度。

（1）形体之美。雕塑作品给予观者的第一印象与深刻感受，源自其独特的空间形态。雕塑通过"形体"这一载体，向观赏者传递色彩感知、触觉体验、材质质感、深层情感。鉴赏时，需要融合视觉与想象的触觉，结合雕塑置身的环境氛围，全面感受其形体之魅。

（2）材质之美。雕塑创作依赖于特定的物质媒介，这些材料赋予了艺术形象以实体。不同材质展现出各异的美学特性：木质以其清晰的纹理、深邃的色泽，彰显古朴典雅，尤宜刻画历史与古人；大理石则以光洁细腻著称，适合表现纯洁与优雅之美；而青铜的坚固、富丽及金属光泽，则成为崇高与高贵形象的理想载体。

（3）意蕴之美。作为静态的空间形象，雕塑能捕捉并凝练深刻的思考与情感。杰出的雕塑家能巧妙地利用雕塑的静态特性，通过有限的形式展现无限的意境，创造出既高度概括又充满变化的美，激发观者的无限遐想。

2.雕塑的审美方法

鉴赏雕塑作品可以从以下三个角度切入。

（1）细品形体特征。形体美是雕塑美的核心，优秀的雕塑作品在三维空间中，以瞬间的姿态展现生命的动态与情感。应从形体出发，感受其蕴含的生命力与精神内涵。

（2）探寻精神内蕴。雕塑作品的创作深受艺术家时代背景、人生阅历及审美追求的影响。鉴赏时，需跟随艺术家的心路历程，深入剖析作品造型背后的情感与审美倾向，理解其蕴含的理性思考与审美理想。

（3）关注环境关系。雕塑作为三维空间的艺术形式，与环境息息相关。在欣赏过程中，应留意雕塑与自然环境、人文环境之间的内在联系，探寻它们之间是否存在某种共鸣或对话，以更全面地理解作品的艺术价值与意义。

（六） 书法之美

1. 书法的审美特征

（1）笔墨之美。在书法的世界里，笔墨之美是其最直接的体现。不同的书体如同不同的舞者，各自演绎着独特的舞姿。楷书线条规整敦实，如古代士人端坐堂上，一笔一画都透露出沉稳与庄重；行书则如流水般灵动，线条流畅飘逸，仿佛舞者在纸面上翩翩起舞，每个转折都充满了生命的活力。

书法之美

墨色的变化更是为书法作品增添了无尽的魅力。古人云："墨分五色"，即浓、淡、枯、湿、润，每种墨色都如同一个音符，在书法家的笔下奏出美妙的旋律。书法家通过控制墨中的水分，使墨色在纸面上呈现出丰富的层次，如同水墨画一般，既有山水的意境，又有书法的韵味，给人以强烈的视觉冲击和美的享受。

（2）结构之美。汉字作为书法的载体，其结构之美无疑是书法艺术的灵魂。每个汉字都如同一个独立的宇宙，有着自己独特的笔画数量、位置、形态。楷书追求的是结构的严谨与肃穆，每一个字都如同古代的宫殿般庄重大气，给人一种稳重与威严的感觉。而行书和草书则更注重结构的灵活与多变，每个字都如同山涧流水般自由而奔放，充满了生命的活力。

汉字的结构之美不仅在于其形态的多样性，更在于其内部的和谐与协调。那些不同的笔画，或平稳，或侧，或险峻，或迎让，或向背，它们相互呼应、相互衬托，构成了一个个生动自然、虚实相生、轻重协调的汉字。这些汉字在书法家的笔下，仿佛被赋予了生命，它们或静如处子，或动如脱兔，展现出了独特的精神风貌和美感。就如同王羲之的《兰亭序》中的"之"字，每个都各具特色，有的如舞者般灵动，有的如老者般沉稳，充分展现了汉字的结构之美。

（3）章法之美。章法作为书法作品中整体构成和布局的艺术，是书法作品得以完美呈现的关键所在。一幅优秀的书法作品，就如同一幅精心构图的画作，需要书法家在深入理解作品内容的基础上，运用章法布局的要领，将作品精心雕琢、巧妙呈现。

在章法的运用上，书法家就如同一位高明的指挥家，他们通过精心策划和巧妙安排，将每个字、每一行都融入整个作品的布局之中。字与字之间、行与行之间都需要经过书法家的深思熟虑和精确控制，以确保它们能够相互呼应、相互衬托，形成一个和谐统一的整体。

1）书法家会注重作品的首尾呼应。他们会在作品的开头和结尾处，通过精心设计的字形、结构和布局，使整幅作品在视觉上呈现出一种回环往复、连绵不断的美感。这种首尾呼应的布局方式不仅使作品在视觉上更加和谐美观，还能够引导观者的视线，让他们能够顺着书法家的意图，深入领略作品的韵味和意境。

2）书法家会追求作品的疏密得当。他们会在作品中巧妙地运用空白和墨色，使整幅作品在视觉上呈现出一种疏密有致、虚实相生的美感。这种布局方式不仅使作品在视觉上更加生动自然，更能够传达出书法家的情感和审美情趣。在疏密得当的布局中，观者可以感受到书法家对于空间的控制力和对于整体效果的把握力。

3）书法家会注重作品的气息流畅。他们会在作品中通过合理的布局和安排，使整幅作品在气息上呈现出流畅自然、一气呵成的感觉。这种气息流畅的布局方式不仅使作品在视觉上更加和谐统一，还能够让观者感受到书法家在书写时的挥洒自如和激情澎湃。在气息流畅的作品中，观者可以领略到书法家对于书法的热爱和对于艺术的追求。

4）书法家会追求作品的意蕴飞扬。他们会在作品中通过巧妙的布局和安排，使整幅作品在意蕴上呈现出一种深远悠长、韵味无穷的感觉。这种意蕴飞扬的布局方式不仅使作品在内涵上更加丰富深邃，还能够引导观者深入思考、领悟其中的哲理和人生智慧。在意蕴飞扬的作品中，观者可以感受到书法家对于生活的感悟和对于人生的理解。

（4）形式之美。书法的形式之美体现在其多样化的表现方式上。不同的书法作品形式适用于不同的场合和需要，为书法艺术增添了丰富的表现力和装饰性。

中堂作品大气磅礴，适合装饰在宽敞的客厅或会议室中；对联作品则充满了喜庆和祝福的意味，常用于节日或喜庆场合；条幅作品则具有一种流动的美感，适合挂在书房或办公室中；扇面作品则小巧精致，便于携带和欣赏。

书法家们通过不同的装裱手段对作品进行加工和完善，使这些书法作品不仅具有艺术价值，更具有实用性和装饰性。这些精美的书法作品不仅可以作为艺术品欣赏收藏，还可以作为礼品赠送亲朋好友或装饰家居环境，展现出书法艺术的独特魅力和实用价值。

2. 书法的审美方法

（1）从欣赏笔法入手。笔法是书法的核心技巧，决定了笔画的形态和质感。在欣赏书法时，首先要注意笔画的提按、粗细、轻重、强弱、徐疾等技巧。这些技巧的运用直接影响到作品的整体效果。

以王羲之的《兰亭序》为例，这部作品被誉为"天下第一行书"，其中的"之"字千变万化，每一笔都凝聚了书法家独特的笔法。在欣赏时，可以仔细观察这些笔画的起笔、行笔和收笔，感受其提按、粗细、轻重等细微变化。这些变化使整个字圆润厚重，富有质感。好的书法用笔，即使笔画细如游丝，也能传达出浑圆的体积感，如同蝉翼般轻盈，却又能感受到其内在的厚重。

此外，还应关注笔画的长短、粗细和浓淡是否多变且适宜。在书法中，不同的笔画形态和质感能够传达出不同的情感与意境。例如，粗重的笔画可以表现出雄浑、刚健的气质，而细长的笔画则能传达出秀丽、清新的美感。同时，"骨肉"是否相称、"筋脉"是否相通也是欣赏笔法时需要注意的问题。这些都能反映出书法家的笔法造诣和艺术修养。

（2）重视欣赏结体。结体即字的结构安排，是书法美的重要体现。在欣赏书法时，应重视结体的审美价值。王羲之在《题卫夫人〈笔阵图〉后》中提到："若平直相似，状如算子，上下方整，前后平齐，便不是书，但得其点画耳。"这说明在书写时，不仅要注重笔法的运用，还需注意结体的变化。

以颜真卿的楷书为例，他的结体严谨而富有变化。每个字都如同精心雕琢的工艺品，既有规矩可循，又不失生动与活泼。在欣赏时，可以关注每个字的结构安排，如大小、偃仰、平直振动等元素的协调。这些元素的变化不仅使每个字都独具特色，还能传达出书法家的情感与意境。

有造诣的书法家总是能精心安排每个字的长短、大小、疏密和宽窄，使之曲尽其美、富有生趣。在欣赏结体时，应关注书法家如何通过结构的变化来传达情感与意境。例如，在表现欢快的情感时，书法家可能会采用疏朗的结体；在表达忧郁的情感时，则可能会采用紧凑的结体。这种情感与意境的传达使书法作品更具生命力和感染力。

（3）注重章法布局。在书法的审美中，章法布局占据着至关重要的地位。章法布局是指书法作品中字与字、行与行，以及所留空白的整体安排，它体现了书法家对作品整体构图的精心设计和深刻理解。好的章法布局能够使作品呈现出顾盼有姿、错落有致的效果，给观者带来视觉上的享受和心灵上的震撼。

以吴昌硕的《芦塘双鹤图》为例（图 5-11），他的章法布局独具匠心，展现出了非凡的艺术魅力。在吴昌硕的书法作品中，字与字之间、行与行之间及所留空白都恰到好处地融为一体，形成了一种和谐统一、富有节奏感的视觉效果。

1）吴昌硕在字与字的安排上非常讲究。他注重字与字之间的呼应和联系，通过合理的间距和角度变化，使每个字都能够在整体布局中发挥自己的作用，同时，又能够与其他

图5-11 吴昌硕《芦塘双鹤图》

字相互呼应、相互衬托。这种字与字之间的和谐关系，使作品在视觉上更加和谐统一，给人一种整体感。

2）吴昌硕在行与行的布局上也独具匠心。他善于利用行与行之间的空白和间距，使整幅作品在纵向上呈现出一种错落有致、富有节奏感的视觉效果。通过合理的行间距和行与行之间的穿插、呼应，吴昌硕使作品在纵向上形成了一种流动感和韵律感，给观者带来一种视觉上的享受。

3）吴昌硕在留白的处理上也十分巧妙。他深知留白在书法作品中的重要作用，通过巧妙的留白处理，使作品在视觉上更加透气、更加生动。留白不仅能够使作品在视觉上更加开阔和自由，还能够为观者提供足够的想象空间，让观者在欣赏作品的同时，也能够感受到书法家所要传达的情感和意境。

正如丰子恺所评价的那样，在吴昌硕的作品中，各笔、各字、各行对于全体都是有机的，字的形态和布局都是构成整体美感的必要元素。在欣赏书法时，应注意观察作品的章法布局是否和谐统一、富有节奏感。通过观察字与字、行与行及所留空白的安排，可以感受到书法家在创作过程中的精心设计和深刻思考，从而更加深入地理解作品的内涵和魅力。

（4）领悟内在精神。在书法的审美中，领悟内在精神是至关重要的一环。书法的内在精神指的是书法家通过其作品所传达出来的思想感情和独特的人格魅力。这种精神是书法作品生命力的源泉，也是连接书法家与观者心灵的桥梁。

以米芾的行书为例，他的作品之所以能够在书法艺术史上留下浓墨重彩的一笔，不仅在于其笔法精湛、结体优美、章法和谐，更在于其作品中透露出的豪放不羁、潇洒自如的精神风貌。这种精神风貌正是米芾本人性格和情感的真实写照，他通过书法这一艺术形式，将自己的情感、性格和追求融入其中，使作品具有了独特的魅力和生命力。

在欣赏米芾的行书时，不仅要关注作品的外在形态和技巧表现，更要深入领悟其中所蕴含的内在精神。这种领悟需要具备一定的文化素养和审美能力，能够理解和感受书法家所要传达的思想感情和人格魅力。

为了深入领悟书法的内在精神，需要了解书法家的生活背景、艺术追求，以及书写内容和技巧之间的关系。首先，了解书法家的生活背景有助于理解其艺术创作的根源和动机。例如，米芾生活在一个文化繁荣、艺术氛围浓厚的时代，他的性格和追求都受到了这种时代氛围的影响，这种影响也体现在他的书法作品中。其次，了解书法家的艺术追求有助于理解其作品的风格和特点。米芾作为一位杰出的书法家，他追求的是自然、率真和豪放的艺术风格，这种追求也体现在他的行书作品中。他善于运用各种笔法技巧，将自己的情感和性格融入其中，使作品具有了独特的魅力和个性。最后，理解书写内容和技巧之间的关系也是领悟书法内在精神的关键。书法作品中的每个字、每一笔都蕴含着书法家的思想和情感。在米芾的行书作品中，他通过巧妙的章法布局和精湛的笔法技巧，将自己的情感和性格融入其中，使作品具有了生动的气韵和丰富的内涵。

　　文房四宝，即笔、墨、纸、砚，乃中国古代文人墨客不可或缺的书写工具，也是中华文化传承的重要载体。笔，如舞者手中的绸带，挥洒自如，展现文字之美；墨，似夜空中的星辰，深浅不一，为文字增添色彩与层次；纸，如大地般宽广，承载着文人的思考与情感；砚，则是墨的港湾，静谧而深沉，为文人提供源源不断的灵感之源。这四者相互依存，共同构建了中国书法的独特魅力。无论是挥毫泼墨的狂放，还是轻描淡写的细腻，文房四宝都以其独特的韵味，见证了中华文化的源远流长与博大精深。

课堂实操一　鉴赏建筑、园林及工艺美术作品

中国建筑赏析：故宫

　　（1）建筑之美。故宫（图5-12）的建筑之美首先体现在其宏伟的规模和严谨的布局上。故宫的占地面积约为72万平方米，建筑面积约为15万平方米，拥有大小宫殿70余座，房间数量众多。其整体布局以中轴线为中心，主要宫殿建筑均沿中轴线对称分布，东西两侧的建筑则与中轴线平行，这种布局不仅体现了封建社会的礼制观念，也赋予了故宫一种和谐统一、秩序井然的视觉美感。

图 5-12　故宫

　　具体到建筑细节，故宫的每座宫殿都展现出了高超的建筑技艺和精湛的艺术表现力。以太和殿为例，作为故宫最重要的建筑之一，它不仅体量宏大，装饰豪华，而且造型壮丽，屋顶采用重檐庑殿顶，上覆黄琉璃瓦，檐角飞翘，檐下斗拱层叠，梁枋上绘有精美的龙纹和玺彩画，每处细节都透露出皇权的神圣与威严。此外，故宫的角楼、城墙、护城河等建筑元素也各具特色，共同构成了其独特的建筑风貌。

（2）文化内涵。故宫不仅是一座建筑群，更是一座文化的宝库。它承载了明清两代皇家的历史记忆和文化传承，是中华民族传统文化的重要载体。在美育视角下，可以从故宫的文物、书画、瓷器等藏品中感受到中国传统文化的博大精深和独特魅力。这些藏品不仅具有极高的艺术价值，还蕴含着丰富的历史信息和文化内涵，为人们提供了一个了解中国传统文化的重要窗口。

同时，故宫的建筑本身也蕴含着丰富的文化内涵。从宫殿的命名、匾额的题写，到建筑装饰的图案、色彩搭配，都体现了中国古代文化的精髓和审美追求。例如，故宫中的许多宫殿都以"仁""德""和"等字眼命名，这些命名不仅反映了皇家的治国理念，也体现了中国古代文化对于道德、伦理的重视。

（3）艺术价值。故宫的艺术价值体现在多个方面。首先，故宫的建筑本身就是一件件精美的艺术品，它们通过巧妙的构思、精湛的工艺和独特的风格展现了中国古代建筑艺术的卓越成就。其次，故宫的文物、书画、瓷器等藏品也具有极高的艺术价值，它们代表了不同历史时期、不同地域文化的艺术风格和审美追求。这些藏品不仅提供了欣赏美的机会，也为研究中国古代艺术史提供了宝贵的实物资料。

故宫的建筑之美、文化内涵和艺术价值相互交织、相互影响，共同构成了一个丰富多彩、引人入胜的审美世界。在这个世界里，人们既能感受到中国传统文化的独特魅力，又能提升自己的审美品位和艺术修养。

西方建筑赏析：帕特农神庙

帕特农神庙（图5-13）坐落于古代希腊雅典卫城的至高之处，是专为祀奉雅典城邦的守护神雅典娜而建的神庙，其建造时间跨越了公元前447年至公元前432年。这座神庙呈长方形布局，内部空间可分为前殿、正殿和后殿，整体结构由46根高达10余米且凿有凹槽的大理石柱支撑，使其成为希腊本土规模最大的多立克柱式神庙。

帕特农神庙的独到之处在于其精湛的视觉矫正技法。该技术巧妙地运用在直线部分，使其略呈曲线或向内倾斜，从而赋予建筑更强烈的动态感和生动性。神庙在这一矫正手法的运用上达到了极致。例如，帕特农神庙四边基石的直线设计，中央部分比两端略高，反而营造出更接近直线的视觉效果，有效避免了纯粹直线可能带来的生硬与呆板。相应地，檐部也进行了精细的调整。在柱子的布局上，并非全部垂直排列。东西两侧各有8根柱子，其中仅中央的2根完全垂直于地面，其余均略微向中央倾斜；同时，边角柱子与相邻柱子之间的距离相较于中央两柱之间的距离更小，且柱身更为粗壮（边角柱子底径为1.944米，而其他柱子底径为1.905米）。这样的设计考量源于人的视觉习惯：在明亮的背景下，相同尺寸的柱子会显得较细，而在较暗的背景下则会显得较粗。因此，视觉矫正技术反其道而行之，将明亮背景下的柱子加粗，以达到视觉上的统一。同样，山墙也并非完全垂直，而是略微向内倾斜，以避免地面观察者产生立墙外倾的错觉。而装饰性的浮雕与雕像则向外倾斜，以便观众更好地欣赏。

图 5-13　帕特农神庙

在装饰艺术方面，一条长达 160 米的浮雕带从门廊延伸至南北两面墙上，环绕一周，共塑造了超过 500 个人物形象。这是首次在帕特农神庙的主要浮雕上直接展现雅典公民的社会活动，其大胆的构思反映了雅典民主政治在希波战争后的进一步发展。

帕特农神庙在古典建筑艺术中树立了典范，这既得益于其卓越的建筑技艺，也离不开其精湛的雕刻艺术。尽管雅典娜的巨像现已荡然无存，但根据古人的描述，这座雕像以木胎为基础，黄金和象牙仅用于镶嵌：肌肤部分可能采用象牙，而衣冠武器则贴上黄金。这类贵重的雕像通常尺寸较小，但雅典人却将其塑造成高达 12 米的宏伟之作，彰显了雅典当时的财富之盛。

帕特农神庙的设计师是卡里克拉特（Callicrat，约公元前 5 世纪），他是古希腊建筑的先驱，也是雅典卫城的主要规划者和建造者。然而，在当时的社会背景下，他的地位更接近于工匠，并未像诗人那样享有崇高的声誉。

颐和园鉴赏

颐和园（图 5-14）是坐落于北京西郊的一座皇家园林，是中国古典园林艺术的瑰宝，也是世界上最为广阔的皇家园林之一。

1. 历史背景与总体布局

（1）历史沿革。颐和园始建于 1750 年，原为清漪园，后在战火中损毁，并于 1888 年在原址上重新修缮。它集历代皇家园林之大成，荟萃南北私家园林之精华，是中国现存最完整、规模最大的皇家园林。

（2）总体布局。颐和园主要由万寿山和昆明湖组成，占地面积约为 2.97 平方千米。全园分为三个区域：以仁寿殿为中心的政治活动区、以玉澜堂和乐寿堂为主体的生活区，以及由万寿山和昆明湖组成的风景游览区。

图 5-14　颐和园

2. 自然景观与人工建筑

（1）昆明湖。作为颐和园的标志性湖泊，昆明湖宛如一颗璀璨的明珠镶嵌在园林之中。湖面波光粼粼，湖畔垂柳依依，与远处的万寿山相映成趣，构成了一幅美丽的山水画卷。

（2）万寿山。万寿山是颐和园的灵魂所在，山上建筑精美，山间绿树成荫。登上山顶的佛香阁，可以俯瞰整个颐和园的美景，感受皇家园林的独特魅力。

（3）建筑特色。颐和园内的建筑风格多样，既有北方皇家园林的雄伟壮丽，又融合了江南私家园林的精巧细腻。佛香阁、长廊、石舫、苏州街、十七孔桥等都是园中的代表性建筑，每处都蕴含着丰富的历史文化内涵和精湛的建造技艺。

3. 造园艺术与美学价值

（1）借景手法。颐和园巧妙地运用了借景手法，将西山群峰的美景纳入园中，使景色更加丰富多彩。同时，建筑群与园内山湖形势融为一体，形成了独特的园林景观。

（2）对比与和谐。颐和园在造园艺术上大量采用了对比手法，如万寿山上的建筑紧凑与昆明湖上的碧波荡漾、前山的富丽堂皇与后山的幽静深邃等，都形成了强烈的对比效果。然而，这些对比元素又通过巧妙的布局和设计达到了和谐统一的效果。

（3）长廊的"分景"作用。颐和园中的长廊不仅具有挡风避雨、遮阳防晒的功能，还通过其上的精美彩画为游人提供了观赏的乐趣。更重要的是，长廊还起到了"分景"的作用，将颐和园分成了以万寿山为主的北部山区和以昆明湖为主的南部湖区，使游人在行走中能够领略到步移景换的审美情趣。

4. 文化内涵与象征意义

（1）文化内涵。颐和园不仅是一座园林艺术的杰作，更是一座蕴含着丰富历史文化的宝库。园中的每座建筑、每幅彩画都承载着深厚的历史底蕴和文化内涵。

（2）象征意义。颐和园作为清代皇家园林的代表之一，不仅体现了中国古代帝王宫苑的传统风格和精湛技艺，还象征着中国古代文化的繁荣与昌盛。

总之，颐和园以其独特的自然景观、精美的建筑艺术和丰富的文化内涵成为中国乃至世界园林艺术中的一颗璀璨明珠。无论是从历史、艺术还是文化的角度来看，颐和园都具有极高的鉴赏价值和研究意义。

钧窑瓷器鉴赏

钧窑瓷器（图5-15）历来被人们誉为"国之瑰宝"。其在名窑中以"釉俱五色、艳丽绝伦"而独树一帜。它创造性地采用铜的氧化物作为着色剂，在还原条件下烧制出铜红窑变釉，并进而衍生出茄皮紫、海棠红、丁香紫、朱砂红、玫瑰紫等多种窑变色彩，红中寓紫，紫里透蓝，蓝间泛青，青中显红，青蓝交织，红紫相衬，宛如碧空之上绽放的绚烂彩霞，五彩交融，相互辉映。

图5-15 钧窑瓷器

钧窑瓷器（简称钧瓷）成功烧制出丰富多彩的铜红窑变釉，彻底颠覆了青釉类瓷器单一色调的传统格局，极大地丰富了陶瓷装饰的艺术内涵，为中国陶瓷装饰艺术的发展开辟了前所未有的广阔天地，在中国陶瓷发展史上具有划时代的意义。

钧窑瓷器不仅以温润雅致、五彩斑斓的釉色闻名遐迩，更是釉质与造型完美结合的典范。其造型既注重实用功能，符合生活实际需求，又追求艺术美感。钧窑瓷器釉层饱满且流动性强，为适应这一特性，造型上除讲究圆、扁、方、长、曲、直、缩、张等形态和谐及虚实相宜外，还需要具备浑厚端庄、典雅大方的气质，装饰简练，线条流畅，棱角分明，起伏有度，以凸显钧釉的独特艺术魅力。

钧窑瓷器的艺术特色主要体现在三个方面：一是釉色之美，得益于铜红窑变釉的成功运用及窑内温度和还原气氛的精准控制；二是纹路之美，釉料在器型不同位置产生拉丝、沉积、结晶等变化，形成兔丝纹、蚯蚓走泥纹、鱼子纹和珍珠点等珍贵纹理；三是流动之美，厚釉在高温下熔融流动，釉色与纹路交织成一幅幅神秘莫测的画卷，宛如自然天成，激发观者无限遐想，呈现高山云雾、峡谷飞瀑、翠竹满山、星辰满天等绝美景象，令人叹为观止。

鉴赏钧窑瓷器需要从以下四个方面入手。

（1）造型：古朴厚重，典雅端庄，简洁大方，线条流畅，既体现了古代宫廷的威严与法度，又流露出清新脱俗的民族含蓄之美，蕴含"天人合一"的哲学思想。

（2）图案：正如古人所赞"白胎烧就彩虹来，无色成窑画作开"，钧瓷釉面在高温烧制中自然交融流变，形成千变万化的图形，宛如国画大写意，形神兼备，意境深远。

（3）釉色：钧瓷釉色窑变无穷，以朱砂红、鸡血红、茄皮紫、葡萄紫、天青、月白、孔雀绿、宝石蓝、礼花彩等最为人称道，色彩丰富多变，有时多种颜色集于一身，相互渗透，形成独特美感，故有"画家笔拙，丹青难绘"之说。每件钧瓷作品釉色独一无二，窑变如画，备受文人墨客赞誉。

（4）纹理：钧瓷烧制工艺独特，釉面上形成的冰片纹、蚯蚓纹、鱼子纹等千姿百态，尤其是冰裂纹（开片），纵横交错，如网状分布，极具审美价值。开片过程中产生的清脆声音，与釉面美景相得益彰，构成一种独特的审美体验。

课堂实操二　鉴赏绘画、雕塑、书法作品

绘画鉴赏：《步辇图》

人物画，即以人物为主体的绘画形式，广泛涵盖了多个题材。根据主题的不同，人物画可被分类为道释画、仕女画、肖像画、风俗画、历史故事画等。其涵盖范围广泛，还体现在画面人物数量的差异上，通常可以进一步区分为群像画与肖像画。群像画着重于展示人物间的互动和活动场景，而肖像画则侧重于精细描绘单一人物的形象。尽管两者在表现重点上有所区别，但它们都追求形神兼备的艺术效果。这意味着在绘画过程中，不仅要确保人物的形象、服饰结构、比例、场景透视的准确性，更要深刻揭示出人物的性格特征、气质风采、精神状态。值得一提的是，中国人物画尤为注重以线条来捕捉和表现人物的神韵，这一特点与西方绘画中强调的质感和光影变化形成了鲜明的对比。

以阎立本的《步辇图》（图5-16）为例，其艺术魅力和历史价值不可估量。这幅画作不仅体现了中国古代人物画的典型特征，更以其独特的艺术表现力和深刻的历史内涵，成为传世之作。首先，从中国古代人物画的特点来看，《步辇图》在人物塑造上追求神似，而非简单的形似。阎立本通过细腻的笔触和生动的表情描绘，将

唐太宗李世民的形象刻画得栩栩如生，充分展露了其一代明君的风范与威仪。同时，画作中的其他人物，如宫女、禄东赞等，也都被刻画得各具特色，生动传神。其次，《步辇图》在构图上运用了对比手法，将画面分为左右两组，形成了鲜明的对比效果。左边三个男士井然有序，而右边以唐太宗为中心的人物群则显得热闹而庄重。这种对比不仅突出了唐太宗的尊贵地位，也增强了画面的视觉冲击力。在色彩运用上，《步辇图》同样体现了中国古代人物画的特点。画家通过丰富的色彩对比和细腻的色彩过渡，营造了一种庄重而又不失温馨的氛围。尤其是典礼官被特意画成红色，既突出了喜庆的场面，又符合中国传统习俗。最后，从艺术价值来看，《步辇图》不仅是一幅具有极高艺术价值的绘画作品，更是一部鲜活的历史见证。它生动地再现了唐太宗李世民接见吐蕃使者禄东赞的历史场景，反映了唐朝前期的繁荣与开放，以及当时与吐蕃的交往。

图 5-16   阎立本《步辇图》

雕塑鉴赏：乐山大佛

乐山大佛（图 5-17）傲然屹立于四川省乐山市三江汇流之处——岷江、青衣江与大渡河的怀抱中，以其宏伟之姿，荣膺世界最大石刻弥勒坐佛的美誉。此佛与对岸的乐山城隔江对望，构成了一幅壮丽的自然与人文景观。

大佛头部特征鲜明，高耸的肉髻圆润突出，其上镶嵌着由石块精心雕琢的螺髻，展现出细腻的工艺。其脸型方圆而略显扁平，两耳以木柱结构塑造，硕大且垂至肩头，增添了几分庄严。鼻梁扁平而长，弯眉如新月，透露出西南地区独有的温婉之美。双眼半开半合，仿佛蕴含着深邃的智慧与慈悲，静静地凝视着脚下的信徒及隔江相望的乐山城居民。

大佛身着右袒敞胸的袈裟，由红砂岩雕琢而成，简约而不失庄重，无多余装饰，尽显佛门清净。双手轻轻搭于膝上，双膝则巧妙地利用山崖自然形态雕琢而成，膝下是宽阔的赤足，踏于岩石之上，稳固而庄严。整个佛像依山而刻，匠师们运用高超的透视缩短法，将弥勒佛的宏伟身姿刻画得栩栩如生，令人叹为观止。

在大佛的左右两侧，沿江崖壁上还矗立着两尊护法天王石刻，它们与大佛共同构成了"一佛二天王"的庄严阵容，守护着这片土地与人民。当江水滚滚流淌，与雄伟的佛像交相辉映时，佛像的磅礴气势、神圣威严，以及无尽的慈悲之心被展现得淋漓尽致，让人不禁感叹"山即佛身，佛即山魂"，成就了后世广为传颂的佳话。

图 5-17　乐山大佛

书法鉴赏：《珊瑚帖》

《珊瑚帖》（图 5-18）是米芾在其创作成熟期所展现的佳作，深刻反映了他的丰富情感。从《珊瑚帖》中，能够感受到他得到名画宝物的喜悦之情，仿佛那愉悦的情绪如同熔金般热烈，流淌在笔触之间。再看《研山铭》，则透露出他闲适自在的心境，线条时而飞动、时而安详，犹如山水间悠然的步履。《值雨帖》则显露了米芾在烦闷时刻的焦躁与不安，而《戏成诗》则充满了诙谐与奇特，每一笔都仿佛蕴含着令人捧腹的幽默。

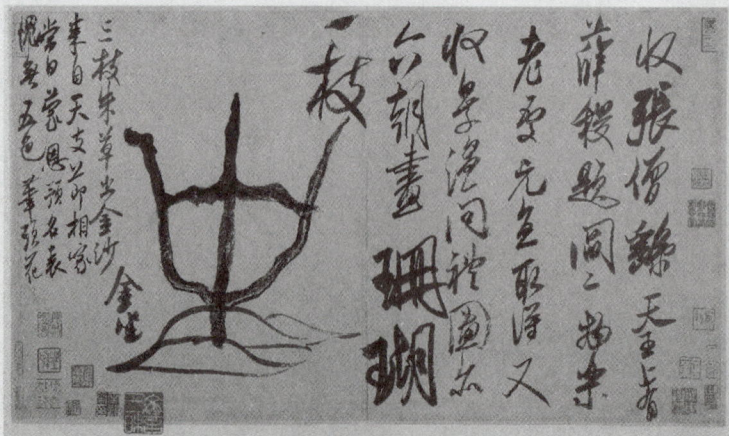

图 5-18　米芾《珊瑚帖》

其中,《珊瑚帖》无疑是米芾的"墨皇"。在这幅作品中,他的笔意流露出对宝物的狂热喜爱,线条跌宕起伏,神采飞扬。特别是写到"珊瑚一枝"时,他更是加重了笔墨,并辅以绘画与诗歌,仿佛在手舞足蹈的欢愉中挥毫泼墨,真正达到了"放笔一戏空"的境界。这幅作品不仅技法精湛,更在不经意间展现了米芾对艺术的深厚造诣和浑然天成的艺术境界。点画的方圆藏露、字形的大小向背、章法的疏密轻重,都在即兴的挥洒中和谐交织,令人叹为观止。

《珊瑚帖》作为米芾的铭心杰作,其艺术价值不言而喻,而米芾的其他精品也同样令人百看不厌,每次欣赏都能发现新的韵味和美感。他的作品充满了生命力,让人在欣赏中感受到无尽的愉悦与启迪。

二、表情艺术

(一) 音乐之美

1. 音乐的审美特征

音乐的审美既是推动音乐艺术创作的源泉,也是连接音乐艺术欣赏、批评与传达的桥梁。例如,观众在欣赏管弦乐时(图5-19),音乐的审美要素始终贯穿于音乐创作的全过程,以及音乐的欣赏与传播之中,是审美主体在面对音乐这一审美对象时,所经历的一种复杂的精神活动或心理活动,这种活动充满了内省与反思。音乐的审美特征主要包括以下三个方面。

音乐的特征

(1)情感抒发。音乐是一种能够直接表达情感的艺术形式。它通过旋律、节奏、和声等音乐要素的组合,将作曲家的内心情感转化为具体可感的音响形式,使听众在聆听的过程中产生情感共鸣。音乐的情感抒发具有普遍性和深刻性,能够跨越语言、文化和地域的界限,触及人们内心最柔软的部分,引起人们的共鸣和感动。例如,江苏等地区的民乐演奏,常能通过独特的旋律和节奏,展现深厚的地方文化底蕴和民族情感。

(2)自由想象。音乐的艺术魅力在于其能够激发听众的无限想象。音乐是一种非具象的艺术形式,不像绘画或雕塑那样通过具体的形象来呈现艺术家的意图,而是通过声音的组合和变化来暗示、象征或表达某种情感、意境或思想。这种非具象性为听众提供了广阔的想象空间,使他们可以根据自己的生活经验、文化背景和情感状态来理解与感受音乐。在音乐的引领下,听众的思绪可以自由飞翔,穿越时空的界限,探索未知的世界。

(3)以声表情。音乐是一种通过声音来传达情感的艺术形式。声音既是音乐的物质载体,也是音乐表达情感的主要手段。音乐中的声音具有丰富的表现力和感染力,能够通过音高、音色、音量和音长的变化来模拟人类情感的变化与波动。作曲家通过巧妙地运用声音元素,将情感转化为具体的音响形式,使听众在聆听的过程中能够感受到音乐的情感色彩和情绪变化。例如，在江苏的一些民族乐器（如二胡、琵琶等）演奏中，演奏者通过独特的演奏技巧和音色处理，能够生动地表现出欢乐、悲伤、愤怒等情感状态。

图 5-19　维也纳管弦乐团在演出

美育小贴士

　　《常回家看看》是一首感人至深的歌曲，由车行填词，戚建波作曲，自 1999 年发行以来便广为传唱。歌曲的创作背景源于车行对父亲的深深怀念，他通过这首歌传达了对家的眷恋和对亲情的珍视。歌词中描述了带着笑容和祝愿，领着孩子和爱人常回家看看的情景，简单却真挚地表达了儿女对父母的关爱和思念。这首歌的旋律和节奏简单易懂，情感真挚，不仅唱出了父母的心声，也唤醒了人们回家的欲望。多年来，《常回家看看》成为提醒人们珍惜亲情、常回家看看的经典之作。

2. 音乐的审美方法

　　音乐作品主要可分为声乐作品和器乐作品两大类。声乐作品又可以细分为民歌美声歌曲、原生态歌曲、通俗歌曲等；器乐作品则包括民乐、交响乐、电子音乐等。在欣赏声乐作品时，需要注意人声的分类（女声、男声、童声），以及演唱形式的多样性（如齐唱、独唱、重唱、对唱、合唱等）。在欣赏器乐作品时，需要了解不同乐器的分类（如民族乐器、西洋乐器、电子乐器）及其演奏形式（如独奏、重奏、合奏等）。

　　从器乐作品的演奏角度来看，可以将乐器大致分为民族乐器、西洋乐器和电子乐器三类。在民族乐器中，拉弦乐器以其独特的韵味占据一席之地，其中二胡（图 5-20）、板胡是它们的代表；弹拨乐器则通过指尖的跳动奏出动人的旋律，琵琶（图 5-21）、古筝（图 5-22）、古琴都是这一类的佼佼者；吹管乐器以其悠扬的音色引人入胜，笛、箫、笙、唢呐等都是常见的代表；而打击乐器则以强烈的节奏感著称，鼓、锣、扬琴等乐器在其中扮演着重要的角色。

再来看西洋乐器，它们同样丰富多彩。弓弦乐器以其优雅和深沉的音色闻名，小提琴、中提琴、大提琴是其中的佼佼者；木管乐器以其清新自然的音色受到喜爱，木管、长笛、双簧管、单簧管（图 5-23）等都是其代表；铜管乐器则以其雄浑有力的音色著称，圆号、小号、长号等乐器是其中的代表；打击乐器则以定音鼓等乐器为主，为乐曲增添了节奏感和张力。

图 5-20　二胡

图 5-21　琵琶

图 5-22　古筝

图 5-23　单簧管

在欣赏音乐作品时，主要从以下三个方面入手。

（1）要熟悉音乐语言。音乐主要通过有组织的乐音来形成听觉艺术形象。一部音乐作品的思想内容和艺术之美，通常是通过旋律、节奏、和声、调式等音乐语言要素来表现的。因此，在欣赏音乐作品时，必须熟悉这些丰富多彩的音乐语言，以便通过它们来理解作品中的音乐形象和情感。

（2）要了解作者和作品创作的时代。音乐作品往往反映了作者对现实生活的感受、体验和思考，同时，也寄托了作者的思想与情怀。要想深刻领会音乐作品，就必须了解作者生活的时代、生平及创作风格。例如，聂耳的《义勇军进行曲》就是在中华民族面临日寇侵略、全国上下救亡图存的历史背景下创作的。它表达了战士们为了拯救祖国，不惜牺牲一切奔赴抗日前线的决心与信心。正是因为这种深刻的历史背景和情感内涵，使这首歌能够迅速风靡全国，并最终成为中华人民共和国的国歌。

（3）要在音乐实践活动中培养自己的欣赏能力。对一部音乐作品的认知过程，通常会经历音响感知、情感体验、想象联想和理解认识四个阶段。因此，要多参加艺术实践活动，培养自己对音乐艺术的广泛兴趣。同时，也要多阅读、涉猎各种门类的艺术经典，以提升自己的艺术修养和审美能力。

（二）　舞蹈之美

1. 舞蹈的审美特征

舞蹈的审美特征体现在多个层面。具体如下：

（1）形象性。舞蹈作为一种视觉艺术，其首要特征便是形象性。它通过舞者身体的动作、姿态、表情等直观形式，创造出鲜明而生动的艺术形象。这些形象不仅是外在的、具体的，更是内在的、情感的表达。舞者通过身体的每个细微动作，将角色的性格、情感、命运等抽象概念具象化，使观众能够在视觉的享受中感受到舞蹈所传达的深层含义。例如，在古典芭蕾舞剧《天鹅湖》中，白天鹅奥杰塔的形象通过舞者优雅的舞姿、轻盈的步伐和纯洁的表情，被塑造得栩栩如生，令人难以忘怀。

（2）感染性。舞蹈具有极强的感染力，能够跨越语言、文化的界限，直接触动人心。舞者通过舞蹈将自己的情感、思想、信仰等传递给观众，引发观众的情感共鸣。在舞蹈的演绎过程中，舞者与观众之间建立起一种特殊的情感联系，使观众在欣赏舞蹈的同时，也能感受到舞者所传达的情感和力量。例如，现代舞作品《大河之舞》以其磅礴的气势、激昂的旋律和舞者们的精湛表演，让观众在震撼中感受到了生命的力量和对自由的向往。

（3）技巧性。舞蹈是一门高度技巧化的艺术，舞者需要具备扎实的基本功和精湛的技巧才能完美呈现舞蹈作品。技巧性不仅体现在舞者身体的柔韧性、力量、速度等方面，还体现在舞者对于舞蹈节奏的把握、空间的利用及情感的表达上。高超的技巧能够使舞蹈更加流畅、生动，增强作品的艺术感染力。例如，中国古典舞中的"水袖"技巧，舞者通过手腕的微妙变化和袖子的舞动，展现出水的柔美与灵动，令人叹为观止。

（4）节奏性。舞蹈是时间的艺术，离不开节奏的支撑。节奏是舞蹈的灵魂，它贯穿于舞蹈的始终，引导着舞蹈的起伏、变化和发展。舞者通过身体的律动和动作的变化，与音乐的节奏相协调，形成了一种独特的韵律美。节奏性不仅赋予舞蹈鲜明的节奏感和动态美感，更使作品结构紧凑、富有力度，从而显著提升了其艺术表现力和情感感染力。例如，拉丁舞中的桑巴舞凭借其快速而强烈的节奏感，让舞者在欢快的旋律中尽情释放自己的热情和活力，展现出独特的艺术魅力。

2. 舞蹈的审美方法

（1）探索舞蹈动作之美。舞蹈是身体语言的艺术，其核心在于动作的编排与表现（图 5-24）。舞蹈动作可细分为抒情性、叙事性及装饰性三大类。抒情性动作细腻描绘人物情感，刻画性格特征，如激动时的急速跳跃与旋转，直抵人心；叙事性动作明确展现情节发展，如戏曲中的骑马乘船，生动再现生活场景；装饰性动作则如古典舞中的云手、垫步，起到过渡与点缀的作用，增添舞蹈的韵律与美感。每种舞蹈风格独特的动作设计，正是其魅力所在，深入理解这些动作背后的意义，是品味舞蹈之美的关键。以 2022 年春节联欢晚会的《只此青绿》为例，其通过静待、望月等唯美造型，将舞者化身为山水，重现《千里江山图》的壮丽，为观众呈现了一场视觉与心灵的双重盛宴。

图 5-24　年轻舞者舞蹈动作表现

（2）鉴赏舞蹈风格之韵。舞蹈作为人类文化的悠久遗产，已繁衍出丰富多彩的流派与风格。每种舞种都承载着独特的文化气息与审美追求，如古典舞的温婉柔美、尊巴舞的热情洋溢、现代舞的自由不羁。在民族舞的领域内，风格差异尤为显著：维吾尔族舞蹈以其眼神与肢体的巧妙配合，展现灵动与活泼；蒙古族舞蹈则以肩部动作与开阔的双臂，传达草原儿女的豪迈与热情；而朝鲜族鹤舞，则模仿仙鹤之姿，尽显柔和与优雅。了解并欣赏这些风格各异的舞蹈，是领略舞蹈艺术多样性的重要途径。

（3）感悟舞蹈情感之魂。舞蹈是情感的直接表达，其灵魂在于情感的传递与共鸣。舞蹈演员通过表情、神态与肢体动作，结合音乐、灯光等舞台元素，将内心的喜怒哀乐转化为可感的艺术形象，触动观众的心弦。把握舞蹈中的情感脉络，能够引导人们深入舞蹈的意境之中，与舞者同悲共喜，享受精神的洗礼与升华。以中国古典舞《踏歌》为例，其以踏足为基，融合流动的舞步、灵动的舞姿与深情的词曲，细腻描绘了汉唐时期踏青的欢乐与少女的情愫，展现了中国古典舞独有的美学韵味，让观众在美的享受中沉醉。

鉴赏音乐：《让我们荡起双桨》

《让我们荡起双桨》凭借欢快的旋律和简洁明快的歌词，展现了中国流行乐特有的青春活力和纯真美好。当音乐响起时，仿佛一幅温馨而欢快的画面在眼前展开：阳光洒在波光粼粼的湖面上，一群孩子欢快地荡起双桨，歌声与笑声交织成一首美妙的乐章。

这首歌曲的旋律轻快而富有节奏感，容易让人产生共鸣并跟随其舞动。歌词简洁明了，充满了童真和童趣，让人仿佛回到了无忧无虑的童年时光。它不仅是一首歌曲，更是一种情感的传递和回忆的唤醒。《让我们荡起双桨》以其洁的旋律与纯净的歌词，展现出中国流行乐的独特魅力，使其在众多歌曲中脱颖而出，成为传唱不衰的经典之作。

鉴赏音乐：《二泉映月》

《二泉映月》是一首二胡的经典之作，它以深沉的音色和感人的旋律打动了无数人的心灵。乐曲开篇，二胡的音色低沉而醇厚，仿佛是一位饱经沧桑的老人在诉说着自己的故事。随着音乐的深入，二胡的旋律逐渐变得悠扬而悲凉，每一个音符都充满了哀愁与思念。

在高潮部分，二胡的音色更是达到了极致。那种深沉而悲凉的音质仿佛能够穿透人心，让人感受到阿炳内心的孤独与无助。此时，二胡的旋律如同哭泣一般，声声催人泪下，让人不禁为阿炳的遭遇而感到痛心疾首。

整首乐曲音色独特，旋律动人，它不仅是一首音乐作品，更是一部情感的史诗。通过二胡的独特音色和演奏技巧，作曲家成功地传达出了阿炳内心的痛苦与挣扎，引发了听众的共鸣和同情。

鉴赏舞蹈：《千手观音》

《千手观音》（图 5-25）是对佛教中"千手千眼观世音菩萨"这一神圣形象的艺术化诠释。作为大乘佛教密宗六观音之一，观音菩萨在佛教故事中以其无尽的慈悲与神通，在千手千眼的法相中展现了救度众生的伟大力量。其中，"千手"寓意着对众生的全面护佑，"千眼"则象征着洞察世间万物的智慧。自唐代起，千手观音的形象逐渐在中国各大寺院中占据重要地位，常以四十二手象征千手，每手各持一眼，寓意深远。

这一充满灵性的佛教形象，激发了中国艺术家的无限创意，最终在 2004 年雅典残奥会闭幕式上，以舞蹈的形式惊艳亮相，尤其是 2005 年春晚的演出，更是将《千手观音》推向了全国乃至世界的舞台，成为当年综艺晚会中最耀眼的明星节目，其影响力深远，历久弥新。

图 5-25　千手观音

　　该舞蹈由 21 位平均年龄仅 21 岁的聋哑演员倾情演绎，他们克服了听力障碍，以非凡的毅力和精湛的技艺，展现了舞蹈的极致魅力。领舞邰丽华，以其高雅的神态和优美的舞姿，成为整个舞蹈的灵魂人物。她虽幼年失聪，但通过舞蹈这一特殊语言，与世界沟通，传递爱与希望，赢得了国内外的高度赞誉。

　　作为中国舞蹈界的杰出代表，《千手观音》的编导张继钢以其深厚的艺术功底和独到的创作理念，历时多年精心打磨出了这部作品。该舞蹈在音乐、编舞、舞美等方面均进行了大胆的创新与尝试，呈现出鬼斧神工的编排和出神入化的表演，彰显了大爱无疆的人文情怀。

　　尤其值得一提的是，这些生活在无声世界的演员们，通过手语教师的指导、地板震动的感知、呼吸的协调，克服了重重困难，实现了舞蹈与音乐的完美融合。他们的表演不仅展示了极高的艺术水平，更传递了自强不息、勇于挑战的精神力量。

　　《千手观音》以其精湛的技巧、完美的演绎和深刻的内涵，赢得了广泛的赞誉和喜爱。它不仅在形式上达到了极致的美，更在意蕴上传递了爱与希望的正能量。这部作品不仅是中国残疾人艺术团的骄傲，更是中国舞蹈艺术宝库中的一颗璀璨明珠。

☀ 美育小贴士

　　《让我们荡起双桨》的创作故事源于一个温暖的夏日午后。作曲家刘炽在北海公园（图 5-26）漫步时，被湖面上孩子们荡桨嬉戏的场景深深吸引。那纯真的笑声、自由的身影，仿佛一幅动人的画卷，在他心中激起创作的灵感。他坐在湖边，静静地观察，感受着那份无忧无虑的快乐。回到家中，他迫不及待地拿起笔，将这份美好融入音乐之中，创作出这首充满童真和欢乐的《让我们荡起双桨》。这首歌曲不仅记录了一个时代的回忆，更传递出对生活的热爱和对未来的憧憬。

图 5-26　北海公园

三、综合艺术

（一）　戏剧之美

1. 戏剧的审美特征

戏剧的精髓蕴含在综合性、写实性与矛盾性之中。它不仅是多元素融合的结晶，更是舞台上的鲜活展现，通过直观的艺术形象映射世间百态。深入探究其美学魅力，可从以下三个核心维度加以领略。

（1）综合性。戏剧是一门高度综合的艺术，它融合了文学、音乐、舞蹈、美术、表演等多种艺术形式于一体，形成了一个和谐统一的艺术整体。在戏剧中，剧本是文学性的体现，为演出提供了基础框架和故事情节；音乐与舞蹈通过旋律、节奏和肢体动作，增强了戏剧的表现力和感染力；美术设计则通过舞台布景、服装道具等视觉元素，为观众营造了一个逼真的戏剧世界。这种综合性的特点使戏剧能够全方位、多层次地展现人类社会的复杂面貌和深刻内涵。例如，莎士比亚的《哈姆雷特》不仅以其深邃的文学性著称，还通过精心设计的舞台布景、华丽的服装和配乐，以及演员们精湛的演技，共同构成了一部震撼人心的戏剧杰作。

（2）写实性。戏剧具有强烈的写实性，它追求在舞台上真实再现生活，使观众仿佛置身于故事发生的现场。通过逼真的场景布置、生动的表演和细腻的情感表达，戏剧能够

暗恋桃花源——华语剧坛之翘楚

戏剧知识

营造出一种强烈的代入感，让观众与剧中人物同呼吸、共命运。写实性不仅体现在对外部世界的再现上，更体现在对人物内心世界的深刻挖掘和表现上。戏剧通过对话、独白、动作等手段，揭示出人物内心的矛盾、挣扎和变化，使观众能够深入理解人物的性格和命运。例如，易卜生的《玩偶之家》通过细腻的情节构建和深刻的心理描写，展现了女主人公娜拉在家庭和社会中的困境与觉醒，引发了观众对于女性地位和社会问题的深刻思考。

（3）矛盾性。戏剧的本质在于冲突与矛盾，这是推动剧情发展和塑造人物形象的重要动力。戏剧中的矛盾可以是人与人之间的冲突、个人与社会的对立、理想与现实的碰撞等多种形式。这些矛盾在舞台上得到集中展现和激化，引发观众的共鸣和思考。通过矛盾的展现和解决过程，戏剧揭示了人性的复杂性和社会的多样性，使观众在欣赏艺术的同时，也能获得对人生和社会的深刻启示。例如，曹禺的《雷雨》通过周家与鲁家两代人的恩怨情仇，展现了封建家庭内部的矛盾与冲突及人性的扭曲与挣扎，让观众在震撼中感受到了时代的变迁和人性的觉醒。

2. 戏剧的审美方法

戏剧作为一种综合艺术，演员、情境和舞台是三个关键要素。演员是戏剧的灵魂载体，其表演技艺直接关乎故事情感的传达深度。评判演员表演优劣的关键在于观察其在无字幕辅助下，台词的功底是否深厚、表达是否明晰，以及动作与神态是否真挚贴切，与角色性格的契合度如何。

戏剧的情境之美在于对故事情节的精妙构建与呈现。它涵盖了人物活动的具体环境、错综复杂的人物关系及推动情节发展的关键事件。优秀的戏剧作品能够营造出连贯且富有深意的情境氛围，如《雷雨》所创造的紧张激烈、扣人心弦的戏剧情境，便是通过独特的结构布局——以危机为序幕，采用倒叙手法，在事件的突然爆发中逐步揭示复杂的背景，加之精心设计的巧合元素，极大地丰富了戏剧的情境层次。

戏剧舞台是表演艺术的视觉盛宴所在。剧场作为戏剧表演的完整空间，其内的幕布、灯光、道具等装置共同构成了舞台效果的基础。优秀的舞台设计不仅能够强化故事氛围，提升戏剧的感染力，还能为演员提供更加沉浸式的表演环境，使其表演更加自然流畅。

（二）　戏曲之美

1. 戏曲的审美特征

（1）综合性。戏曲艺术以其高度的综合性而著称，它融合了文学、音乐、舞蹈、武术、杂技、美术等多种艺术形式于一体，形成了一种独特的表演体系。戏曲剧本是文学性的体现，通过精练的唱词、对白和科介（动作指示），构建出丰富的故事情节和人物形象；在音乐方面，包括唱腔设计和伴奏乐器，不仅为剧情发展提供了情感基调，还通过旋律、节奏的变化增强了艺术表现力；舞蹈与武术则通过身体语言展现了人物的内心世界和外在冲突，增添了戏曲的动感和观赏性；而美术元素则渗透在舞台布景、服装道具等各个方面，共同营造出一个既真实又富有想象力的戏剧空间。这种综合性的特点使戏曲能够全方位地展现人物性格、故事情节和社会风貌，为观众带来沉浸式的审美体验。

（2）写意性。戏曲的写意性是其区别于其他表演艺术的重要特征之一。它不追求对现实生活的机械复制，而是注重通过艺术手段对现实进行提炼、概括和升华，以达到"以形写神""形神兼备"的艺术效果。在戏曲舞台上，时间和空间可以灵活转换，不必受现实逻辑的限制；人物形象的塑造也不完全依赖于外貌的肖似，而是通过表演者的唱、念、做、打，手、眼、身、法、步等程式化技巧，辅以服饰、化妆等舞台手段，来传达人物的性格特征和内心世界。同时，戏曲还善于运用象征、隐喻等手法，将抽象的情感、哲理等具象化，使观众在欣赏戏曲的过程中，能够感受到一种超越现实的精神追求和审美享受。例如，在京剧《贵妃醉酒》中，通过杨贵妃的醉态和舞姿，不仅展现了她的美貌与才情，更深刻地揭示了她在宫廷生活中的无奈与苦闷，体现了戏曲写意性的独特魅力。

（3）程式化。戏曲表演都必须遵循一定的程式规则，舞台上不允许有自然形态的原貌出现。一切自然形态的戏剧素材，都要按照美的原则予以提炼、概括、夸张、变形、使之成为节奏鲜明，格律严整的技术格式。演唱中的板式、曲牌、锣鼓经，念白中的韵味、声调，表演中的身段、手势、步法、工架，武打中的各种套子，以至喜怒哀乐、哭笑惊叹等感情的表现形式等，无不是生活中的语言声调，心理变化和形体动作的规律化，即程式化的表现。如马鞭一挥就表示上路启程，舞台"圆场"瞬息千里，一支船桨即舟载行人等，都是"程式化"写意美学的具体表现。

2. 戏曲的审美方法

戏曲作为一种独特的艺术形式，其审美方法不仅涉及对戏曲作品本身的欣赏和理解，还包括对戏曲表演艺术、剧本创作、舞台设计等多方面的综合评价。

（1）关注戏曲的抒情性。戏曲艺术的审美特征之一是强烈的抒情性。在欣赏戏曲时，首先要关注其抒情性的表现。戏曲通过音乐、唱腔、舞蹈等手段，将人物的情感淋漓尽致地表达出来，使观众在情感上产生共鸣。因此，在审美过程中，要细心体会戏曲中的情感表达，感受其中所蕴含的深刻情感内涵。

（2）品味戏曲的形式美。形式美是戏曲艺术的重要组成部分。它包括唱腔的旋律美、舞蹈的动作美、化妆服饰的色彩美及舞台布景的视觉效果等。在欣赏戏曲时，可以从这些方面入手，品味戏曲的形式美感。例如，昆曲使用的"水磨腔"细腻、舒缓、精致，与昆曲的表演风格相得益彰；京剧的"四功五法"（唱、念、做、打和手、眼、身、法、步）则体现了戏曲表演程式化的特点。

（3）分析戏曲的剧本创作。剧本是戏曲的灵魂。在欣赏戏曲时，要关注剧本的创作质量。优秀的剧本通常具有深刻的思想内涵、生动的情节设计和鲜明的人物形象。通过对剧本的分析，可以更好地理解戏曲的主题和寓意，从而更加深入地欣赏戏曲。

（4）观察戏曲的表演艺术。戏曲的表演艺术是戏曲艺术的核心。在欣赏戏曲时，要仔细观察演员的表演技巧和艺术表现力。优秀的演员能够通过唱腔、动作、表情等手段，将人物的情感和性格特征生动地展现出来。同时，还要关注演员之间的配合和默契程度，以及舞台调度和表演节奏等方面。

（5）理解戏曲的文化内涵。戏曲作为中国传统文化的重要组成部分，其文化内涵深厚而丰富。在欣赏戏曲时，要关注其与中国传统文化的联系和融合。例如，戏曲中的许多故事和人物都来源于中国古代文学和历史传说，通过对这些故事和人物的理解，可以更好地了解中国传统文化的精髓和内涵。

（6）综合评价戏曲作品。在欣赏戏曲时，还需要对戏曲作品进行综合评价。这包括对戏曲的剧本、表演、舞台设计、音乐等多个方面的评价。通过综合评价，可以更加全面地了解戏曲作品的优点和不足，从而提出改进和创新的建议。

（三） 影视之美

1. 影视的审美特征

影视艺术是现代科技与艺术完美结合的产物，其审美特征独具魅力，深受全球观众的喜爱。影视艺术的审美特征主要体现在综合性、技术性、画面运动的直观性、逼真性、假定性等方面。

中外影视文化价值观对比

（1）综合性：影视艺术以其综合性和协作性为特点，融合了多种艺术门类。影视艺术的综合性是其最为显著的特点之一，它体现在试听综合、时空综合、多种艺术语言综合等多个层面。

1）视听综合：影视艺术通过视觉与听觉的双重刺激，为观众营造出身临其境的观影体验。画面与声音的紧密结合使影视作品的情感表达更加生动、真实。画面可以展现人物的面部表情、动作、场景氛围，而声音则能够强化画面的情感色彩，如背景音乐、环境音效、人物的对话等。这种视听综合的效果使影视作品在情感传达上具有强大的感染力。

2）时空综合：影视艺术能够打破时间和空间的限制，将不同时间、不同地点的故事片段巧妙地编织在一起，形成一个完整的故事叙述。通过剪辑、特效等手段，影视作品可以自由地穿梭于过去、现在和未来之间，也可以在不同的空间场景中进行切换。这种时空综合的特性为影视作品提供了丰富的叙事手段和表现空间。

3）多种艺术语言综合：影视艺术是一种综合性的艺术形式，它融合了绘画、雕塑、摄影、音乐、舞蹈、戏剧等多种艺术元素。在影视作品中，这些艺术元素相互交织、相互渗透，共同构成了一个丰富多彩的艺术世界。例如，绘画和摄影为影视作品提供了精美的画面构图和色彩搭配；音乐和舞蹈则通过旋律和节奏的变化，为影视作品增添了动人的旋律和动感的节奏；戏剧则通过人物表演和情节设置，为影视作品提供了引人入胜的故事情节和人物形象。

（2）技术性。

1）观看依赖于技术：影视作品的观看是一门巧妙融合视觉滞留技术和认同心理技术

的艺术。这两种技术的结合不仅让电影成为一种极具表现力和感染力的艺术形式，还深刻地影响了观众的观影体验和情感共鸣。

视觉滞留技术是影视动态画面的基础。影视通过每秒播放一定数量的静态画面（通常是24帧或更多），利用视觉滞留原理，让观众在视觉上产生连续运动的错觉。这种技术不仅使电影画面流畅自然，还赋予了电影独特的动态美感。

认同心理技术是观众与电影角色的情感共鸣。观众在观看影视作品时，会不自觉地将自己代入电影角色中，与角色产生情感共鸣。这种共鸣不仅使观众更加关注角色的命运和情感变化，还使他们更加深入地理解电影的主题和内涵。通过认同心理技术，电影制作者可以巧妙地引导观众的情感走向，让观众在观影过程中产生强烈的情感共鸣和心灵震撼。

视觉滞留技术和认同心理技术的结合使影视艺术成为一种极具表现力和感染力的艺术形式。制作者可以通过视觉滞留技术，营造出动态的视觉效果和独特的艺术风格。同时，通过巧妙地运用认同心理技术，电影制作者可以引导观众的情感走向，让观众在情感上与电影角色产生共鸣，从而更加深入地理解电影的主题和内涵。

通过视觉滞留技术和认同心理技术的巧妙运用，影视作品为观众呈现出一个充满想象力和情感张力的虚拟世界，使观众在观影过程中获得了独特的审美体验和情感共鸣。

2）生产依赖于技术：影视作品的制作同样离不开技术的支持。从剧本创作到拍摄、剪辑、后期制作，每个环节都融入了现代科技的元素。例如，计算机图形图像技术（CGI）在影视特效制作中的应用，使电影中的虚拟场景和角色更加逼真；数字音频技术则使影视作品中的声音效果更加立体、丰富。此外，无人机拍摄、虚拟现实（VR）、增强现实（AR）等新技术在影视制作中的尝试和应用，也为影视作品带来了更多的可能性和创意空间。

3）变革依赖于技术：影视艺术的变革与发展同样受到技术进步的推动。随着科技的不断发展，新的拍摄手法、剪辑技巧、叙事方式不断涌现，为影视艺术带来了前所未有的变革。例如，非线性编辑技术的出现使剪辑师可以更加灵活地处理影片素材，创造出更加丰富的叙事结构和视觉效果；而互联网和移动设备的普及，则让影视作品的传播方式更加多样化，观众可以随时随地通过手机、平板电脑等设备观看影视作品，进一步推动了影视艺术的普及和发展。

（3）画面运动的直观性：影视艺术以其动态的视觉直观性为显著特征，通过连续的画面运动，将故事情节、人物形象、环境背景生动地呈现在观众面前，因此，有人将其形象地称为"活动的绘画"。这种直观的视觉体验不仅使观众身临其境，更是极大地增强了影视作品的感染力和艺术魅力。

影视艺术的诞生和发展，离不开摄影这一基础技术的支撑。摄影技术的出现使人类首次能够通过镜头捕捉到真实的、平面的世界。与传统的绘画艺术相比，摄影所提供的画面更加真实、准确，让观众能够感受到一种强烈的在场感。这种在场感不仅能使观众更加贴近影视作品所呈现的世界，还能让观众对镜头中的世界产生了前所未有的信任和依赖。

同时，随着科技的不断发展，影视制作技术也在不断更新换代。从最初的胶片摄影到如今的数字摄影，从简单的特效处理到复杂的后期制作，技术的每次进步都为影视艺术的发展注入了新的活力。这些技术的应用不仅让影视作品的画面更加精美、逼真，更是使观众在享受视觉盛宴的同时，感受到了科技带来的无限可能。

此外，画面运动的直观性还体现在影视作品的节奏感和动感上。通过精心设计的镜头语言和画面剪辑，影视作品能够呈现出强烈的节奏感和动感，让观众在欣赏的过程中感受到一种独特的审美愉悦。这种节奏感和动感不仅增强了影视作品的艺术表现力，更是让观众在视觉上得到了一种全新的体验

（4）逼真性：影视艺术独特地融合了逼真性与假定性的元素。人类天生倾向于"直接观看"世界，而非"间接观看"，因为直接感知更为直观和真实。本雅明在《机械复制时代的艺术作品》中阐述，现代大众内心渴望让事物更加"接近"和"触手可及"。影像通过摄影和摄录技术，以一种客观冷静的方式还原了世界的原始面貌，使人们深信影像即为现实的原型。这种信任源于对摄影设备、机械及科学技术的高度信赖。影像之所以优于生活原型，不仅在于其逼真性，更在于它能超越时间的限制，将那些"能够撩拨情思的人生瞬间"带到人们面前，让人们重温过去，感受时间的魅力。当人们翻阅影集时，那些消逝的时光仿佛重新浮现，散发出迷人的岁月芬芳。

（5）假定性：影视艺术的假定性是指影视作品对现实世界的非直接再现，而是通过艺术手段进行虚构和创造的特性。它体现在作品的整体设定、人物塑造、故事叙述、情节安排和场景布局等多个方面。影视创作者们依据自己的创意和想象，结合受众需求，构建出一个超越现实的虚构世界。这个世界虽源于现实，却又超越现实，通过色彩、音效、画面等艺术元素，将虚构内容呈现得尽善尽美。影视艺术的假定性不仅丰富了观众的视觉体验，还承载了作品的艺术价值和特征，是影视作品不可或缺的重要组成部分。

2. 影视的审美方法

尽管艺术鉴赏有其自身的规律，但每个人对艺术的感受和理解都是独特的。特别是在影视艺术中，由于观众群体的多样性和层次的差异性，对同一部作品的评价往往众说纷纭，有时甚至大相径庭。然而，这并不意味着影视鉴赏可以随意而为。正如"外行看热闹，内行看门道"所说，影视鉴赏也需要学习和修炼。只要掌握了鉴赏的要领，就能洞察其中的门道。即便是个人的见解，只要言之有理、自圆其说，也是值得尊重的。

（1）语言审美。在影视中，语言不仅指对话文字，更包括旁白、字幕、歌曲及音效等所有以声音形式传达信息的元素。语言审美就是品味这些声音元素如何构建故事氛围、塑造人物性格、推动情节发展。观众需留意对话的幽默与深意、旁白的引导与揭示、歌曲的情感共鸣、音效的细腻与震撼，从而感受语言背后的情感力量和艺术魅力。

（2）视听审美。影视是视听艺术的结合体，视觉与听觉的协同作用构成了其独特的审美体验。视觉审美关注画面构图、色彩运用、光影效果、镜头语言等，如何营造出视觉上的美感与冲击力；听觉审美则侧重于音效设计、音乐配乐如何与画面相辅相成，增强情感

表达与氛围营造。观众需要学会用双眼捕捉画面的细腻之处，用双耳聆听声音的情感波动，全面感受影视作品的视听盛宴。

（3）情节审美。情节是影视作品的核心骨架，情节审美即对故事结构、叙事技巧、悬念设置、主题表达等方面的赏析。观众应关注情节的起承转合是否流畅自然，叙事是否引人入胜，悬念是否恰到好处地激发好奇心，以及作品所传达的主题思想是否深刻独到。通过情节审美，观众能够更加深入地理解作品的内涵与价值。

（4）表演审美。表演是影视作品生命力的直接体现，演员的表演水平直接影响着观众对角色的认同与共鸣。表演审美就是评价演员如何通过肢体语言、面部表情、声音语调等细腻地传达角色的情感与内心世界。观众需要关注演员的表演是否真实自然、层次分明，是否能够准确捕捉角色的性格特征与情感变化。同时，也应关注演员之间的对手戏是否默契十足，共同创造出令人难忘的角色形象。在表演审美中，观众不仅是在欣赏演员的技艺，更是在感受人性的光辉与复杂。

课堂实操 | **鉴赏戏剧、戏曲、影视作品**

鉴赏京剧：《家春秋》

在鉴赏京剧《家春秋》时，可以从多个维度来深入剖析其艺术价值和审美特征。

1. 剧情与主题

京剧《家春秋》基于巴金同名小说的改编，深刻揭示了封建家庭制度的崩溃与青年一代的觉醒。作品以"五四运动"为背景，通过高家三位重孙觉新、觉民、觉慧的不同命运，展现了封建大家庭从繁荣到衰败的历史过程。主题上，该剧强烈批判了封建礼教的束缚和压迫，歌颂了青年知识分子的觉醒与抗争精神。

2. 人物塑造

（1）觉新：作为高家的长房长孙，觉新是一个具有"二重人格"的人物。他深受封建礼教的影响，却又同情新思潮；他渴望幸福生活，却又自甘落伍。这种复杂而丰富的性格内涵，在京剧舞台上得到了生动的展现。

（2）觉民：觉民有理想、有抱负，他坚守心中的圣地，等待机会，寻找与心爱女子的共同梦想。他的形象体现了青年一代的坚韧与执着。

（3）觉慧：觉慧是反叛的代表，他坚决反对觉新的"无抵抗主义"，对腐败衰败的"家"展开争斗，并最终离家远走，奔向新生活。他的形象充满了青春的热情与叛逆的精神。

（4）其他人物：如梅、鸣凤等女性角色，她们各自有着不同的命运和性格特征，共同构成了京剧《家春秋》丰富多彩的人物群像。

3. 艺术表现

（1）唱腔与表演：京剧《家春秋》在唱腔上保留了京剧的传统韵味，同时融入了现代元素，使唱腔更加优美动听。演员们通过精湛的表演技巧，将人物的情感世界和内心世界展现得淋漓尽致。

（2）舞台布景与灯光：舞台布景与灯光设计是京剧《家春秋》的一大亮点。通过精心设计的舞台布景和灯光效果，营造出了一种浓郁的历史氛围和审美意境。这不仅增强了观众的视觉体验，还使剧情的推进更加流畅自然。

（3）服饰与化妆：京剧的服饰与化妆也是其艺术表现的重要组成部分。在《家春秋》中，演员的服饰与化妆都经过了精心的设计和打造，不仅符合人物的身份和性格特征，还增添了舞台的视觉效果。

4.思想价值

京剧《家春秋》不仅是一部具有艺术价值的作品，还是一部具有深刻思想价值的作品。它通过对封建家庭制度的批判和对青年一代觉醒的歌颂，传达了一种积极向上的精神力量。这种精神力量激励着人们追求自由、平等和幸福的生活，同时，也提醒着人们要时刻保持对封建礼教的警惕和反思。

鉴赏戏曲：青春版昆曲《牡丹亭》

青春版昆曲《牡丹亭》（图5-27）由白先勇先生发起，汇聚艺术精英，自2004年起全球巡演，成为昆曲复兴的璀璨明珠。该剧精选原作精华，由五十五折浓缩至二十七折，融合现代剧场理念，以青春风貌再现这段跨越生死的爱情传奇，对传播中华文化、弘扬昆曲艺术影响深远。

图5-27　昆区《牡丹亭》

昆曲，源自昆山，历史悠久，被誉为"百戏之祖"，2001年列入"人类口述和非物质遗产代表作"。青春版《牡丹亭》基于汤显祖的《牡丹亭》改编，虽篇幅缩减，但情感与精髓不减。汤显祖原作深刻反映反礼教、反传统的时代精神，杜丽娘形象尤为动人，她追求爱情自由，挑战封建束缚，其故事感人至深。

青春版在保留原作思想精髓的同时，融入现代审美，成为昆曲界的重要里程碑。白先勇坚持"只删不改"，由苏州昆剧院承演，沈丰英、俞玖林等新秀担纲，昆曲名家亲自指导，实现艺术传承。该剧分三本九小时连演，以"梦中情""人鬼情""人间情"三部曲，展现杜丽娘与柳梦梅的痴情爱恋，赋予爱情超越生死、冲破礼教的力量。

在表演上，青春版坚持昆曲正统，由汪世瑜总导演、张继青艺术总监把关，确保艺术纯正。舞台呈现抽象写意，诗意盎然，完美展现昆曲之美。服装设计由电影导演王童操刀，融合传统与现代，色彩淡雅，图案精美，营造唯美视觉享受。

文辞方面，青春版保留了原作中的经典唱段，如"惊梦"中的【皂罗袍】与【山桃红】，文辞优美，情感深邃，触动人心，展现了昆曲文学与音乐的高度融合。

青春版昆曲《牡丹亭》不仅在内容上传承经典，更在形式与视觉上创新突破，成为昆曲艺术与现代审美结合的典范，对昆曲的传承与发展具有重要的意义。

鉴赏影视：《城市之光》

《城市之光》（图 5-28）作为电影史上杰出的喜剧大师卓别林的代表作，虽然是一部黑白默片，却依然享有极高的艺术声誉。

在这部影片中，卓别林身兼数职，不仅担任导演、编剧和主演，还亲自作曲，充分展现了他超凡的喜剧天赋。他巧妙地将戏剧情境、滑稽动作、社会批判与人道主义理想融为一体，细腻地描绘了小人物生活中的艰辛与乐观。在观影过程中，观众往往会在笑声中感受到泪水，又在泪水中体会到笑容，深刻体会到无声电影所独有的艺术魅力。

图 5-28 《城市之光》剧照

特别值得一提的是，影片中的一场关键戏——流浪汉与卖花盲女的初次见面，卓别林反复打磨，耗时 368 天，拍摄了 342 遍，才找到了盲女误将流浪汉认作富翁的最佳效果。影片中的每个段落都充分展示了卓别林极度夸张而又细腻入微的表演风格，无论是雕像揭幕式的滑稽亮相，还是解救跳河的富翁却意外自己落水，或是富人聚会上的洋相百出，以及在拳击比赛中虽机智却仍旧落败，甚至是抓小偷反而自己入狱的情节，都让观众忍不住捧腹大笑，而笑声背后又隐藏着深深的酸楚。

影片以查理与卖花女相认，并通过一个咬指微笑的特写镜头作为结尾，这个笑容包含了欣喜、辛酸、尴尬和温情，五味杂陈，它比流泪还要痛苦万分，却给人留下了无尽的回味。有人评价说，这部电影不仅是对上流社会的一种公然挑战，也是对那些聒噪不休的有声电影的一种含蓄讽刺。影片的沉默与黑白色彩，反而让人们感受到了质朴的力量，使电影在欢笑之中对现实形成了巨大的反差。

四、文学艺术

（一） 文学作品的审美特征

从广义上讲，文学艺术是指运用文字创造审美形象的一种艺术形式。其包括各种通过语言来表达思想、情感、描绘场景和塑造人物的艺术形式。例如，通过构建复杂的故事情节、塑造丰满的人物形象，以及描绘细致入微的场景，带领读者进入一个又一个虚构而又真实的世界的小说；以其独特的韵律、节奏和意象，将语言凝练成富有哲理和情感的精华的诗歌；以其自由灵活的形式、真挚自然的情感表达的散文；通过对话、行动和舞台表演来展现故事情节与人物性格的喜剧等。

1. 间接性

文学作品的审美体验具有显著的间接性。它不像绘画、雕塑等视觉艺术直接呈现具体的形象给观者，也不像音乐那样直接以声音触动人心。文学作品通过文字这一媒介，间接地构建出一个丰富多彩的世界。读者需要借助自身的想象力，将文字转化为心中的图像、声音和情感，从而实现对作品内容的感知和理解。这种间接性不仅丰富了文学作品的内涵，也极大地提升了读者的参与感和创造力。

2. 情感性

文学作品是情感的载体，其审美特征之一便是强烈的情感性。作者通过细腻的语言描绘，将个人的情感体验、喜怒哀乐融入作品之中，使读者在阅读过程中能够深切地感受到这些情感的流动和变化。文学作品中的情感往往超越了个人经验的局限，具有普遍性和共鸣性，能够触动不同时代、不同背景下读者的心弦，引发深刻的情感共鸣。

3. 结构性

文学作品在形式上讲究结构的严谨与和谐。一部好的文学作品，其各个部分之间往往存在着紧密的逻辑联系和巧妙的布局安排。这种结构性不仅体现在宏观的篇章布局上，如小说的开头、发展、高潮、结局等，也体现在微观的语言组织和修辞手法上。通过对结构的精心设计和调整，文学作品能够呈现出一种内在的秩序和美感，使读者在阅读过程中获得整体性的审美体验。

4. 思想性

文学作品不仅是情感的抒发，还是思想的表达。它通过对社会现实、人生哲理、道德观念等方面的深刻洞察和独特思考，传达出作者对于世界、人生和价值的看法与态度。这种思想性使文学作品具有了超越时空的"普世价值"，能够引发读者对于生命、宇宙、社会等深层次问题的思考和探索。在欣赏文学作品的过程中，读者不仅能够获得情感的满足，还能够在思想上得到启迪和升华。

5. 形象性

文学作品以塑造生动、具体的艺术形象为核心任务之一。这些形象可以是人物、景物、事件等，它们通过语言的描绘和塑造，在读者的想象中呈现出鲜活的面貌和独特的个性。文学作品的形象性不仅在于其外在特征的刻画，更在于其内在精神和性格的深入挖掘。通过这些形象，文学作品能够更加直观、生动地展现人性的复杂多样和社会的千姿百态，读者在审美过程中能够获得更加深刻和全面的认识。

（二）　文学作品的审美方法

文学作品欣赏是一场融合了强烈情感、深刻理性、主动再创造与审美享受的旅程。这一过程通常始于对作品形象的直观感受，随后通过理性的解析与个人经验的融合，丰富作品的内涵，最终在审美体验中实现心灵的滋养与精神的升华。

1. 诗歌

诗歌是情感的直接载体，无论是激昂悲壮、欣喜若狂，还是愁绪万千、柔情蜜意，都是其永恒的主题。欣赏诗歌，首要在于感受其情感之美，需要敏锐捕捉诗人内心深处的情感波动，如同在李煜《虞美人》中体味物是人非的哀愁，或在徐志摩《再别康桥》中感受依依惜别的深情。进而，应品味诗歌的意境之美，那是情与景的完美交融，如屈原《离骚》中香草美人所寄托的政治理想，杜牧《江南春》烟雨朦胧中隐藏的世态忧虑。此外，吟咏诗歌的音乐美也不可或缺，韵律与节奏的和谐，如李清照词中的凄清旋律，戴望舒《雨巷》中的悠长叹息，皆能引领读者深入诗歌的情感世界。最后，把握诗歌的技巧美，如《关雎》的比兴手法，《致大海》的拟人化表达均是通往诗歌深层意蕴的钥匙。

（1）强烈的情感和丰富的想象。在诗歌的海洋中遨游，读者需具备敏锐的感知力，以捕捉那些跳跃在字里行间的情感火花。诗人以独特的视角和深邃的情感，将内心的波澜壮阔化为文字，读者则需要调动自己的情感储备，与之共鸣。同时，诗歌中的想象如同翅膀，带领读者飞越现实的束缚，进入一个奇幻而瑰丽的境界。这种想象不仅丰富了诗歌的内涵，也拓宽了读者的审美视野。

（2）意境的营造。意境是诗歌的灵魂所在，是诗人情感与景物交融后产生的艺术境界。当欣赏诗歌时，读者应努力构建这种意境，将文字转化为生动的画面，感受其中的韵味与深意。如王维的"空山不见人，但闻人语响"，寥寥数语便勾勒出一幅幽静深远的山林图景，让人仿佛置身其中，感受到那份超脱与宁静。

（3）凝练的语言。诗歌的语言是高度凝练的，每个字、每个词都经过精心挑选，力求以最少的文字表达最丰富的情感。因此，在欣赏诗歌时，读者需要细细品味其语言的精妙之处，体会其中蕴含的深意与美感。如杜甫的"国破山河在，城春草木深"，仅十个字便道尽了国家沦丧、物是人非的凄凉景象。

（4）韵律节奏。诗歌的韵律与节奏是其音乐性的体现，它们如同诗歌的脉搏，跳动着诗人的情感与思绪。读者在欣赏诗歌时，不妨尝试朗诵或吟唱，以感受其韵律之美、节奏之韵。如李白的《将进酒》中，"君不见黄河之水天上来，奔流到海不复回"，其豪迈奔放的韵律与节奏，让人不禁为之动容。

2. 散文

优秀的散文，如诗如画，充满奇思妙想与深刻见解，给予读者美的享受与智慧的启迪。散文之美在于其写真纪实、质朴自然、韵致理趣的特质。欣赏散文，需把握其主线，厘清思路，抓住作品的灵魂——"神"，方能洞悉文章脉络，如茅盾《白杨礼赞》以白杨喻人，颂扬北方人民的品质。同时，要深刻体会作者的情感，领悟作品主旨，如朱自清《荷塘月色》借景抒情，表达内心的宁静追求。此外，精研笔法，探究技巧，品味语言，感受风格，也是欣赏散文的重要方面。散文的笔法多样，语言优美，如《史记》中所描绘的项羽与刘邦的帝王之志，通过简短话语展现不同性格与气质，而作家的独特风格更是通过语言得以彰显。

（1）形式的自由。散文以其形式的自由著称，不拘泥于固定的格式与结构，这使散文在表达上更加灵活多变。当欣赏散文时，读者应关注其独特的结构安排与表达方式，体会其自由不羁的艺术魅力。如鲁迅的杂文，往往以短小精悍的篇幅，针砭时弊，发人深省。

（2）情真神聚。散文之美在于其情感的真挚与思想的深刻。优秀的散文往往能够触动人心，让读者在情感的共鸣中获得思想的启迪。当欣赏散文时，读者需要深入体会作者的情感世界，把握其思想脉络，方能真正领略其魅力所在。例如史铁生的《我与地坛》，通过对地坛的深情描绘，表达了对生命、命运、亲情的深刻思考。

3. 小说

作为文学的重要体裁，小说通过刻画人物形象、叙述故事情节、描写环境来反映社会生活，展现世界的广阔与复杂。欣赏小说，首先要把握故事情节，这是理解小说的基础；其次要揣摩人物形象，分析人物性格特征及其社会历史背景；同时，注意环境描写，包括社会环境与自然环境，它们对揭示小说主题具有重要作用；最后，挖掘作品主题，从情节、人物形象、时代背景及构思等多方面入手，深入理解小说的深层意义。黑格尔所言"小说能够充分表现出丰富多彩的旨趣、情况、人物性格、生活状况乃至整个世界的广大背景"，正是对小说价值的深刻阐述。

（1）人物的典型性。小说通过塑造典型的人物形象来反映社会生活。这些人物形象往往具有鲜明的个性特征和深刻的社会内涵。当欣赏小说时，读者应关注人物形象的塑造过程，分析其性格特征、行为动机及其背后的社会历史背景，以把握其典型性。例如《红楼梦》中的贾宝玉、林黛玉等人物形象，不仅栩栩如生，而且具有深刻的社会意义。

（2）情节的巧妙性。小说的情节是推动故事发展的关键因素。优秀的小说往往具有紧凑而富有张力的情节安排，能够吸引读者的注意力并引发其思考。当欣赏小说时，读者应关注情节的发展变化及其内在的逻辑关系，体会其巧妙之处。如《百年孤独》中布恩迪亚家族的兴衰史，通过一系列环环相扣的情节安排，展现了家族命运的轮回与社会的变迁。

（3）空间的再造。小说中的空间不仅是故事发生的背景，更是作者构建艺术世界的重要手段。当欣赏小说时，读者应关注作者如何运用空间元素来营造氛围、塑造人物形象及推动情节发展。例如《边城》中的湘西小镇，以其独特的自然风光和人文气息为故事的发生提供了广阔的舞台，同时，也为人物形象的塑造和情节的发展提供了丰富的素材。

课堂实操　鉴赏诗歌、散文、小说作品

鉴赏诗歌：《诗经·秦风·蒹葭》

《诗经·秦风·蒹葭》原文：

蒹葭苍苍，白露为霜。所谓伊人，在水一方。
溯洄从之，道阻且长。溯游从之，宛在水中央。
蒹葭萋萋，白露未晞。所谓伊人，在水之湄。
溯洄从之，道阻且跻。溯游从之，宛在水中坻。
蒹葭采采，白露未已。所谓伊人，在水之涘。
溯洄从之，道阻且右。溯游从之，宛在水中沚。

《诗经》中的《蒹葭》篇，巧妙运用了重章叠句的结构，层层递进，不断深化着诗歌的意境之美。全诗每章均以"蒹葭苍苍"之景开篇，借秋日里芦苇丛生的萧瑟景象，为追寻"伊人"的深情铺垫了惆怅的背景。每章的中间部分直接点题，描绘了主人公穿越秋水、渴望与"伊人"相遇的迫切心情。而随后四句，则转而刻画了追寻无果、伊人难觅的怅然若失之境。这种对追求目标的虚幻缥缈、似近还远的描绘，深刻传达了可望而不可及的情感，使得整首诗充满了朦胧美与深远的意味。

"在水一方"的意象成为可望而难及的人生常态的象征；而"溯洄从之，道阻且长"与"溯游从之，宛在水中央"的描绘，既是对追寻过程的艰难写照，又是人生旅途中遭遇困境与幻想的真实反映。读者在阅读时，不仅能联想到爱情的曲折与美好，更能由此触发对理想、事业、前途等多层面人生境遇的深刻共鸣，体验到其中蕴含的丰富人生哲理。

王国维先生将《蒹葭》与晏殊《蝶恋花》中的名句"昨夜西风凋碧树，独上高楼，望尽天涯路"相提并论，高度赞誉其"最得风人深致"，这恰恰是因为《蒹葭》以其独特的意境构建和深刻的人生象征意蕴，触动了人心最深处的共鸣，赋予了诗歌超越时空的普遍价值与永恒魅力。

鉴赏散文：《逍遥游》①

《庄子》一书中的《逍遥游》篇章，作为其精髓之作，在诸子百家的璀璨星河中熠熠生辉。此篇以非凡的想象力和浓郁的浪漫主义情怀著称，巧妙地将深邃的哲理寓于寓言故事与精妙绝伦的比喻之中，独树一帜，自成一派。"逍遥游"不仅是文章之题，更是庄子哲学体系中的核心要义之一，它深刻探讨了追求精神层面绝对自由的可能性。

庄子在《逍遥游》中反复强调"无所待"的哲学观念，即主张摆脱一切外在条件的束缚，向往一种超越物质世界、心灵完全自由的状态。他认为，世间万物，包括人类自身，都处于相互对立而又相互依存的关系之中，绝对的自由在客观现实中并不存在。因此，庄子提出，要达到真正的无所依凭，就必须做到"无己"，即忘却自我，超越个体局限。

庄子倡导顺应自然法则，超脱尘世纷扰，对世俗名利保持超然态度，将人类生活与自然界万物的生存状态融为一体，实现一种和谐共生的理想境界。这种追求不仅限于解除身体上的束缚，更在于追求一种无条件的精神自由，让心灵在无限的宇宙中自由翱翔，达到至高无上的精神境界。

鉴赏小说：《阿 Q 正传》

《阿 Q 正传》以波澜壮阔的辛亥革命为时代背景，独辟蹊径地以阿 Q 这一角色的活动轨迹为唯一叙事线索，深刻描绘了阿 Q 那既短暂又充满悲剧色彩的一生。鲁迅以其卓越的文学造诣，成功塑造了阿 Q 这一具有鲜明个性特征、蕴含深远社会意义及历史内涵的艺术典型。

阿 Q 是社会最底层的代表，其生存状态之艰难令人同情——他上无片瓦遮身，下无立锥之地，一生饱受屈辱、贫困与悲剧的煎熬。然而，他身上那些根深蒂固的陋习与病态心理，又让人难以掩饰心中的愤慨与痛惜。鲁迅以"哀其不幸，怒其不争"的复杂情感，细腻勾勒出了这一角色的多面性。

面对生活的重重磨难，阿 Q 总能以一种独特的方式——精神胜利法，来寻求心理上的慰藉与平衡。鲁迅对这种自欺欺人的心理机制进行了深刻而生动的剖析，既是对阿 Q 个人悲剧的深刻反思，又是对整个时代国民性弱点的无情揭露与批判。同时，这部作品也间接反映了辛亥革命在改造社会、唤醒民众方面所存在的局限性与不彻底性，引人深思。

---

① https://www.gushiwen.cn/shiwenv_5bfecbe60620.aspx

五、江苏艺术之美

（一） 江苏民间美术

　　江苏民间美术是中国民间美术的经典，承载着丰富的历史文化内涵和独特的艺术魅力。它根植于江苏这片沃土，深受地域文化和民俗风情的影响，形成了独具特色的艺术风格。

　　江苏民间美术源远流长，历史悠久。自古以来，江苏就是文化繁荣之地，民间美术在这里得到了充分的滋养和发展。无论是苏绣的精细雅致，还是扬州剪纸（图5-29）的清秀流畅，都展现了江苏民间美术的卓越技艺和独特韵味。这些艺术作品不仅具有审美价值，更是江苏人民智慧与创造力的结晶。

图 5-29　剪纸窗花

1. 总体特点

　　江苏民间美术的总体特点可概括为"细腻丰富、工艺精湛，地域特色鲜明"。江苏民间美术形式多样，包括刺绣、剪纸、泥塑、雕刻、编织等，作品细腻丰富，色彩鲜艳且富有层次感，展现出极高的工艺水平。以苏绣为代表，其针法活泼、绣工精细、色彩清雅，被誉为"东方明珠"。同时，江苏民间美术深受地域文化影响，作品中常常融入江南水乡的风情元素，展现出独特的地域特色。这些作品不仅是江苏人民智慧和创造力的结晶，也是中华民族传统文化宝库中的瑰宝。

2. 主要分类

　　（1）南京秦淮花灯。秦淮花灯最早可追溯到南朝时期的传统元宵灯会习俗。唐代时得到迅速发展，明代达到鼎盛，成为全国之冠。秦淮花灯不仅承载着南京的历史文化，还体现了民众辞旧迎新、祈求吉祥的美好愿望。秦淮灯会作为首批国家级非物质文化遗产，有"天下第一灯会"和"秦淮灯彩甲天下"的美誉。每年元宵节期间，南京夫子庙、老门东等景区都会举办盛大的灯会，吸引数百万游客前来观赏。灯会上的花灯种类繁多，造型各异，色彩斑斓，充分展现了传统工艺与现代设计的完美结合。

（2）徐州汉文化与邳州农民画、剪纸。徐州作为汉代文化的发源地之一，其美术作品深受汉代文化影响，展现出雄浑、古朴的审美特点。例如，江苏省邳州市的传统民俗绘画艺术：邳州农民画，以农民为创作主体，作品多反映农村生活和劳动人民的思想感情及美好愿望。其构思巧妙，表现大胆而不受拘束，题材广泛，如《老黄牛告状》《二月二》等。另外，还有徐州剪纸，其作品以简洁明快的线条塑造形象，保持了原生艺术的纯正品格。徐州剪纸集南北之长，既有北方剪纸的粗犷豪放，又有南方剪纸的细腻清丽，如《黛玉葬花》《花木兰》等作品均体现了这一特点。

（3）扬州漆器与玉器。

1）扬州漆器起源于战国，兴旺于汉唐，鼎盛于明清。其工艺齐全、技艺精湛、风格独特，是中国传统工艺品种之一。扬州漆器制作技艺主要有十大工艺门类，如点螺工艺、雕漆工艺等。多次在国际博览会上获奖，如1910年和1915年、2001年均获得金奖。

2）扬州玉器（图5-30）是民间雕刻艺术之一，历史悠久，技艺精湛。扬州琢玉工艺将阴线刻、深浅浮雕、立体圆雕和镂空雕等多种技法融为一体，具有浑厚、圆润、儒雅、灵秀、精巧的特点。如《大禹治水图》玉山等作品均为扬州玉雕的杰出代表。

图5-30　扬州玉器

（4）苏州"宋锦""苏绣"与桃花坞木刻年画。

1）苏州"宋锦"是中国传统的丝制工艺品之一，以质地细密、图案精美、色泽艳丽而著称。宋锦不仅具有实用价值，还具有很高的艺术价值和文化内涵。苏绣是中国四大名绣之一，以精细雅洁著称。其针法细腻、色彩丰富，作品题材广泛，如邹英姿的《姑苏人家—鸟笼猫》、姚惠芬的《只此青绿》等，均体现了苏绣的高超技艺和独特魅力。

2）桃花坞木刻年画是苏州的传统民间工艺品，以构图饱满、色彩明快、线条流畅而著称。年画内容多取材于民间故事、戏曲人物等，具有浓厚的民俗气息和地域特色。

（5）无锡惠山泥人与宜兴紫砂。

1）惠山泥人是无锡的传统民间工艺品，以造型生动、色彩鲜艳而著称。泥人作品形象多取材于民间故事、戏曲人物等，如"阿福""阿喜"等形象深受人们喜爱。

2）宜兴紫砂是中国陶瓷艺术的瑰宝之一，以独特的材质和精湛的技艺而闻名于世。紫砂壶不仅具有泡茶的实用功能，还具有较高的艺术价值和收藏价值，如史小明的《由来·樊静》等作品均体现了宜兴紫砂的高超技艺。

（6）南通风筝与蓝印花布。

1）南通风筝是中国传统风筝的重要流派之一，以造型独特、色彩鲜艳而著称，不仅具有观赏价值，还具有较高的运动性能和文化内涵。

2）蓝印花布是南通地区的传统民间工艺品，以其图案简洁、色彩明快而著称。

（二）　江苏民间音乐

江苏民间音乐是江苏地区丰富的文化遗产之一，以独特的艺术风格和深厚的文化底蕴而闻名。以下从多个方面详细讲解江苏民间音乐的特点和发展。

1.总体特点

江苏民间音乐具有细腻婉转、柔美流畅的特点，这与其所处的江南水乡地理环境及人文背景密不可分。江苏民歌多采用五声音阶，旋律线条较为平缓，多以级进为主，跳进为辅，使音乐听起来柔和细腻，充满了江南水乡的柔情蜜意。

2.地域分类

江苏民间音乐可以根据地域特点分为苏南、苏中和苏北三个区域的音乐风格。

（1）苏南民歌。

1）特点：苏南民歌，古称吴歌，主要分布在苏州、无锡、常州一带。吴歌的风格欢快灵动，柔美抒情，如鱼游水中，风吹稻花，充满了江南水乡的韵味。吴歌的主要体裁是"山歌"和"小调"，使用吴方言演唱，艺术特征明显。

2）代表曲目：《茉莉花》《紫竹调》《姑苏风光》等。《茉莉花》作为江苏民歌的代表，其旋律优美，情感细腻，是最早传到国外的中国民歌之一。

（2）苏中民歌。

1）特点：苏中地区水乡泽国，民歌极其丰富，旋律优美。《茉莉花》《拔根芦柴花》等举世闻名的民歌就出自这一地区。这些民歌曲调悠扬，歌词朗朗上口，泥土气息极浓，展现了苏中水乡人民的生活情感和人文风貌。

2）代表曲目：《拔根芦柴花》流传于扬州一带，曲调优美动人，歌词

民歌

贴近生活，深受人们喜爱。

（3）苏北民歌。

1）特点：苏北民歌与苏南民歌截然不同，风格厚重、大气、刚劲。劳动号子在苏北民歌中占有很大比例，最能体现其粗犷厚重的特色。徐州地区的民歌历史悠久，内涵丰富，既有北方的刚烈质朴之风，又有南方的婉转抒情之韵。

2）代表曲目：徐州地区的古民歌如《大风歌》等，展现了徐州地区民歌的深厚历史底蕴和独特风格。

3. 音乐形式与乐器

江苏民间音乐形式多样，既有独唱、对唱等声乐形式，也有器乐演奏形式。在乐器方面，江苏民间音乐常用的乐器有二胡、笛子、琵琶等。这些乐器在江苏民间音乐的演奏中发挥着重要作用，为音乐增添了丰富的色彩和表现力。

4. 传承与发展

江苏民间音乐作为非物质文化遗产的重要组成部分，得到了广泛的传承和发展。在现代社会，江苏民间音乐不仅在民间广泛流传，更逐渐走进学校、音乐厅等专业舞台。同时，随着科技的发展，江苏民间音乐也借助数字技术等手段得到了更好的保存和传播。

5. 文化价值

江苏民间音乐不仅具有艺术价值，还具有深厚的文化价值。它反映了江苏地区人民的生活状态、情感表达和文化传承，是江苏地区文化的重要组成部分。通过研究和传承江苏民间音乐，可以更好地了解江苏地区的历史文化和社会变迁。

（三） 江苏民间舞蹈

江苏民间舞蹈是江苏地区丰富文化遗产的重要组成部分，以独特的艺术风格和深厚的文化底蕴而闻名。

1. 总体特点

江苏民间舞蹈具有鲜明的地域特色和文化内涵，既有江南水乡的柔美细腻，也有苏北地区的粗犷豪放。舞蹈的形式多样，内容丰富，既有独舞、双人舞、群舞等不同的表演形式，也有以祭祀、庆祝丰收、婚嫁等为主题的舞蹈内容。

2. 地域分类与代表舞蹈

（1）苏南民间舞蹈。

1）特点：温柔典雅，灵动隽永。动作主要依靠躯干来表现舞蹈的精神气质，肋骨和髋骨的扭曲带动全身运动。舞蹈动作模仿蜿蜒曲折的水和曲折而深邃的花园长廊，形成S形舞蹈动作路线。

民族舞

2）代表舞蹈。

①江南丝竹舞蹈：将江南传统的丝竹音乐与舞蹈完美结合，展现出优美的舞姿和流畅的舞蹈动作。

②苏州评弹中的舞蹈元素：苏州评弹作为一种说唱艺术，其中的舞蹈元素也体现了苏南民间舞蹈的柔美与细腻。

（2）苏北民间舞蹈。

1）特点：热情豪放，粗犷大气。在舞蹈表演中，上肢动作用于表达人物内心感受，下肢动作则展现舞者的活力和激情。受中原文化和北方舞蹈影响，强调下肢对身体其他部位的牵引和驱动。

2）代表舞蹈。

①东海舞狮：以模拟狮子形象为主要表现方式，通过丰富的动作和表情展示狮子的威武形象，充满活力和激情（图5-31）。

图 5-31　舞狮

②徐州民间舞蹈"鲤鱼戏花篮"：该舞蹈中的"小腿跳"动作体现了苏北民间舞蹈对下肢运动的重视。

3. 特色舞蹈形式

（1）傩舞（跳娘娘）。

1）起源与特点：傩舞（跳娘娘）是一种宗教祭祀性舞蹈，明末清初出现在"香火会"中。其特点为男扮女装独舞，身着艳丽服饰，舞姿妩媚，韵律优雅。舞蹈动作以凤鸟形态取名，如"凤凰朝拜""凤凰展翅"等。

2）传承与发展：跳娘娘因其舞技独特和价值鲜明，被载入《中国民族民间舞蹈集成》，并吸引了众多专业艺术团体采风和学习。现已演化为双人舞、三人舞及群舞等多种形式。

（2）江南水乡风情舞蹈。

1）创作背景：苏州的舞蹈家们采撷江南水乡美好的生活劳动场景和民间舞素材创作了大量民族舞作品。

2）代表作品：如三人舞《担鲜藕》描绘了担藕少女采摘鲜藕后的喜悦心情；《园林行》《稻草人》等作品则展现了江南水乡的独特风情。

4. 传承与发展

江苏民间舞蹈作为非物质文化遗产的重要组成部分，得到了广泛的传承和发展。一方面，民间舞蹈在民间得到广泛传唱和表演；另一方面，随着文化事业的繁荣和发展，越来越多的专业艺术团体和舞蹈家开始关注与研究江苏民间舞蹈，将其搬上舞台和银幕，使这一传统文化艺术得到更好传承和弘扬。

5. 文化价值

江苏民间舞蹈不仅具有艺术价值，还承载着丰富的文化内涵和历史记忆。它反映了江苏地区人民的生活状态、情感表达和文化传承，是江苏地区文化的重要组成部分。通过研究和传承江苏民间舞蹈，我们可以更好地了解江苏地区的历史文化和社会变迁。

（四） 江苏民间曲艺

1. 总体特点

江苏民间曲艺的种类繁多，包括扬剧、锡剧、淮剧、淮海戏、柳琴戏等多个剧种，以及苏北大鼓、苏北琴书等曲艺形式。这些曲艺形式各具特色，共同构成了江苏民间曲艺的璀璨星河。其总体特点可概括为"丰富多彩，底蕴深厚，婉约细腻"。作为我国曲艺的发祥地之一，江苏拥有苏州评弹、扬州评话、徐州琴书等众多曲种，这些曲种各具特色，共同构成了江苏曲艺的丰富多样性。江苏文化底蕴深厚，民间曲艺源远流长，这些艺术形式不仅完整保存了大量的传统曲目和表演形式，更在传承中不断创新，吸收新的艺术元素，展现出蓬勃的生命力和旺盛的创造力。在表演风格上，江苏民间曲艺以婉约细腻著称，无论是苏州评弹的轻柔悠扬，还是扬州评话的生动传神，都透露出江南水乡特有的温婉与雅致。这些曲艺形式不仅丰富了人们的文化生活，也成为江苏文化的重要载体和传承方式。

2. 主要曲种介绍

（1）昆曲。

1）起源与地位：昆曲（图 5-32）被誉为"百戏之祖"，起源于昆山，是中国最古老的戏曲形式之一。昆曲以其独特的唱腔、表演艺术和丰富的剧目内容，在中国戏曲史上占有举足轻重的地位。

昆曲艺术

2）艺术特色：昆曲注重唱、念、做、打的综合表演，唱腔婉转细腻，表演身段优美，

具有极高的艺术价值。

图 5-32　女昆曲表演者拿着折扇

（2）扬剧。

1）起源与分布：扬剧是江苏最具地域特色的地方剧种之一，起源于扬州市的"扬州花鼓戏"和"苏北香火戏"，后吸收扬州清曲及地方民歌小调发展而成。扬剧流行于扬州、镇江、南京、泰州、淮安等地区，以及上海市和安徽省的部分地区。

2）艺术特色：扬剧唱腔细腻婉转，表演风格独特，既有南方的优美婉转，又有北方的恢宏大气。扬剧的伴奏轻俏流丽，色彩鲜明，个性独特。其传统演出剧目达四百多种，其中不乏《玉蜻蜓》《珍珠塔》等经典之作。

（3）锡剧。

1）起源与发展：锡剧是江苏省代表性地方剧种之一，发源于常州、无锡一带的"东乡小曲"（也称为"无锡东乡调"），经过曲艺"滩簧"阶段发展而成。锡剧已有 200 多年历史，流行于江苏南部和上海市。

2）艺术特色：锡剧唱腔优美动听，表演朴实自然，善于表现民间生活故事和人物情感。锡剧的表演形式灵活多样，既有对子戏、小同场戏等小型剧目，又有大型连台本戏。

（4）淮剧。

1）起源与流行：淮剧又名江淮戏，起源于苏北盐城西乡（今建湖县），流行于江苏、上海及安徽的部分地区。淮剧已有 200 多年历史，是江苏省三大主要地方剧种之一。

2）艺术特色：淮剧唱腔高亢激昂，表演粗犷豪放，善于表现民间英雄人物和重大历史事件。淮剧的表演形式丰富多样，既有对子戏、三小戏等小型剧目，又有大型连台本戏。其传统剧目《秦香莲》《孟丽君》等深受观众喜爱。

（5）淮海戏。起源与特色：淮海戏属拉魂腔系统，是江苏主要的地方剧种之一。因以板三弦伴奏，又称为"三刮调"。淮海戏唱腔独特，乐句结尾突然翻高八度耍腔，具有拉人魂魄的艺术魅力。淮海戏的表演身段明显脱胎于苏北农村生活，带有浓郁的乡土气息。

（6）柳琴戏。

1）起源与分布：柳琴戏与泗州戏、淮海戏同源于清代中叶的"拉魂腔"，后经不断改良、演变发展而来。柳琴戏主要分布在苏、鲁、豫、皖毗邻的大部分地区。

2）艺术特色：柳琴戏唱腔优美动听，表演细腻生动，善于表现民间生活故事和人物情感。其经典剧目《三赐御匾》《瓜棚风月》等深受观众喜爱。

3. 艺术特色

江苏民间曲艺的艺术特色主要体现在四个方面：一是唱腔优美动听，无论是扬剧的细腻婉转还是锡剧的优美动听，都给人以美的享受；二是表演形式灵活多样，既有小型剧目也有大型连台本戏；三是内容丰富多彩，涵盖了民间生活、历史故事、英雄人物等多个方面；四是地域特色鲜明，各曲种都带有浓厚的地域文化色彩。

4. 经典曲目

江苏民间曲艺拥有众多经典曲目，如扬剧的《玉蜻蜓》《珍珠塔》，锡剧的《珍珠塔》《双推磨》，淮剧的《秦香莲》《孟丽君》，淮海戏的《皮秀英四告》《樊梨花点兵》，柳琴戏的《三赐御匾》《瓜棚风月》等。这些曲目以其深刻的主题、生动的情节和精湛的表演艺术，深受观众喜爱。

（五）　江苏民间文学

民间文学是文学的一部分，与作家文学并行，是人民大众的集体口头创作。在江苏，民间文学主要包括劳动人民在日常生活中自己创作并流传的各类口头文学作品，如民歌、民谣、民间故事、神话、传说、谚语、谜语等。这些作品以其独特的人民性、口头性、流传变异性、传统性、集体性等特征，成为江苏文化宝库中不可或缺的一部分。

1. 总体特点

江苏民间文学的总体特点可概括为"水乡韵味，口传心授，情感真挚"。江苏地处水乡，其民间文学深受自然环境的影响，作品中常常流露出浓郁的江南水乡风情。民间文学以口头传承为主要方式，代代相传，形成了独特的口传心授文化。这种传承方式使民间文学作品在流传过程中不断演变，充满了变异性和创造力。江苏民间文学作品情感真挚，直接反映人民的生活和情感，无论是表达爱情的甜蜜，还是诉说劳作的艰辛，都充满了对生活的热爱和对未来的向往。这些作品不仅展现了江苏人民的智慧和创造力，也传递了江苏地域文化的独特魅力和深厚底蕴。

2. 主要内容

苏南的民歌细腻柔美，如《茉莉花》等；苏北的民歌则粗犷豪放，如《拔根芦柴花》

等。这些民歌不仅旋律优美，而且歌词内容往往反映了劳动人民的生活和情感。

（1）民间故事。江苏民间故事丰富多彩，包括神话、传说、生活故事、笑话、寓言、童话等，如《白蛇传》《孟姜女哭长城》等传说故事在江苏广为流传，深受人民喜爱。这些故事不仅情节曲折动人，而且蕴含了深刻的文化内涵和道德教育意义。

（2）神话与传说。江苏地区的神话和传说反映了原始社会人民对自然与社会的解释及幻想。如创世神话中的盘古开天辟地、女娲造人等故事，不仅体现了人民对自然界的敬畏和崇拜，还寄托了人民对美好生活的向往和追求。

（3）谚语与谜语。江苏民间谚语和谜语是人民智慧的结晶，它们以简洁明了的语言形式传达了深刻的生活哲理和人生智慧。这些谚语和谜语不仅具有教育意义，还为人们增添了生活的乐趣。

3. 传承与发展

近年来，江苏民间文学的传承与发展得到了社会各界的广泛关注和高度重视。一方面，政府和相关部门加大了对民间文学的保护与传承力度，通过举办各种文化活动、出版相关书籍和资料等方式，推动民间文学的普及和传播；另一方面，广大民间文艺工作者也积极投身于民间文学的创作和传承之中，为江苏民间文学的繁荣发展贡献了自己的力量。

同时，随着现代科技的发展和传播手段的不断创新，江苏民间文学的传承与发展也面临着新的机遇和挑战。如何利用现代科技手段更好地保护和传承民间文学资源？如何使民间文学在当代社会中焕发出新的生机和活力？这些问题都需要深入的思考和探索。

课堂实操 　分享家乡艺术之美

课堂实操活动设计：《家乡艺术之美·云上分享会》

活动目标

（1）增进学生对家乡艺术文化的了解与自豪感。

（2）培养学生的信息整合、创意表达及自媒体运营能力。

（3）通过互动分享，促进班级内部的文化交流与理解。

活动准备

（1）技术准备：确保每位学生有可使用的智能手机或计算机，并能访问社交媒体平台（如微博、抖音、小红书等）或班级专属的在线平台。

（2）分组与指导：根据学生兴趣及家乡特点，可自愿或随机分组，每组不超过4人，便于合作完成作品。同时，提供短视频制作基础、照片拍摄技巧及文案撰写指南的简短培训。

（3）宣传动员：提前一周进行活动宣传，激发学生参与热情，明确活动规则、评选标准及奖励机制。

活动流程

1. 策划阶段（1～2天）

（1）小组讨论：每组确定分享主题，如家乡的自然风光、传统手工艺、民俗节庆、历史遗迹、民间艺术表演等。

（2）内容规划：根据主题，制订拍摄计划，包括场景选择、拍摄脚本、所需道具等。

2. 创作阶段（3～4天）

（1）素材收集：利用周末或课余时间，进行实地拍摄或收集相关资料（照片、视频片段、音频等）。

（2）视频/图文制作：运用所学技能，剪辑视频或编辑图文，确保内容生动有趣，同时附上简短的介绍文案，阐述家乡艺术之美的独特之处。

3. 发布与宣传（1天）

（1）统一发布：各组在规定时间内将作品上传至指定的自媒体平台或班级在线平台，并附上＃家乡艺术之美＃话题标签。

（2）相互观看：鼓励学生相互观看、点赞、评论，形成良好的互动氛围。

4. 评选阶段（2天）

（1）阅读/观看数据：根据作品的浏览量、点赞数、评论数等客观数据作为初步评选依据。

（2）专业评审：邀请教师或文化艺术领域的嘉宾作为评委，从创意性、内容质量、艺术表现等方面进行综合打分。

（3）综合排名：结合客观数据与专业评审意见，选出最佳分享人及优秀作品若干。

5. 展示与表彰（课堂时间）

（1）优秀作品展示：在课堂上播放或展示获奖作品，让创作者分享创作心得。

（2）表彰环节：为最佳分享人及优秀作品颁发证书或小礼品，以示鼓励。

（3）交流反馈：组织学生就本次活动进行反思与讨论，收集意见与建议，为下次活动提供参考。

注意事项

（1）强调原创性，鼓励学生展现真实、独特的家乡之美。

（2）注意保护个人隐私及版权，确保使用的素材合法合规。

（3）鼓励正面积极的评论与互动，营造和谐的网络环境。

这样的活动设计不仅能够让学生深入了解并自豪地分享自己的家乡艺术之美，还能在实践中锻炼他们的团队合作能力、创意表达能力及自媒体运营能力，同时，促进班级内部的文化交流与理解。

课堂素养案例设计:《时尚潮流与个性表达：在审美与责任之间》

案例背景

在快速变化的现代社会，时尚潮流以其独特的魅力吸引着无数青少年的目光。他们热衷于追求个性，将穿着"奇装异服"视为展现自我、紧跟潮流的方式。然而，这种追求背后，也折射出青年学生对于个性、时尚与社会责任之间关系的深刻思考。

教学目标

（1）审美教育：引导学生正确理解时尚与美的关系，培养健康的审美观。

（2）素养引导：探讨个人表达与社会责任之间的平衡，增强学生的社会责任感和道德意识。

（3）思维拓展：鼓励学生批判性思考，形成独立、理性的价值判断。

教学过程

1. 引入话题，激发兴趣

（1）教师展示：通过多媒体展示不同年代、不同风格的时尚潮流图片，引导学生观察并讨论这些时尚元素的变化及其背后的社会文化背景。

（2）小组讨论：分组让学生讨论"时尚是什么？""为什么我们要追求时尚？"等问题，激发学生的参与热情。

2. 案例分析，深入探讨

（1）案例呈现：选取几位学生穿着"奇装异服"在校园内外的实例，进行匿名化处理以保护学生隐私。

（2）观点碰撞：邀请学生代表分享自己对这种现象的看法，包括支持、反对或中立立场，并阐述理由。

（3）教师引导：从审美多元化、个性表达、社会影响等角度，引导学生深入分析这种现象的利弊。强调时尚与美不应仅停留在表面，更应注重内在品质与文化内涵。

3. 素养融入，价值引领

（1）社会责任：讨论个人表达与社会责任的关系。引导学生认识到，作为社会的一员，行为举止不仅代表个人，也影响着周围人乃至整个社会的风气。因此，在追求时尚与个性的同时，也要考虑自己的言行是否符合社会道德规范。

（2）文化自觉：强调文化自信与审美自觉的重要性。鼓励学生从中华优秀传统文化中汲取养分，形成适当的审美观和个性表达方式，避免盲目跟风。

4. 实践探索，行动倡议

（1）创意设计：组织一次以"传统文化与现代时尚融合"为主题的服装设计或

海报创作比赛，鼓励学生将传统元素融入现代设计，展现独特个性与文化魅力。

（2）行动倡议：发起"文明着装，从我做起"的校园倡议活动，倡导学生以得体、大方的着装展现青春风采，共同营造和谐、健康的校园文化氛围。

5. 总结反思，深化理解

（1）课堂总结：回顾本次讨论的主要观点，强调时尚与个性表达应建立在尊重他人、遵守社会规范的基础上。

（2）个人反思：引导学生撰写学习心得，反思自己在追求时尚与个性表达过程中的得与失，明确未来努力的方向。

结语

本次素养案例教学，不仅让学生深刻理解了时尚与个性的真正含义，还培养了他们的社会责任感、文化自觉和审美能力。在未来的学习与生活中，他们将更加理性地看待时尚潮流，以更加成熟、自信的姿态展现自己的个性风采。

审美鉴赏

黄公望《富春山居图》深度鉴赏

2011年盛夏六月，艺术界迎来了一场跨越世纪的盛事——台北故宫博物院与浙江博物馆携手，将历经劫难、一分为二的《富春山居图》（图5-33）之《剩山图》与《无用师卷》首次合璧展出。这两幅作品自清代不幸遭焚割离，终得重逢，不仅重现了黄公望笔下富春江畔的壮丽景致，更寓意着两岸和平统一的深切期盼。

传世名画概览

《富春山居图》位列中国十大传世名画之一，出自元代绘画巨匠黄公望晚年之手。黄公望，作为"元四家"之首，与王蒙、倪瓒、吴镇并称为那个时代文人画的巅峰代表。元代艺术，尤其是山水画领域，达到了前所未有的艺术高度，"一河两岸"的独特构图法应运而生，以江河为界，分隔远近景致，营造出一种旷远辽阔的意境，而《富春山居图》则是这一构图技巧的集大成者。

黄公望与《富春山居图》

黄公望，本名陆坚，后过继于黄姓富商之家，改名黄公望，字子久，寓意着养父多年的期盼终得实现。他自幼聪慧，早年虽涉足仕途，却因官场黑暗而遭受牵连，中年入狱，仕途尽毁。此后，他转而寄情山水，以卜算为生，直至五十岁拜赵孟頫为师，潜心绘事，终成一代大家。《富春山居图》便是他八十二岁高龄时的杰作，不仅是他个人艺术生涯的巅峰，也是对整个元代山水画艺术的总结与升华。

画作赏析

《富春山居图》以水墨勾勒富春江两岸初秋风光，细腻入微，引人入胜。黄公望巧妙运用"一河两岸"构图，将连绵起伏的山峦、浩渺的江水、疏密有致的林木与隐现的村落和谐地融于一体，使观者仿佛置身其中，漫步于山水之间。画中人物虽少，却成为点睛之笔，他们以怡然自得的姿态出现，反映了黄公望晚年对隐逸生活的向往。

图 5-33　黄公望《富春山居图》

《富春山居图》在技法上同样独树一帜，黄公望舍弃了高峰奇石的突兀，转而追求平缓圆润的山体结构，以平面横移的方式展开画面，使前山与后山自然衔接，形成一种平缓而又不失节奏感的视觉效果。同时，他巧妙地运用墨色浓淡对比，将远山与近景、松树与杂树等元素融为一体，营造出一种宁静淡远的意境。

　　此外，《富春山居图》还蕴含了深刻的人生哲理。山峰的陡峭与盘山路的曲折，仿佛寓意着人生的起伏与波折；而最终归于舒缓的山水之间，则象征着心灵的归宿与宁静。黄公望通过这幅画，不仅表达了自己对自然的热爱与敬畏，更寄托了对人生哲理的深刻思考。

　　《富春山居图》不仅是黄公望个人艺术成就的巅峰之作，更是中国绘画史上的一颗璀璨明珠。它以独特的艺术魅力、深厚的文化底蕴和丰富的人生哲理，吸引着无数艺术爱好者与研究者为之倾倒。通过这幅画，不仅可以领略到元代山水画的独特韵味与黄公望的艺术才华，还能从中汲取到关于人生、自然与艺术的深刻启示。

实践活动　发现艺术美

课堂实操活动设计一:《绘制戏剧脸谱，探秘中国戏曲之魂》

活动背景与目的

　　在快速变迁的现代社会中，传承与弘扬中华优秀传统文化显得尤为重要。中国戏曲作为集文学、音乐、舞蹈、美术等多种艺术形式于一体的综合艺术，其独特的戏剧脸谱更是蕴含了深厚的文化底蕴和美学价值。本次课后活动旨在通过绘制戏剧脸谱，引导学生走近戏曲世界，亲身体验其独特的艺术魅力，从而树立文化自信，培育对民族传统艺术的欣赏热爱之情及创造性继承能力。

活动主题

　　"走近戏曲，绘制脸谱，树立文化自信"

活动目标

　　（1）知识目标：了解中国戏曲的基本知识，特别是戏剧脸谱的分类、色彩寓意及角色特征。

　　（2）技能目标：掌握绘制戏剧脸谱的基本技巧，如线条勾勒、色彩搭配等。

　　（3）情感与态度目标：激发学生对中国戏曲的兴趣与热爱，增强民族文化自豪感和传承意识。

活动准备

　　（1）视频资料：精选中国戏曲经典片段及戏剧脸谱解析视频，供学生观看学习。

　　（2）材料准备：纸张（可选择宣纸或素描纸）、颜料（水彩、国画颜料等）、毛笔或细笔、调色盘、清水、橡皮等。

（3）示范作品：准备几幅精美的戏剧脸谱作品作为参考，或邀请校内外戏曲艺术家进行现场示范。

（4）分组安排：根据学生兴趣及能力进行分组，每组分配不同角色类型的脸谱进行绘制。

活动步骤

1. 观看视频，导入新知（15分钟）

（1）播放中国戏曲经典片段，简要介绍戏曲历史与文化背景。

（2）观看戏剧脸谱解析视频，引导学生观察脸谱的色彩、图案与角色性格的对应关系。

2. 讲解示范，明确流程（20分钟）

（1）教师或艺术家现场讲解绘制戏剧脸谱的基本步骤和注意事项。

（2）示范绘制过程，包括线条勾勒、色彩填充、细节处理等。

3. 分组实践，动手创作（60分钟）

（1）学生根据分组情况，选择或抽签决定绘制的脸谱角色。

（2）分发材料，学生开始绘制，教师巡回指导，解答疑问。

4. 作品展示，交流分享（30分钟）

（1）每组推选代表展示作品，讲述创作思路及所绘脸谱角色的故事。

（2）学生间相互评价，教师总结点评，强调作品的独特性和创意。

5. 总结反思，展望未来（10分钟）

（1）学生分享参与活动的感受与收获，思考如何将所学知识应用到日常生活中，传承和弘扬民族文化。

（2）教师总结活动，鼓励学生持续关注并探索中国戏曲等传统文化艺术。

活动延伸

（1）组织学生参观当地戏曲博物馆或观看戏曲演出，进一步加深对中国戏曲的了解。

（2）开展"戏曲进校园"系列活动，邀请戏曲艺术家来校讲座、表演，与学生互动交流。

（3）设立"戏剧脸谱创意大赛"，鼓励学生发挥创意，设计新颖独特的脸谱作品，并进行展览和评奖。

课堂实操活动设计二：《建筑之美：探寻城市记忆》

活动背景与目的

在快速城市化的今天，建筑不仅是居住与工作的空间，还是历史文化的传承者与城市记忆的守护者。本次活动旨在通过引导学生主动探索身边的特色建筑，深入了解其背后的建筑艺术特点、历史文化故事及地域特征，从而培养学生的审美情趣、文化自觉与创新能力，同时增强对家乡的认同感和自豪感。

活动主题

"建筑之美：探寻城市记忆"

活动目标

（1）知识目标：掌握特色建筑的基本分类、艺术特点及历史文化背景。

（2）技能目标：学会运用摄影或摄像技术捕捉建筑之美，并运用视频编辑软件制作短视频。

（3）情感态度目标：激发学生对本土文化的兴趣与热爱，培养审美情趣与创造力。

活动准备

（1）设备准备：确保每位学生有可用的手机或相机，以及基本的视频编辑软件（如 iMovie、剪映等）。

（2）知识预习：提前发放关于特色建筑分类、艺术风格及历史文化背景的简要资料，供学生预习。

（3）分组安排：根据学生兴趣及居住区域进行分组，每组负责探索一个或多个特色建筑。

活动步骤

（1）任务布置（10分钟）。

1）阐明活动目的、要求及评分标准。

2）分组并分配探索任务，每组选定至少一个具有代表性的特色建筑作为探索对象。

（2）实地探索（课外进行）。

1）学生利用课余时间，前往指定地点进行实地拍摄，收集建筑外观、内部细节、周边环境及居民访谈等素材。

2）注意记录建筑的历史背景、建造年代、设计师信息、建筑风格及特色元素等。

（3）视频制作（1～2天）。

1）各组利用收集到的素材，结合预习知识，开始制作5～8分钟的视频。

2）视频内容应包含建筑外观展示、内部结构解析、历史文化介绍、地域特色体现及学生个人感悟等部分。

3）鼓励使用创意剪辑手法，如时间流逝、快慢动作、动画效果等，增强视频表现力。

（4）作品提交与展示（课堂进行）。

1）各组在课堂上展示自己的视频作品，并简述创作思路及过程中遇到的挑战与收获。

2）其他同学及教师给予反馈与评价，提出改进建议。

（5）分享传播（课后）。

1）鼓励学生将视频作品发布到朋友圈或学校社交媒体平台，分享给更多人。

2）邀请校内外专家或公众人物进行转发或点评，扩大活动影响力。

活动总结与反思

（1）活动结束后，组织一次简短的总结会议，回顾活动亮点与不足，鼓励学生分享个人感悟与成长。

（2）教师根据学生参与度、视频质量及分享效果等因素进行综合评分，并给予相应奖励或学分认定。

（3）鼓励学生持续关注家乡建筑文化，积极参与相关社会实践活动，将所学知识转化为实际行动。

项目五　艺术美量化指标评价

任务编号	维度	评价指标	满分	具体内容	得分
任务一	理论知识掌握	艺术美的创造本质理解	20	学生能准确阐述艺术美的创造本质，包括艺术家的创作过程、灵感来源等	
	理论知识掌握	艺术美的特征与功能识别	20	学生能列举并解释艺术美的主要特征和多种功能	
	理论知识掌握	艺术美审美能力提升	20	学生能展示对艺术美作品的审美分析能力，包括审美感知、审美判断等	
	实践操作	课堂实操表现	40	学生参与"发现身边的艺术之美"活动，展示对艺术美的发现能力，并能进行简单描述或展示	
任务二	理论知识掌握	造型艺术知识掌握	10	学生对建筑、园林、工艺美术与现代设计的艺术美有基本了解并能简单描述。同时，对绘画、雕塑、书法的艺术美也能作出相关描述	
	理论知识掌握	表演艺术知识掌握	10	学生对音乐、舞蹈的艺术美有基本了解并能简单描述	
	理论知识掌握	综合艺术知识掌握	10	学生对戏剧、戏曲、影视的艺术美有基本了解并能简单描述	
	理论知识掌握	语言艺术知识掌握	10	学生对诗歌、散文、小说的艺术美有基本了解并能简单描述	
	地域文化了解	江苏艺术之美认知	10	学生对江苏地区特有的艺术形式（如苏州园林、江苏民间美术等）有基本了解并能简单介绍	

任务编号	维度	评价指标	满分	具体内容	得分
任务二	实践操作	课堂实操表现	30	学生参与各类艺术作品的鉴赏活动,能准确表达个人见解,并参与讨论分享	
	素养融合	素养案例理解	10	学生能结合"中华美育"素养案例,理解艺术美与素养教育之间的关系	
	综合应用	实践活动五参与	10	学生积极参与"发现艺术美"实践活动,能发现并记录身边的艺术美,形成个人作品集或报告	

参考文献 Reference

［1］张建 . 大学美育［M］. 2 版 . 北京：高等教育出版社，2023.

［2］陈建民 . 美育十六讲［M］. 2 版 . 长沙：湖南大学出版社，2021.

［3］周宪 . 大学美育导引［M］. 北京：高等教育出版社，2023.

［4］奚传绩 . 美术欣赏［M］. 5 版 . 北京：高等教育出版社，2023.

［5］丰子恺 . 率真集［M］. 北京：北京联合出版有限公司，2020.

［6］［德］格奥尔格·威廉·弗里德里希·黑格尔 . 美学［M］. 朱光潜，译 . 北京：商务印书馆，2006.

［7］［德］弗里德里希·席勒，审美教育书简［M］. 冯至，范大灿，译 . 上海：上海人民出版社，2022.

［8］蔡元培 . 蔡元培美学文选［M］. 北京：北京大学出版社，1983.

［9］朱光潜 . 谈美［M］. 北京：中华书局，2010.

［10］彭吉象 . 艺术学概论［M］. 5 版 . 北京：北京大学出版社，2019.

［11］李霖灿 . 李霖灿读画四十年［M］. 北京：中信出版集团，2018.

［12］潘天寿 . 中国绘画史［M］. 北京：商务印书馆，2019.

［13］陈振濂 . 书法美育［M］. 上海：上海书画出版社，2020.

［14］严富昌 . 影视剪辑［M］. 2 版 . 北京：北京大学出版社，2021.

［15］［英］尼古拉斯·库克 . 音乐分析指南［M］. 陈鸿铎，译 . 上海：上海音乐出版社，2016.